민권과 헌법

Series NIHON KINGENDAISHI, 10 vols.
Vol. 2, MINKEN TO KEMPO
by Norio Makihara
© 2006 by Norio Makihara
First published 2006 by Iwanami Shoten, Publishers, Tokyo.
This Korean edition published 2012
by Amoonhaksa, Seoul
by arrangement with the proprietor c/o Iwanami Shoten, Publishers, Tokyo

일본
근현대사
시리즈
2

민권과
헌법

마키하라 노리오 지음
박지영 옮김

어문학사

머리말

국회 설립의 좋은 기회

1877(메이지10)년 4월 14일에 구로다 기요타카(黒田清隆)가 이끄는 정부군은 구마모토(熊本)로 입성했고, 5월 2일에는 가고시마(鹿児島) 현청을 장악했다. 전투는 아직 계속되고 있었지만, 이미 세이난전쟁(西南戦争)의 승패가 명백해진 이 시기에 〈시즈오카(静岡)신문〉(5월 23일, 27일)은, '우리 동양 제국에 있어서 사회의 면목을 새롭게 할 좋은 기회'가 다가오고 있으며, '내란'으로 인한 '비상(非常)의 비액(費額)'을 인민에게 부담시키려고 한다면 국회를 열어 인민의 동의를 얻을 수밖에 없다. 영국혁명 과정에서는 찰스 1세가 '가혹한 정령(政令)'을 시행하여 '인민과 함께 의논'하지 않고 '혼자만의 전제적인 판단'으로 조세를 부과했기 때문에 결국 '단두장의 이슬이 되었다'라고 말하며, '정부를 위해서도 인민을 위해서도' '오늘날이야말로 국회를 설립할 좋은 기회'라고 역설했다.

이타가키 다이스케(板垣退助) 등이 민선의원 설립 건백서(1874년)에서 '정부에 조세를 내는 의무가 있는 자는 곧 그 정부의 정책 결정에 참가할 수 있는 권리를 갖는다'라고 말한 바와 같이, 정부가 조세를 부과하는 것에는 국민의 동의가 필요하다는 조세공의권(租稅共議權) 사상은 근대의회제의 원점이었다. 그리고 현실적으로 세이난전쟁 후 메이지 정부는 심각한 재정난 때문에 점차 의회 개설을 피해 가기 어려운 상황에 몰렸고, 권력 내부의 균열도 확대된다.

그러나 메이지 정부 수뇌부는, 세이난전쟁을 반정부파 사족(士族)들이 무력으로 정권을 탈취할 가능성을 결정적으로 끊어 버린 '대승리'를 한 내전이라고 생각하였으나, 거기에 자신들의 권력 기반을 흔드는 새로운 문제가 내포되어 있을 것이라고는 전혀 인식하지 않고 있었다. 또 헌법 제정과 의회 개설에 관해서도 일찍부터 필요성은 인식하고 있었지만, 긴박한 정치 과제가 아니라고 생각하고 있었으며, 설마 재야의 압력으로 궁지에 처할 것이라고는 상상도 하지 않고 있었다.

기오이초사건(紀尾井町事件)

그로부터 1년 후인 1878년 5월 1일 이른 아침, 오쿠보 도시미치(大久保利通) 참의(参議) 겸 내무경(內務卿)은 자택을 방문한 후쿠시마(福島)현령 야마키치 모리노리(山吉盛典)에게 다음과 같이 얘기했다.

메이지 원년으로부터 30년을 10년씩 나누어 본다면 제1기는 '창업(創業)'의 시대로 '내란과 전쟁'이 연이어 일어나 '동분서주(東奔西走), 해외 파병 등'으로 바빴지만, 드디어 평온해졌다. 이제부터의 10년이 가장 중요하여, 내정을 정리하고 민간 산업을 기르기 위해 능력은 부족하지만 내가 내무경의 직책을 맡아 진력할 결심이다. 그 후 최후의 10년은 '수성(守城)'의 시대로 후진의 현자에게 모든 것을 맡기려고 생각하고 있다(山吉盛典, 『濟世遺言』).

실제로 오쿠보는 식산흥업과 사족수산(士族授産, 메이지유신으로 인해 실직한 사무라이 계급의 생계를 위해 취업을 시켜 구제하기 위한 정책)을 위해 기업 공채 발행과 지방 제도 개선에 착수하고, 미숙한 천황의 교육에 전념하려고 의욕을 불태우고 있었다. 그러나 그 꿈은 이루어지지 않았다. 같은 날 오전 8시경, 아카사카(赤坂) 왕궁 내의 태정관에 출근하려고 사저를 나서던 오쿠보의 마차가 아카사카미쓰케(赤坂見附) 쪽으로부터 기오이초에 있는 기타시라카와노미야(北白川宮) 저택(현재 아카사카프린스 호텔)과 미부 모토나가(壬生基修) 저택(현재 호텔 뉴오타니) 사이에 있는 한산한 샛길로 들어선 순간, 이시카와(石川) 현 사족 시마다 이치로(島田一良) 등 6인에 의해 참살되었기 때문이다.

시마다 등이 쓴 「참간장(斬姦状)」에는 현재의 정치 상황에 대해 '위로는 천황 폐하의 성지(聖旨)에 의한 것도 아니며, 아래로는 서민의 공의에 따르는 것도 아닌 요직에 있는 관리 수 명의 억단전결(臆斷專決)에 의해 결정되고 있다'고 규탄하고 있다. 정한론(征韓論)을 둘러싸고 벌어진 메이지 6년 정변 이후, 오쿠보는 정부의 중심에 있었지만 자기 생각만으로 결정하여 마음대로 일을 행하기보다는 오쿠마 시게노부(大隈重信)나 이토 히로부미(伊藤博文) 등, 부하들의 의견을 경청한 후에 결단하는 타입의 지도자였다. 그러나 정부에 폭력으로 적대하는 자들은 용서하지 않았다. 사족 반란은 물론 지조 개정(地租改正)이 발단이 되어 미에(三重) 현 전역에서 아이치(愛知) 현, 기후(岐阜)

현까지 확대된 이세(伊勢) 폭동(1876년)에 대해서도 철저히 진압하도록 명령했다. 이세 지방의 가타다(片田) 촌의 구 쇼야(舊庄屋, 에도 시대의 촌장)는, 간세이(寬政) 시대에 민란 세력이 영주의 성 아래까지 육박했던 때조차도 도도(藤堂) 번의 군사들은 빈 총으로 대처했는데 이번에는 마치 복수라도 하는 것처럼 백성을 살육해 나간다. '교연자자(傲然自态, 교만한 모습과 자기 마음대로 하는 행위―옮긴이), 왕정이라고 하는 것은 무엇인가'라며 분노를 담아서 일기에 적고 있다(『日本近代思想大系 21 民衆運動』). '오쿠보는 민중으로부터 상당히 미움을 받고 있었기 때문에 누구나 그의 죽음을 반가워하고 있는 것처럼 보인다'라고 막말기 이래로 일본의 정치에 간여하고 있었던 어네스트 사토도 일기에 적고 있다(萩原延壽, 『遠い岸』 13).

제도(制度)의 시대

오쿠보가 사망한 후에 오쿠라경(大藏卿)이었던 오쿠마 시게노부가 수석참의가 되고, 내무경에는 이토 히로부미가 취임했다. 사가(佐賀) 번 출신의 오쿠마는 재정 전문가로서 존경받고 있었지만, 사쓰마(薩摩)와 조슈(長州)의 번벌이 주류를 이루고 있던 정부 내에서는 아웃사이더였으므로, 실제로는 조슈 출신인 이토를 중심으로 하여 정권을 운영하였다. 그러나 과묵하고 필요한 말 외에는 내뱉지 않아서 주변 인물들까지 긴장하게 만들었던 오쿠보와는 대조적으로 이토는 소탈했으며, 위엄을 지키려는 모습을 보이지 않았다고 한다.

이것은 개성의 차이뿐만 아니라 시대적인 특징을 상징하는 것이기도 하다. 오쿠보의 시대는 정치적·사회적으로 권력 기반을 갖지 못한 메이지 정부가 수구파 사족들의 반란이나 민중의 신정부 반대 민란을 배제하면서 여러 가지 근대적인 제도들을 창출해 나가지 않으면 안 되던 때였다. 예를 들어 '사민평등(四民平等)'을 전제로 사족의 무장을 해제하는 것이나, 평민을 병사로 만드는 징병제는 사족과 평민 쌍방으로부터 강한 반발을 초래했으며 당시의 '여론'에 따랐다면 실현이 불가능했을 것이다. 어네스트 사토의 의견은 오쿠보 개인이라기보다는 정부의 정치적·사회적인 고립을 지적한 것이다. 그러나 오쿠보는 '유사전제(有司專制)' '억단전결'이라는 말을 듣는 한이 있더라도 돌진할 수밖에 없었다.

세이난전쟁은 '봉건 부활'의 가능성을 결정적으로 끊었다. 민권 운동은 기본적으로 근대국가의 건설이라는 목표를 정부와 공유하고 있었으며, 그 때문에 어느 쪽이 주도권을 쥐는가를 둘러싼 정쟁은 격심해질 수밖에 없었다. 오쿠보가 말한 창업의 10년이 '과거'와의 투쟁이었다고 한다면, 건설의 10년은 '미래'와의 투쟁이었다고 할 수 있다. 게다가 민권 운동이 '문명'과 '진보'의 강력한 담당자가 된 탓에 정부는 오히려 수세에 몰릴 수밖에 없었다.

정부 내부의 대립도 격화됐다. 20대 후반이 된 메이지 천황이 문명화나 사쓰마, 조슈의 권력 독점에 대해 비판적인 태도를 취하기 시작하자, 측근인 모토다 나가사네(元田永孚), 사사키 다카유키(佐々木高行) 등의 영향력이 커졌다. 우대신(右大臣) 이와쿠라 도모미(岩倉具視)는 화족(華族)에 대한 대우나 참의의 권한 등을 둘러싸고 이토와 대립하고 있었으며, 두 사람이 공모해 오쿠마를 정부에서 추방하기 위해서 메이지 14년 정변을 일으켰다는 종래의 주장도 사실이 아니었다.

또한 야마가타 아리토모(山県有朋)는 큰 틀에서 이토에게 동조하면서도 한편으로는 육군을 자신의 거점으로 만들려고 획책하고 있었다.

이제 확고한 의사 결정과 안정된 정치 운영을 이끌어내기에는 개인의 '결단'이 아니라 일정한 제도에 의거해야 했다. 이렇게 여러 정치 세력의 이념과 이해관계가 얽크러진 속에서 제국헌법 체제가 어떻게 형성되어 갔는지를 알아보는 것이 이 책의 첫 번째 주제이다.

정부·민권·민중

한편 자유 민권 운동은 피통치자가 세계사상 처음으로 본격적·집단적으로 '국가의 형태'를 논의하고, 그것을 실현하기 위해서 행동한 획기적인 일이었다. 민권 운동이 없었다면 일본에서 국민 국가 형성과 확립은 상당히 지체되었을 것이다. 사상적·사회적인 영향도 '운동'이나 '사건'으로 표면화된 것보다 훨씬 넓고 깊었다. 민권파에게 있어서 세이난전쟁 이후야말로 창업의 시대였다.

하지만 신분제도나 영주 할거체제의 해체, 사적소유권이나 경제적 자유의 확립이라는 근대국가의 기본적인 틀은 메이지 정부에 의해서 이미 실현되어 있었다. 특히 거의 모든 경작지를 농민의 사유지로 인정한 지조 개정은 광대한 직영지를 가진 봉건영주가 그대로 대지주로 전환될 수 있었던 서구의 시민혁명보다도 훨씬 철저한 토지 개혁이었다. 민권 운동은 그러한 기반 위에서 정치 제도와 정치 참가를 둘러싸고 정부와 대립하고 있었다.

게다가 인민에게 '천하와 우락(憂樂, 근심과 즐거움)을 함께 할 기상'을 일으키려면 '천하의 일에 참가하게 할 수'밖에 없다며 민선의원 설립건백서가 강조하고 있는 바와 같이 민권 운동은 정부에게 의회 개설을 요구하는 한편, 민중에게 국가의 운명과 자신의 운명을 합체시킨 '우리나라' 의식과, '국민' 의식(내셔널 아이덴티티)을 품게 하려는 운동이기도 했다. 국가의 형태에 관해 적극적인 관심을 기울이지 않았다면 정치 운동은 성립되지 않았다. 진보적인 민권 사상가인 우에키 에모리(植木枝盛)조차도 자기 나라에서 생긴 일을 '흡사 다른 나라, 다른 지역의 일'처럼 방관하는 사람은 정부에게도 외국인에게도 '종속되기 쉬운 사람'으로, '참으로 국가의 사민(死民)이다'라고 단정 짓고 있다(「民權自由論」, 1879년). 징병 도피에만 열중하는 민중에 대해서도 〈자유신문〉 등은 '호국의 의무'를 지키지 않는 '나약'한 사람으로 매도했다.

또한 민권파는 인플레이션이나 매점매석으로 인해 가격이 상승한 쌀값을 인하하라고 요구하는 행동이나 디플레이션 시기에 부채의 변제를 유여해 달라거나 삭감을 요구하는 민중의 운동(借金党, 困民党)에 대해서 영업의 자유나 재산권을 침해하는 '사회당'과 유사한 행위라며 비난했다. 조세공의권이나 사상, 신체의 자유 등 근대적인 권리론의 기초에 사적소유권이 있는 이상, 자유로운 경제 활동에 대해 정부가 개입하는 것을 민권파가 인정하지 않은 것은 당연했다. 또한 이러한 문명 의식이나 국민주의가 오키나와, 홋카이도, 아이누, 조선, 중국에 대한 민권파의 언동을 근저에서 규정하고 있었다.

따라서 민권파와 민중이 일체가 되어 메이지 정부에게 대항했다는 과거의 민권 운동사 연구가 밝힌 이같은 이극 대립의 구도는 실제성이 결여되어 있다. 근대국가 건설이라는 목적을 공유했기 때문에 첨예하게 대립할 수밖에 없었던 메이지 정부와 자유 민권 운동 외에,

정부에 강력하게 반발하면서 민권파와는 다른 소망을 가진 민중이라는 독자적인 존재를 추가한 삼극의 대항이라고 생각하는 것이 좋지 않을까? 그 경우 삼자의 관계, 특히 민권 운동과 민중은 어떤 관계에 있었던지에 대해 알아보는 것이 이 책의 두 번째 주제이다.

두 개의 자유

세이난전쟁으로부터 십몇 년간은 경제적으로도 격동의 시대였다. 1878년부터 1881년까지의 인플레이션, 1882년부터 1885년까지의 디플레이션, 겨우 10년도 안 되는 기간 동안에 사람들은 큰 폭의 경기 변동을 경험했다. 그러나 적극 재정을 주장한 오쿠마가 실각한 후, 마쓰카타 마사요시(松方正義)에 의한 긴축 재정으로의 전환과 금융 제도의 확립을 거쳐, 1886년 이후에는 근대 산업이 본격적으로 발전하기 시작했다.

이것은 동시에 '돈벌이의 자유' '굶을 자유'가 현실화되는 것이기도 했다. 지조 개정으로 조세 납입이 개인의 책임이 되고, 촌락의 상호 부조와 행정의 빈민 구제를 기대할 수 없게 되자, 사람들은 개인의 노력과 재능만에 의지해 생활할 수밖에 없었다. 이노우에 고와시(井上毅)가 「지방 정치 개량 의견안(1886년)」에서 오사카의 아사자(餓死者)가 연간 300명을 넘어서고 걸인도 증가하고 있다며 '빈민유리(貧民流離)'의 현실을 걱정하고 있었듯이, 소작농이 된 농민이나 슬럼가로 유입되는 빈민이 증가하는 한편, 경작지를 축적하는 부유한 지주와 경영을 확대하는 상인, 새로운 기업가도 늘어나고 있었다.

이런 결과 실질 GNP는 1880년대 후반에 14%, 1890년대 전반에는 21%의 증가를 보이고 있으며(石井寬治,『日本の産業革命』), 총체적으로 본다면 사람들의 생활 수준은 서서히 향상되고 있었다. 그리고 사족의 자제뿐만 아니라 평민들 중에서도 진학을 위해 '상경'하는 젊은이들이 늘어나기 시작했다.

그 배경에는 제국대학을 정점으로 하는 피라미드형의 학교 제도가 있다. 사회적인 상승을 원한다면 학력이 필요하며, 이를 뒤집어서 얘기하자면 학력만 있다면 입신출세가 가능하다고 생각하는 시대가 온 것이다. 또 메이지 시대의 민법에 의해 '이에(家)' 제도가 만들어진 반면에 교사·회사원 등 신 중간층이 늘어난 것과 병행해서 '가정'이나 '현모양처'라고 하는 새로운 단어들이 등장하고 '남자는 밖, 여자는 안'이라고 하는 성별 역할 분담론에 의거한 '따뜻한 가정'이 가정의 이상형인 것처럼 논의되기 시작했다. 물론 1900년대가 돼도 대다수의 서민들에게 있어서 학력에 의한 입신출세와 소시민적인 가정 형태는 무관한 것이었지만, 라이프스타일의 '이상형'으로서 청춘 남녀에게 동경의 대상이 되기 시작한 것도 사실이다. 이렇게 사회의 근대화가 사람들의 생활과 의식에 어떠한 변화를 가져왔는지를 알아보는 것이 이 책의 세 번째 주제이다.

'문명적'과 '일본적'

또 1880년대는 '문명적으로 진보한 일본'이라는 자국 인식이 침투하기 시작한 시기이기도 하다. 당시의 국제 관계를 규정하고 있던 것은 서양 각국 간의 관습적인 룰에 불과한 '만국공법'이나 서양 문명적인 가치 기준으로, 서구 열강은 이것을 근거로 아시아, 아프리카 등의 식민지화나 '비문명국'과의 불평등조약을 정당화하고 있었다. 불평등조약의 해소를 숙원하고 있었던 메이지 정부는 문명개화 정책으로 국내의 문명화·근대화를 진행시켰다. 한편 홋카이도와 오키나와를 영토로 편입시켜 내국 식민지로 삼는 동시에 중국, 조선에 대해서는 서구 각국과 동등한 우월적인 지위를 획득하려고 했다. 이러한 '문명적'이라는 가치 기준이 홋카이도, 오키나와 정책을 포함한 이 시기의 대외 정책 속에 어떻게 기능하고 있었는가를 알아보는 것이 이 책의 네 번째 주제이다.

'문명'의 침투는 동시에 서양화주의에 대한 반발이나 일본의 독자성을 강조하는 주장을 만들어냈다. 그리고 정부는 천조대신(天照大神, 아마테라스 오미카미)의 자손인 천황가가 일관해서 통치해 왔던 점에 일본의 낙월함이 있다는 설화를 국가 질서의 기축으로 삼았다. 그렇다고 하지만 '문명적'과 '일본적'이란 단어는 대립적이라기보다는 상호 보완적이며, 근대천황제와 제국헌법 체제는 그 양면성으로 인해 국민 통합의 기능을 수행한 것이 아닌지 그리고 그러한 장치는 어떻게 만들어졌는지에 관해 알아보는 것, 이것이 이 책의 다섯 번째 주제이다.

차례

제1장 자유 민권 운동과 민중

이타가키 다이스케를 비롯한 저명한 자유 당원들의 연설회.

1. 다케바시(竹橋)사건과 릿시샤(立志社) 건백서(建白書)

'학정에 시달리다'

1878(메이지11)년 8월 23일 오후 11시경, 근위포병대대의 약 200명의 군인들이 내대상과 사관 1명을 살해하고 결기한 것이 다케바시사건이다.

당시의 육군은 도쿄, 센다이, 나고야, 오사카, 히로시마, 구마모토에 지방 사령부가 있었으며, 그 외에 왕궁을 수호하는 근위병이 왕궁 북쪽의 다케바시 부근에 주둔하고 있었다. 근위병은 상비병으로 선발된 엘리트로, 포병대대에는 대대장 이하 300여 명이 소속되어 있었다. 당시에 '근위 대포와 징모(徵募)가 없다면 아름다운 에도에 춤추며 들어갈 수 있을 것인데'라는 노래가 있었을 정도로, 세이난전쟁에서 정부군이 승리한 것은 근위포병대의 화력과 각지의 사족을 순사로 편성한 '징모순사대(徵募巡査隊)'의 활약에 힘입은 바가 컸다.

하지만 승전의 은전(恩典)은 정부와 군의 수뇌부에게만 주어졌고, 병사들은 재정난을 이유로 일당이나 양말, 담요 등까지 삭감당했다. '작년에 전공을 세운 자, 은전도 없고 일당 등 감소, 또 기물 등을 파괴했을 때에는 보상하도록 하는 등의 규칙으로 인해 부대 안의 모두가 참혹한 처지에 있다'라고 참가 병사 중의 한 사람인 사카이 현(현재 오사카 부) 출신의 농민 니구마 안자부로(新熊安三郎)는 읍소하고 있었다(「口供書」, 공술서).

불공평한 은전은 단순한 금전의 문제만이 아니었다. 오쿠보 도시미치 암살 사건에 대한 차가운 세평이 보여주는 바와 같이, 메이지 정부의 정치

▶사진 1-1. 「고노에 포병 중사 신케 쥬키치의 묘」. 다케바시사건으로 처형 당한 신케 쥬키치의 무덤(묘비)이다. 러일전쟁 때까지 이 무덤에 참배를 하면 병역을 면제받을 수 있다는 소문이 끊이질 않았다고 한다(「竹橋事件の兵士たち」).

자세에 대한 민중의 불만은 컸다. 세이난전쟁 중에도 도쿄의 목욕탕에서는 '이런 멍청한 세상이 언제까지 이어질까, 어차피 도쿠가와 님이 곧 다시 돌아올 거야'라고 누군가가 말하면 '그래, 그래'라고 응수가 돌아왔다(山川菊栄, 『おんな二代の記』).

게다가 정부를 위해 가혹한 내전에 참전했던 병사가 '정치'에 관심을 갖지 않을 리가 없다. 그렇기에 사건에 참가했던 사이타마(埼玉) 현 지치부(秩父) 군 출신의 농민 다지마 세스케(田島誠介)는 '근래 인민 일반이 학정에 고통을 받고 있으며, 폭신(暴臣)을 죽임으로 천황을 수호하고 양정(良政)으로 돌리고 싶다. 그것을 위해 적당한 대장도 있기에……'라고 가족에게 남긴 작별 편지에 적고 있었을 것이다.

근위포병대의 병사들은 도쿄 지방사령부 예비포병대도 함께 봉기하고, 오카모토 류노스케(岡本柳之助) 대대장이 전체의 지휘를 맡아줄 것이라고 믿고 있었다. 하지만 오후 9시경 오카모토는 예비포병대원을 긴급 소집하고 그대로 도쿄 북부의 아스카(飛鳥) 산까지 행군을 시켜 봉기에 합류하는 것을 저지했다. 근위포병연대의 병사 절반 이상도 진압군이 되었다. 그렇지만 백 수십 명이 산포(山砲) 1문을 끌고 병영을 탈출해 90여 명이 아카사카의 임시 왕궁 문전에 도착했다. 그러나 이미 진압 부대가 대기하고 있었고, 지도자의 한 사람인 오쿠보 주하치(大久保忠八)가 자살한 후 모두 포박되었다.

10월 15일 새벽, 병사 53명이 후카가와(深川) 엣추지마(越中島)에서 총살형을 당했다. 대부분 24살 전후의 평민, 농민 출신이었다. 거기에 하사관 2명이 사형을 당했고 총 360명 이상이 유죄를 선고받았으며 그중에 13명이 옥사했다. 참고로 대대장 오카모토가 왜 사건 직전에 부하들의 봉기를 회피했는지 그 이유는 확실하지 않지만, 그는 청일전쟁 후에 일본인 폭도들이 조선의 왕궁에 침입해서 명성황후를 시해한 사건의 주모자가 되었다.

'군인훈계(軍人訓戒)'

정부와 육군은 직전까지 이 사건을 알아채지 못했다. 당일 오후 '오늘 밤 근위 사령부 병사들이 왕궁에 불을 지르고 각 관원들이 출근하기를 기다리다가 모두 찔러 죽일 것이다'라는 정보를 내무성 관원이 들었지만, 군 수뇌부에 전달된 시각은 오후 8시를 넘은 때였다. 정보가 그 관원에게 전달되지 않고, 지방사령부 예비포병대가 봉기에 합류했었다면 사태는 다르게 전개되었을지도 모른다. 육군대신 겸 근위도독인 야마가타 아리토모(山県有朋)가 '지난번의 소동 이후 어지간히 뇌가 상했는지 한쪽 눈이 몽롱해져서 가까운 곳을 보기 어려운'(「이토 히로부미가 이와쿠라, 오쿠마, 이노우에 카오루(井上馨)에게 보낸 서한」) 상태가 된 것도 이해가 된다.

군대의 '동요'도 수습되지 않았다. 다케바시사건으로부터 일주일 후인 8월 30일에는 지방사령부 예비포병대가 천황에게 탄원을 할 것이라는 풍문이 흘렀다. 진압을 담당했던 근위포병연대 내부에서도 9월 24일의 세이난전쟁 평정 1주년을 기념하여 '일거(一擧)'를 기도하거나 왕궁이나 포병창을 포위하려는 움직임(1897년 1월)이 있었던 것 같다(이상 다케바시사건에 관해서는 目良誠二郎, 「竹橋事件に関する官側資料の若干の整理」에 따른다).

10월 12일, 야마가타는 '군인훈계'를 배포하여 군인의 정신은 '충실, 용맹, 복종의 3약조'를 지키는 것에 있으며, '성상(聖上)에 관한 것'은 설사 '용모와 같은 사소한 것일지라도' 비평해서는 안 된다. 또한 '조정의 시시비비를 가린다든지, 헌법을 멋대로 논의하고', 관청의 포고를 '비난하는 등의 거동은 군인의 본분이 아니다'라고 역설하고 있다. 이 시기 열병식 등으로 인해 천황을 가까이에서 볼 기회가 많았던 병사들이 천황이나 정치에 관해 논의하는 일은 일상적이었다.

릿시샤(立志社) 건백서(建白書)

다케바시사건의 처리에 분주했던 야마가타와 이토 등은 동시에 9월 11일 오사카에서 열린 아이코쿠샤(愛国社) 부흥 대회에도 신경을 곤추세워야 했다. 아이코쿠샤는 1875년 도사(土佐)의 릿시샤를 중심으로 가가(加賀), 아와(阿波), 지쿠젠(筑前) 등에서 사족들의 결사 조직으로 결성됐으나, 조직적인 활동도 없이 저절로 소멸되었다. 그것을 부흥시키자고 릿시샤가 호소하자 구마모토(熊本), 후쿠오카(福岡), 오카야마(岡山), 후쿠이(福井) 등을 중심으로 한 일본 서부 지역의 민권 결사 조직 21개가 모였다.

릿시샤는 1874년에 민선의원 설립건백서를 제출한 이타가키 다이스케(板垣退助)의 귀향을 계기로, 고치(高知) 현 사족의 수산(授産) 사업과 서양 사상의 연구, 계몽을 위해 설립된 조직이다. 세이난전쟁이 벌어지자 하야시 유조(林有造) 등 일부 조직원과 오이타(大分)의 교유샤(共憂社) 조직원들이 정부 고관을 암살한 후 봉기를 일으키려고 계획하여 40여 명이 체포당했다. 한편 무력에 의해서는 정부를 전복시키는 것이 곤란하다고 생각한 이타가키나 가타오카 겐키치(片岡健吉) 등은 언론을 통한 운동으로 전환했으며, 1877년 6월에 릿시샤 건백서를 정부에 제출했다.

이 장문의 건백서는 정부가 '모든 국정(國政) 사안을 공론(公論)으로 결정할 것'이라는 「오개조(五箇条)의 서문(誓文)」에 반해 언론을 탄압하고, 지조 개정이나 참정권 없는 징병제를 강행한 것, 그리고 재정 정책과 대 조선(朝鮮) 정책 등, 유신 이래의 내정과 외교의 실패나 부당성을 구체적으로 열거하며 정부를 비판했다. 그리고 끝내 이 상태로 간다면 메이지 정부도 '공의 (公議)의 사(士)를 적대시'하고 '인민을 우민시(愚民視)'한 '도쿠가와씨(德川氏)의 말로(末路)와 같은 전철(前轍)을 밟게 될 것이다'라고 경고했다. 그리고 '국가 독립의 기본을 배양하고 인민의 안녕을 도모

▶사진 1-2. 제3차 릿시샤. 1874년, 이타가키 다이스케 등이 창설한 사족결사(高知市民図書館蔵).

하려면 민선의원을 설립하여 입헌 정체의 기초를 확립할' 수밖에 없다며, 천황에게 '서민 대중의 요망'에 응하라고 압박했다. 건백서는 거부당했지만 대량으로 인쇄되어 전국에 유포되었다.

　정부를 비판하는 문장만을 본다면 세이난전쟁 이전의 수구파 사족들이 훨씬 더 격렬했다. 예를 들어 야마모토 가쓰미(山本克)는 그의 건백서(1874년)에서, 기도 다카요시(木戸孝允), 오쿠마 시게노부 등이 '오로지 양이(洋夷)의 학문'만을 제창하여 천황을 미혹시켜 '신슈(神州, 일본)'를 팔아먹으려고 하고 있다. 이와쿠라 도모미와 오쿠보 도시미치도 그것을 돕고 있으니 '폐하, 부디 빨리 역신 4인의 목을 잘라' 길거리에 내걸어야 된다며 규탄하고 있다. 이 건백서는 신문에도 두 차례나 게재되어 큰 반향을 불러일으켰다. 문명개화기에 '전제(專制)' 비판에 가장 힘을 쏟은 것은 존왕파(尊王派)와 수구파(守舊派)였다.

　그러나 '양이'를 비난하기만 하는 수구파나 '의회'라는 단어조차도 없었던 1875년의 아이코쿠샤합의서에 비해, 릿시샤의 건백서는 개화 정책을 기본적으로 승인한 위에 정부의 정책을 구체적이고 총체적으로 분석하여 비판한 큰 의미를 가진 정치 문서였다. 이러한 강력한

메시지와 릿시샤라는 조직을 기초로 하여 도사파는 리더십을 확보한 후, 아이코쿠샤 부흥을 부르짖기 위해 각지에 연설자를 파견했다. 또한 공개 연설회나 기관지인 〈가이난신지(海南新誌)〉, 〈도요잡지(土陽雜誌)〉(나중에 두 가지를 통합하여 〈도요신문(土陽新聞)〉)를 통해 민권 이론의 계몽과 심화에 힘을 쏟았다. 다케바시사건 직후에 야마가타가 각 지방 사령관에게 보낸 '내유(內諭)'에서도 '유행하는 민권 연설회와 각 신문·잡지의 논설'이 병사들의 '정신에 영향을 미친 것'이 아닌가 하고 추측하고 있다.

　　1878년 9월에 열린 아이코쿠샤 부흥 대회는 성공했지만, 여전히 사족 중심이었으며 오사카의 아이코쿠샤 사무소도 릿시샤의 부담으로 겨우 유지되고 있었다. 그러나 1879년 11월의 제3회 대회에서는 후쿠시마(福島), 이바라키(茨城) 등의 일본 동부 지역 현의 부농을 중심으로 한 결사도 참여하여 운동은 단번에 확대되었다. 그리고 국회 개설을 천황에게 청원한다는 방침을 확정하고 각 결사가 분담하여 전국 연설에 나섰다. 사족뿐만 아니라 지역의 유력자들이 주체적인 담당자로서 등장하였다. 자유 민권 운동의 본격적인 전개가 시작된 것이다.

2. 현의회(県議会)에서 국회 개설로

지방삼신법(地方三新法)

십몇 년 전까지 통치자로서 정치에 참여하고 있었던 사족층은 민권 운동을 통해 과거의 정치적·경제적·사회적 지위를 되찾으려는 의도를 지니고 있었다. 그에 비해 새롭게 등장한 지역 지도자층(지역 리더)에게 가장 절실한 과제는 막말·유신기에 혼란해진 지역 사회의 질서와 경제를 재건하여 새로운 시대에 적합한 지역 산업을 발전시키는 것이었다. 서양의 정치, 경제사상을 배워 자유 민권 운동에 참가한 것도 그러한 소망의 연장선상에 있었다. 또한 지역 사회에는 자유와 평등의 이념에 공감하는 소학교 교원 등의 지식 청년도 많았다. 지역의 서브 리더가 된 그들은 조직적인 활동을 하는 데 실질적인 담당자가 되었으며, 동시에 사상적으로든 행동에 있어서든 사족과 지역 리더 층의 중간적인 위치에 자리 잡고 있는 경우가 많았다.

1878년의 지방 제도 개혁은 지역의 유력자가 민권 운동에 참가하게 된 큰 발판이 되었다. 에도 시대의 무라(村)는 공납이나 부역을 부담하기만 하면 대개 관습적인 자치가 보장되었다. 막말기에는 나누시(名主, 에도 시대 町·村의 長)를 촌민의 선거로 선택하는 무라도 있었다. 하지만 중앙집권적인 정치 체제와 근대화를 서두른 메이지 정부는 무라의 자치를 개화의 장애 요소로 간주했다. 나누니·쇼야를 폐지한 후에 전통적인 무라를 몇 개 병합하여 소구(小區)로, 몇 개의 소구를 합쳐 대구(大區)로 만들어 소구에는 호장(戶長)을, 대구에는 구장(區長)을 두어 국가 행정 기구의 말단으로 삼았다.

그렇지만 상명이 하달되는 방식은 '사소한 일개 소 관리, 즉 호장이 한 처분의 착오'까지도 위에서 내려온 지시로 오해받아 정부에 불만이 집중되었다(大久保利光, 「地方之体制等改正之儀上申」). 1876년에 이바라키나 미에 등지에서 일어난 대폭동도 지조 문제를 계기로 여러 가지의 불만·반발이 한 번에 폭발한 것이었다. 놀란 정부는 지조를 지가의 3%에서 2.5%로 인하했으나 그것만으로는 해결될 리 없었다.

그래서 정부는 전통적인 조손(町村)을 부활시키고 호장을 선출직으로 한 후 조손·부현(府県)에 의회를 설립했다. 그리고 세금도 지방세와 협의비로 나누는 방침을 내걸고, 7월 22일에 군구조손편제법(郡區町村編制法)과 부현회규칙(府県會規則), 지방세규칙(地方稅規則)의 지방삼신법(地方三新法)을 공포했다. 1880년에는 구조손의회도 설치되었다. 참고로 지방관(府知事·県令)은 관선이었다.

호장과 조손의원의 선거권은 지방에 따라 달랐지만 대부분 토지를 소유하는 20세 이상의 남자에게만 주어졌다. 단지 고치(高知) 현의 우에마치 초(上街町)와 고다카 사카무라(小高坂村)의 경우는 한 집을 대표하는 '여자 호주'에게도 선거권을 인정했다. 현의회 의원의 선거권은 5엔 이상의 조세를 납부하는 20세 이상의 남자에게만 한정되었으며, 투표는 기명식으로 자신의 주소와 이름 등을 기입했다.

인민의 대표

대구(大區) · 소구(小區) 제도에 비하면 자치의 여지는 분명히 확대되었다. 예산 제도를 도입하여 연간 사업 규모와 징수 방법을 공개하고 또 심의한 것은 지조공의권의 관점에서 봐도 진전된 것이었다. 하지만 호장의 직무는 법령이나 지방관의 명령에 의거한 업무가 태반으로 조손의회는 현령 · 군장의 감독을 받았다. 부현의회도 권한이 한정되어 있었으며, 지방관에게 중지 · 해산권이 있었다. 오쿠보도 의견서에서 지방 의회는 '쓸데없이 고상해서 무익 유해한 폐단'이 없어야 한다고 못을 박고 있다. 정부에게 '지방자치'란 정책을 원활하게 수행하기 위한 수단일 뿐이었다.

그렇다고 하더라도 일단 주민의 의사를 반영하는 장이 만들어지면 사람들의 정치의식은 정부의 의도를 넘어서 독자적인 논리로 움직이기 시작한다.

실은 대구 · 소구제도하에서도 현령의 판단으로 민회(지방 의회)를 연 곳이 있었는데, 그 이유는 지방관회의개최의 포고(1874년)에 따라서 개화 정책을 관민 협조로 진행하려는 목적이 있었기 때문이다. 그러나 하마마쓰 초(浜松町, 현재 시즈오카 현 소재)에서는 민회가 지조 개정에 반대하는 운동의 중심에 섰다. 오다(小田) 현(현재의 오카야마 현)에서는 관선의 구장회에 대항하여 민선구회가 열려 정부가 인민의 동의 없이 외국으로부터 차관을 하거나 대만 출병을 하더라도 그것은 '국채 (國債)'나 국가의 행동이라고 말할 수 없으니 그 비용은 멋대로 출병을 한 대신이나 참의들이 '사재(私財)'로 지불해야 한다고 결의했다(《郵 便報知新聞》, 1874년 10월 15일). 또 나가노(長野) 현에서는 소구의원들이 '일반 인민의 대리인으로서 (중략) 공평정실(公平正實)하게 각자의 힘 을 다할 것'이라는 '서약서'를 적었다. 나중에 아시오(足尾)광독(鑛毒) 사건으로 유명해진 다나카 세이조(田中正造)도 '공평무사 충성진실의 마음을 갖고 구민을 대신하여 공익을 도모한다'고 서약했다(『議員上任 誓詞』). '민선'에는 그 나름대로의 무게가 있었다.

이와 같이 삼신법 체제하에서 처음으로 의회가 생긴 것은 아니었 지만, 민선(民選) 호장이나 의회가 지방 제도의 불가결한 요소로서 법 률적으로 인정받았다는 것, 특히 모든 현에서 공선(公選) 현회(縣會)가 열려 타 지역의 유력자들과 교류하고, 의회의 모습이 공개된 영향은 컸다. 의사록을 게재한 〈마쓰모토신문(松本新聞)〉의 부수가 급증했던 것처럼 정치에 대한 관심과 신문의 역할도 단숨에 높아졌다. 그와 함 께 의회의 의결이야말로 '부현 인민이 원하는 공의 여론'인데, 의회에 게 의안제출권이 없고 현령의 인가나 내무경의 지휘권이 의회의 의결 보다 우월하다면, 아무리 '인민의 대표'를 모은다 하더라도 '실로 무익 한 것'이라는 비판이 분출했다(『明治建白書集成』5).

1879년 5월 에히메(愛媛) 현(현재 가가와 현) 나가오무라(長尾村)의 고니시 진노스케(小西甚之助)는 전국의 부현회 의장에게 '전국의 공 의'를 심의하는 부현회 연합회를 설치할 것을 정부에 요구하자고 제 안했다(《朝野新聞》, 1879년 6월 4일). 6월에는 지바(千葉) 현 고이케무라 (小池村)의 사쿠라이 시즈카(桜井静)가 「국회 개설 간청 협의안」을 부현회 의장과 유지에게 우송하여, 전국의 현의회의원들은 도쿄에서 대회를 열어 국회를 개설할 것을 정부에 요망하도록 하자고 호소했다. 고니시와 사쿠라이도 20대 초반의 젊은이였는데, 특히 사쿠라이의 제안은 홋카이도, 이와테(岩手), 아키타(秋田), 니가

▶그림 1-3. 「사쿠라이」, 「규슈」 등이 쓰인 옷을 입거나, 붓을 진 사람들이 「국회」라고 쓰인 롤러를 끌고 도로공사를 하고 있다(《驥尾団子》, 1879년 12월 10일).

타(新潟), 후쿠시마(福島), 도치기(栃木), 이바라키(茨城), 시즈오카(静岡), 나가노(長野), 교토(京都), 후쿠이(福井), 오카야마(岡山), 히로시마(広島) 등 각지에서 반향을 불러일으켰다(그림 1-3 참조). 그리고 신문에 보도된 각지의 동향에 자극을 받아 새로운 움직임이 생기는 등 연쇄 반응도 일어나기 시작했다.

결사(結社)와 신문

현의회가 '국회'에 대한 관심을 유발시켰다고 한다면, 여러 결사와 신문들이 실제 '운동'을 이끌었다. 아이코쿠샤에 모인 것은 폐번치현(廢藩置県) 후의 어려운 상황을 타개하고자 상호 부조나 수산(授産) 산업, 혹은 번교(藩校)를 기반으로 한 교육 사업 등으로부터 출발한 사족 결사였다. 그러나 1877년 이후, 후쿠시마의 세키요샤(石陽社), 사카다(酒田)의 진세샤(盡性社), 니가타의 지리쓰샤(自立社), 후쿠이의 지교샤(自郷社), 마쓰모토의 조쿄샤(長匡社), 시즈오카의 세료샤(靜陵

社), 나고야(名古屋)의 아이코쿠코신샤(愛国交親社), 구마모토의 소아이샤(相愛社) 등, 지역의 유력자·호장·조손 의원·소학교 교사 등을 포함한 민권 결사가 각지에 생겼다.

지방 결사는 지역의 산업 진흥과 친목 등의 복합적인 목적을 지닌 것이 대부분이었지만, 지역 사회에서 '정치'를 논의하고 행동하는 자발적인 집단이 공공연하게 등장한 것은 획기적인 일이었다. 1874년부터 1884년까지 명칭만 있고 실체가 알려지지 않은 것까지 포함하면 2,100개가 넘는 결사 조직이 확인된다(新井勝紘, 『自由民権と近代社会』).

고니시 진노스케도 1877년에 법률규칙연구를 목적으로 하는 산세샤(參誠社)를 만들어서 국회 개설 등 24개 이상의 건백서와 청원서를 원로원에 제출했다. 또 사쿠라이 시즈카가 주도한 〈소보교리쓰신문(総房共立新聞, 1881년 창간)〉은 1,000여 명의 주주와 3,000여 명의 독자를 가지고 있었으며, 그 지면에는 약 60개 정도의 민권 결사가 등장했다. 사쿠라이 제안의 기초에는 그러한 지역 사회의 에너지가 있었다(佐久間耕治, 『底点の自由民権運動』).

도시의 지식인과 저널리스트도 활발하게 활동했다. 영국법을 배운 오노 아즈사(小野梓)를 중심으로 만들어진 교존도슈(共存同衆)는 연설회나 교존문고(共存文庫)라는 도서관을 설립해 계몽에 나섰다. 또 누마 모리카즈(沼間守一), 시마다 사부로(島田三郎), 다구치 우키치(田口卯吉) 등이 결성한 오메이샤(嚶鳴社)는 동일본 지역 일대에서 순회 연설회를 개최해 지방 사족과 지역 유력자를 계몽하고 조직화하는 데 정력적으로 활동하는 등, 큰 역할을 수행했다. 〈도쿄요코하마마이니치신문(東京横浜毎日新聞)〉이나 〈오메이잡지(嚶鳴雑誌)〉는 계몽과 논쟁의 장이 되었고, 최고 전성기에는 지사 29개에, 사원 총수는 1,000명에 이르렀다고 전한다. 게이오기주쿠(慶應義塾) 졸업생들이 만든 고준샤(交詢社)도 연설회를 개최하고 〈유빈호치신문(郵便報知新聞)〉, 〈고준카이잡지(交詢会雜誌)〉도 발행했다. 세이난전쟁 전부터 발행되었던 〈조야신문〉, 〈아케보노(曙)〉, 〈오사카일보(大阪日報)〉 외에도, 〈도치기(栃木)신문〉, 〈시즈오카신문〉, 〈고베신문(神戸新聞)〉, 〈산요신보(山陽新報)〉 등 민권파에 의해 발행된 지방 신문도 상당수 창간되었다. 센류(川柳)·교카(狂歌) 등의 투고 작품과 함께 신랄한 풍자화를 게재한 〈마루마루친분(団団珍聞)〉, 〈기비단고(驥尾団子)〉와 같은 잡지도 정부를 비판하는 데 유력한 일익을 담당했다.

청원(請願)과 건백(建白)의 물결

이렇게 1879년 후반부터 여러 가지 움직임이 뒤섞인 채로 국회 개설 운동이 급격하게 성행하였다. 세이난전쟁 후의 인플레이션으로 인해 풍년인데도 쌀값이 상승하여 농촌에 경제적인 여유가 생긴 것도 도움이 됐다.

1880년 1월 이후, 후쿠오카 현의 933개 조손 총대(總代), 오카야마 현 1,277개 조손(나중에 51조손이 추가)의 유지 인민 총대가 제출한 두 개의 건백서를 시작으로, 오이타 현 152개 조손의 580명, 히로시마 현 유지 200명 등 지역총대나 현의회의원의 건백서가 파상적으로 제출되었다. 지방관회의를 방청하기 위해 모인 에히메, 이바라키, 도치기 등 1부 9현의 27명의 현의회의원들도 사쿠라이의 제안을 받아들여 건백서를 제출했다.

3월 15일부터는 아이코쿠샤가 주창한 '국회 개설 청원 대회'가 개최되었다. 후쿠시마의 가와노 히로무(河野広務)나 후쿠이의 스기타 데이치(杉田定一) 등은 운동의 주도권을 유지하려고 하는 릿시샤와 아이코쿠샤의 틀을 넘어, 광범한 지역 결사를 조직하려고 노력했다. 그리고 아이코쿠샤에 가맹한 약 20개의 결사 조직 외에도 각지의 정치 결사 대표 수십 명이 아이코쿠샤와는 별도로 국회기성동맹을 결성하여 4월 17일에 2부 22현의 74개 결사 조직의 회원 95,000여 명의 총대 72명 명의로 통일청원서인 「국회를 개설하는 윤허(允許)를 청원하는 서장」을 정부에 들이밀었다.

대표인 가타오카 겐키치와 가와노 히로무는, 이것이 인민으로부터 천황에게 청원하는 서장으로, '천황의 회답'이 필요하다고 주장했다. 정부와 대등한 의회의 개설을 정부에 건백할 필요는 없다는 생각에서 나온 행동이었다. 하지만 정부가 원로원에 제출된 건백서 이외에는 수리(受理)를 거부했기 때문에 가타오카 등은 청원서를 철회하고 그것을 팸플릿으로 제작하여 전국에 배포했다.

'윤언(綸言)은 땀과 같다'

정부는 4월 5일에 집회조례를 공포하여 정치집회와 결사의 인가제, 임석경관의 집회해산권, 군인·교원·학생의 집회 참가 금지를 정했다. 이것은 운동에 찬물을 끼얹는 행위였다. 그러나 청원의 거절과 정부의 강경 자세가 천황에 대한 불신마저 자아내기 시작했다. 아키다

현 인민 총대인 도야마 가쿠스케(遠山角助)는 점차적으로 입헌정체를 수립할 것을 약속했으면서 왜 지금에 와서 인민의 '열망'을 억압하는 것이며, '사상은 주인'이요, '형태는 노예'인데 '폐하, 그 노예를 억압하더라도 주인을 제지할 수는 없을

▶그림 1-4. 고치·와카야마·후쿠이·이와테 등 전국 각지에서 민권 운동이 들끓고 있는 상황을 그리고 있다(《驥尾団子》, 1881년 8월 24일).

것이다'라고 하였다. 즉 천황이 우리들의 행동을 제한하더라도 사상을 금지시킬 수는 없을 것이라고 단언한 것이다(「国会開設に関する建言書」). 또 나가노 현 21,535명의 총대인 가미조 아리시(上條蟹司)와 마쓰자와 규사쿠(松澤求策)의 청원서에도 예로부터 '윤언은 땀과 같다'라고 전해지듯이 한 번 내뱉은 군주의 말은 지울 수가 없다. 만일 그러한 짓을 한다면 '폐하의 명덕(明德)을 오독(汚瀆)할' 뿐만 아니라 '격앙한 반동이 반드시 예측하지 못한 화를 불러올 것이다'라며 경고했다.

천황에게 집요하게 청원을 계속한 마쓰자와를 포함한 야마나시 현 유지들의 행동은 '기절(氣節)이 탁연(卓然)하며, 지조(志操)가 확고하다. 실로 느끼는 바가 있으니' 우리 시즈오카 현 주민도 뒤늦지 말아야 한다(《函右日報》, 1880년 7월 7일)라고 하는 것과 같은 연쇄 반응을 일으켜 12월에는 15,735명의 건백서가 제출됐다. '입을 열어 국회를 주창하고, 압정이라고 외치고 또 집회조례라는 말을 내뱉기만 하면 아직 그 연설의 주제도 얘기하기 전에 장내가 솥 끓듯(후략)」하였다고 전해지듯 연설회도 열기에 휩싸였다(《朝野新聞》, 1881년 2월 13일).

1880년 12월의 집회조례 개정으로 정치 결사의 연합, 통신의 금

지가 추가되어, 각지의 결사 조직에 타격을 주었지만, 게이오계와 교존도슈, 오메이샤의 일부는 고쿠유카이(国友会)를 결성하여 오히려 정치적인 활동을 강화했다. 현의회에서도 비황저축법(備荒儲蓄法)이나 지방세 규칙 개정에 의한 증세, 토목비의 국고 보조금 폐지 등 재정 재건을 서두르는 정부의 시책이 큰 쟁점이 되었고, 거기에 현령의 강압적인 자세도 더해져서 민권 운동이 필요하다는 확신이 더욱더 강화되었다.

청원에서 헌법으로

한편 릿시샤와 그 외의 사족 결사, 농민 결사, 도시 민권가들과의 사이에는 상호 불신이나 경쟁의식이 있었다. 또 마쓰자와 규사쿠를 도쿄에 파견한 쇼코샤(奬匡社)에서는 회비납입률이 15%로, 위원들조차도 과반수가 미납하고 있었으며, 마쓰자와에 대한 송금이 정지되는 등 정치 운동을 지속적으로 유지하는 것이 상당히 곤란한 상태였다. 건백서의 서명에서도 한 개 촌의 모든 호주가 서명하거나, 한 개 촌의 서명이 모두 같은 필적인 곳도 있었다.

물론 위임장을 확실하게 작성해서 총대를 내보낸 지방도 있었다. 군마 현의 조모(上毛) 유지회는 각 지역마다 청원서의 문안을 토의하고, 조약 개정 요구를 추가하여 제사(製絲) 업자들의 참가도 독려했다. 그리고 10월에 8,990명의 청원서를 제출한 뒤에도 운동은 지속되어 11월의 국회기성동맹 제2회 대회에는 12,106명의 총대로서 나가사카 하치로(長坂八郎)가 참가했다.

이러한 상황 속에서 릿시샤 계열의 그룹은 각 지방별의 청원, 건백서 제출을 그만두고 '전국 인민의 과반수'의 지지를 얻어 헌법 제정을 위한 '사립(私立)국회'를 설립해야 한다고 주장했다(《愛国新誌》, 1880년 8월 14일). 이 주장의 배경에는 현 정부에게 기대할 것이 없다는 현실적인 판단과 함께, 정부와 인민은 '국가의 일부분'으로 대등한 존재이므로 국회 개설을 정부에게 요구하는 것은 잘못되었다(《愛国新誌》, 1880년 10월 13일)라는 이전부터 일관되게 존재하던 논리가 있었다.

이 때문에 1880년 11월의 국회기성동맹 제2회 대회는 국회 개설 청원을 계속할 것인지 아닌지를 둘러싸고 '고의군쟁(囂議群争)'(『自由党史』)의 대논쟁장이 되었다. 결국 통일청원서는 다시 제출하지 않고 1년 후에 헌법 초안을 지참하여 제3회 대회를 개최하는 것에만 동의했다. 또한 결속력이 약한 연합체인 기성동맹이 아니라 보다 강고한 정치 운동 단체를 결성하기 위해 누마 모리카즈와 우에키 에모리 등은 '자유당 결성의 맹약'을 작성했다. 애매함을 남겼지만 릿시샤의 노선이 사실상 인정받은 것이다.

실제로 1880년에 제출된 청원, 건백이 79건이었던 것에 비해서 1881년에는 16건만 제출된 반면, 제2장에서 보이는 것처럼 각지에서 헌법 초안을 연구, 작성하고 있었으며 민권 운동은 새로운 단계로 접어들고 있었던 것이다.

3. 국민주의(國民主義)의 양의성(兩義性)

'국시(國是)'에 대한 확신

자유 민권 운동은 다양한 결사 조직을 기초로 피통치자가 '정치의 형태'에 관하여 정면으로부터 '헌법 초안'과 같은 국가 형태에 이르기까지 자주적이며 집단적으로 논의하고 행동으로 나타낸 미증유의 일이었다. 일종의 '문화 혁명'(色川大吉, 『自由民權』)이라고 정의할 수 있다. 그러나 동시에 적극적인 참가자나 지지자는 압도적으로 소수파였으며 지역 지도자층 중에 일반 민중은 극히 일부였다.

그러한 현실 속에서 민권 운동가의 헌신적인 활동을 뒷받침하고 있었던 것은, 국회 개설이야말로 '여론'이며, 역사의 흐름이라는 확신이었다. 오쿠보 암살 직후에 오이 겐타로(大井憲太郎)가 오쿠마 시게노부에게 보낸 건백서에는 다음과 같이 쓰여 있었다.

여론이란 무엇인가? '우부우부(愚夫愚婦)의 사상을 모은' 것이 아니다.

'세론(世論)이나 여론이라고 하는 것은 곧 국가를 위해 옳은 일을 하고 또한 국가의 세력을 조성하는 인물의 정론(定論)'을 가리키는 것이다. 기도 다카요시(木戶孝允), 오쿠보 도시미치의 주장도 처음에는 인민에게 받아들여지지 않았다. 하지만 '국시(國是)가 있는 곳', 즉 국가가 필요로 하는 과제와 일치했기 때문에 '일단 그 논의가 발동하자 비연하게 천하가 이것에 귀착'했다. 또한 민권도 국시와 관계있는 것이기 때문에 인민은 반드시 지지해 줄 것이다.

오이의 주장은 공화제와 군주제의 구별이 있더라도 근대국가에는 헌법과 의회가 필수 불가결하다는 서양의 정치학·역사학의 '상식'에 의거하였고, 일본이 조약 개정과 식산흥업, 부국강병 등의 과제를 해결하고 근대국가로서 자립하기 위해서는 국회를 개설하여 국민의 총력을 결집해야 할 필요가 있다는 판단에 기초하고 있었다. 이러한 인식은 1874년의 민선의원 설립 건백서에만 나타난 것이 아니었다. '인민이 국가를 사랑하게 하는 것을 몸을 사랑하는 것과 같게' 하는 것과, '외국의 모멸을 막고 국권을 신장'하는 것도 '공업 물산을 성행시켜 부국강병을 이루는 것도, 국가를 태산의 안락함에 두는 것'도 '국회가 없다면 불가한 일이다'라고 쓰고 있는 야마기와 시치시(山際七司)의 '국회 개설 간망 협의안'을 필두로 거의 모든 민권론에 공통적으로 나타났다.

'객분(客分) 의식'

하지만 현실은 상당히 힘들었다. 민권 운동의 열세를 단번에 만회하려고 했던 오사카사건(제4장 참조)의 재판에서 오이 겐타로는, 정부의 '간섭정략'의 결과 '일본인에게 애국이라고 하는 것은 사라졌고' '개중에는 정당이나 사회에서 분주하게 진력하는 사람도 있지만, 일반 사람들의 모습을 바라본다면 원래부터 국사(國事)라고 하는 것은 어떠한 것을 말하는 것인지 예전에는 꿈에서도 본 적이 없었던 것 같이 되었다'고 한탄했다(「国事犯事件公判傍聴筆記」). 대다수의 민중에게 있어서 '정치'는 여전히 강 건너의 불에 불과했다. 민권 운동이 고양되었던 1880년대 말에도 인플레이션으로 쌀을 사 먹을 수가 없게 된 '빈민'은 '메기의 새끼가 지진이 되든지(지진은 메기가 설쳐서 일어난다는 전승설화가 있다), 붉은 수염(외국인)이 활보하고 다니든지, 오키나와 사람이 장군이 되든지, 쌀값이 내려서 원래처럼 하루 세끼 쌀밥을 먹을 수만 있다면 우리들은 그밖에 소망하는 것도 원하는 것도 없다'며 한탄하고 있었다(《東京毎日新聞》, 1880년 12월 6일).

누가 천하를 가지더라도 상관없으니 어찌 됐든 안심하고 밥만 먹을 수 있게 해 달라는 서민의 생각은 단지 정치적 무관심일 뿐이며, 현재의 지지 정당이 없는 사람들의 정치 감각과도 상통하는 면이 있다. 하지만 정치 운동은 '누가 천하를 가지는가'를 둘러싼 투쟁이며, 쌀밥만 먹을 수 있다면 천하를 가지는 것이 외국인이든 오키나와 사람이든 상관없다는 생각은 민권 운동의 지지층이 될 수 없다.

후쿠자와 유키치(福沢諭吉)는 이러한 민중의 정치의식을 일찍부터 우려하고 있었다. 『학문의 장려』 제3편에서 후쿠자와는 이렇게 말한

▶사진 1-5. 후쿠자와 유키치(福沢諭吉, 1834~1901년, 1876년 촬영).

다. 소수의 '주인'만이 지배하는 신분제 국가에서 그 외의 사람들은 아무것도 모르는 '객분'에 불과하다. 객분은 국가의 운명을 걱정할 필요가 없다. 국내 문제뿐이라면 이 상태라도 좋지만, 외국과 전쟁이라도 일어난다면 '무지 무력한 소민(小民)'이라 '무기를 거꾸로' 들고 반란을 일으킬 걱정은 안 해도 '우리들은 객분이기 때문에 목숨을 바치는 일은 과분하다며 도망가는 사람'이 많을 것이라고 얘기한다. 실제로 보신(戊辰) 전쟁에서는 번(藩)이나 번주(藩主)의 운명을 차가운 눈으로 바라보는 영민들의 모습이 각지에서 보였다.

신분제 국가에서는 피통치자가 국가에 대한 귀속 의식, 즉 내셔널 아이덴티티('우리나라' 의식)를 지니기 어렵다. 이런 상태라면 구미 열강과 대항하여 국가의 독립을 확보하는 것은 불가능하다. '나라의 치욕이라면 일본국 중의 인민 한 사람도 빠짐없이 목숨을 버려서라도 나라의 위광을 떨어뜨리지 않게 해야지만 비로소 한 나라의 자유 독립이라고 할 수 있을 것이다(『学問の進め』 제1편).' 후쿠자와가 '평등'을 역설하고 '학문'을 장려했던 것은 민중의 '객분' 의식을 불식시켜 '국민'으로서의 자각, 국가를 위해 목숨을 바칠 각오를 지니게 하기 위해서였다.

징병 기피

그러나 에도 시대의 민중은 후쿠자와가 말한 것처럼 '무지 무력'한 것만은 아니었다. '인정(仁政)은 무가(武家)의 임무, 연공(年貢)은 백성의 임무'라고 전해오듯이, 에도 후기의 서민은 백성의 생활이 가능한 통치를 하는 것이 통치자의 역할이라고 하는 유교적인 '정사(政事)'의 관념을 갖고 있었으며, 대관(代官)이나 번주가 '무가의 임무'를 다하려고 하지 않으면 조직적으로 민란을 일으켜 저항했다. 단지 그들은 신분제 국가의 틀 안에서 피통치자로서 이의를 주장한 것에만 머물렀을 뿐, 스스로가 권력을 잡으려고 하지는 않았다. 그 때문에 '번(번주)을 위해서 죽을' 생각도 없었다.

그렇기 때문에 메이지 초기의 민중이 간단하게 '천하와 우락을 함께 할(「民撰議員設立建白書」)' 리가 없었다. 그것을 잘 나타내 주는 것이 징병제에 대한 대응이었을 것이다.

1873년부터 징병제를 실시하여 일정한 조건에 해당하는 사람들을 제외하고는 신체검사에 합격한 20살의 남자 중에서 추첨으로 매년 1~2만 명에게 병역을 부과했다. 현역 3년이 끝나면 매년 훈련을 받거나 전시에 제일 먼저 동원되는 예비역이나 후비역의 의무가 부과되고, 1883년에는 현역 3년, 예비역 4년, 후비역(後備役) 5년으로 합계 12년이 부과되었다. 면제나 유예가 된 사람이나 추첨에서 떨어진 사람들은 이 모든 부담이 없고, 17~40세의 남자 전원에게 부과되는 명목적인 '국민 병역'뿐이었다. '국가로부터 선택당한' 사람(加藤陽子, 『徵兵制と近代日本』)과 그렇지 않은 사람의 격차는 컸다.

당연히 사람들은 병역을 기피하려고 여러 가지 방법을 강구했다. 특히 일가의 호주(세대주)와 적자(상속자, 장남 등)의 면제 규정을 노려, 양자로 들어가거나 분가를 해서 호주와 장남이 되는 사람들이 속출했다. 나쓰메 긴노스케(소세키, 夏目漱石)와 같이 징병제를 시행하지 않은 홋카이도로 본적을 옮기거나, 먼 곳으로 고용되어 가거나, 고깃배를 타거나, 광산으로 숨어 들어가서 행방을 숨기는 사람들도 적지 않왔다.

이 때문에 예를 들어 다케바시사 건 다음 해에는 징병 대상자 약 32만 명 중에 약 28만 7,000여 명이 면제되고, 2만여 명이 도망가, 징병 가능한 사람은 약 1만 2,000명, 즉 징병 대상자의 4% 밖에 안 되었다. 징병 검사에서 또 다시 숫자가 줄어들기 때문에 실제로 징병예정 수의 약 10%가 결원이 됐고, 도쿄, 오사카에서는 보충병도 모자라타 지구로부터 인원을 보충받아 겨우 정원을 확보하는 모양새였다(《陸軍省 第4年報》, 1879년).

▶그림 1-6. 이나바 에이코(稲葉永孝), 『징병 면제 지침』의 표지(1879년 출간). 징병 기피를 위한 출판물이 많이 출간되었다.

그래서 정부는 1879년 10월, 징병령을 개정하여 적자, 양자라고 하더라도 아버지가 50세 미만인 경우는 면제를 인정하지 않는 등 조건을 엄격하게 했다. 1883년 12월에는 60세까지 기준을 올리는 것 외에도, 면제 제도를 비상시에는 현역 경험자 외에도 동원할 수 있는 징집 유예제도로 변경하고 징병 대신에 돈으로 지불할 수 있는 대인료(代人料)도 폐지했다. 그러나 호주는 무조건적으로 유예되었기 때문에 아버지가 은거하고 장남을 호주로 삼는 사람들이 속출하였다. 이 때문에 20세 미만의 '어린 나이의 호주들뿐이어서 촌회 의원의 자격에도 해당되지 않아 크게 지장이 있는'(《函右日報》, 1884년 1월 15일) 사태까지 발생했다. 또 지방삼신법에서 호장이 공선으로 바뀐 탓에 '항상 인망을 얻는 것에만 급급하여 오히려 징병 기피 술책을 도와주는' 경향도

있었다(「陸軍卿大山巖の建議」, 1881년 9월). 1884년 5월에 호장을 관선으로 되돌리게 된 것은 민권 운동에 대항하려는 목적 외에도 징병 사무를 통제하기 위한 것이기도 했다. 그렇지만 징병 기피의 움직임을 멈출 수는 없었다.

국민으로서의 권리

릿시샤 건백서는 '인민에게 혈세를 부과하려면' '반드시 입헌정체가 필요하다'며 참정권 없는 병역 부과를 비판했다. 그러나 '조세와 징병의 두 가지'를 부담한다면 '참정권을 얻기에 충분하다'라거나(「田中正造国会開設建白書」), '인민에게 호국의 의무가 있는 이상은 참정의 권리가 없으면 안 된다'(「茨城県永田友彦建白書」)고 하는 등, 병역을 정치 참가의 논거로 삼는 것이 일반적이었다. 릿시샤의 「일본헌법초안」도 「국민은 어떠한 경우에 있어서도 본국을 보호할 의무가 있다」(「제2장 제17조」)고 규정했다. 군대의 존재를 전제로 하는 한, '천하와 우락을 함께하는' 민권파에게 병역은 당연한 의무였다.

따라서 병역 기피는 '나약'하거나, '비겁'한 짓이라며 강렬하게 비난받았다. 자유당이 '하등사회'를 계몽하기 위해 창간한 〈자유등(自由燈)〉의 사설에서(1885년 11월 20일)도 '무지 문맹한 곤타(權太)나 고타헤(五太平)가 (중략) 정치에 관한 일은 사무라이 님의 일이라고'(콘타〔權太〕나 고타헤〔五太平〕란 일반의 어리석은 민중이란 뜻으로 사용한 것으로 특정 인물이 아닌 무지몽매한 민중이란 의미이다) 생각하는 것은 차치하더라도 '권리 의무의 도리를 잘 이해하고 있는 장년 학생들이 곤타나 고타헤와 함께 징병을 싫어하고 피하는 것'은 무슨 일인지, '만약에 나라를 위해 죽는 것을 싫어하는 것이라면 처음부터 일본국에 태어나지 않는 것이 옳다'고 단언했다.

그들이 생각하는 '애국심'이란, 스위스를 병합하려면 그 국민을 모두 죽이지 않으면 안 된다고 말하는 것과 같은 '독립 자유의 정신 기력'(《自由燈》, 1884년 9월 6일)을 가리키는 것이며, 정부의 말을 무조건 따르는 것은 아니었지만, '민권'이란 무엇보다도 '국민으로서의 권리'이며, 민권 운동은 대단한 '국민'주의적인 운동이었다. 그 때문에 자유 민권 운동은 정부에게 '국민의 권리'를 요구하는 한편, 민중의 '객분' 의식을 불식시켜 '국민으로서의 자각'을 환기시켜야 했다.

연설회의 열광

그러나 실제로는 대다수의 민중들이 민권 연설회에 참석해서 정부나 경찰을 매도하는 변사에게 갈채를 보내고, 배석한 경찰관이 연설을 중지시키면 큰 소동을 일으키곤 했다(사진 1-7). 예를 들어 변사가 '유행하는 노래'라며 '이렇게까지 넌더리 나는 압제하에는 죽창과 거적으로 만든 깃발의 꽃이 핀다'라고 노래

▶그림 1-7. 민권 운동의 연설회. 배석한 경찰관이 변사를 제지하는 장면도 많았다(《絵入自由新聞》, 1888년 1월 4일).

를 부르기 시작하면 경찰관이 연설을 중지하라고 명령하고, 청중 4천 여 명이 일어나서 '경찰관과 논변 항쟁하며 장중이 한차례 소동을 일 으키기'도 했다(《朝野新聞》, 1880년 7월 22일).

단지 연설이 과격해지면 청중의 박수갈채는 더 커졌지만, '어느 정도 연설이 고상해져 시사에 관한 통절함이 결여될 때, 청중은 실로 하품을 참기 어려운 모습'이었으며(《曙》, 1880년 11월 18일), '착실하고 평 온한 연설'일 때에는 '전체가 적막하여 인기척도 없고' '앉아서 자는 사람'조차 있다(《朝野新聞》, 1881년 2월 13일)고 탄식하는 것과 같이, 청중 인 도시 민중 속에는 소위 연극이나 만담을 즐기듯이 '소동'을 기대하 고 입장료를 내고 오는 사람도 적지 않았다.

그렇지만 그들은 단순한 관객이나 방청자가 아니었다. 당시의 서민에게 순사란 높은 지위의 존재가 아니었다. 1870년 후반에는 훈 도시(褌, 일본 남성의 속옷) 한 장만 걸치고 인력거나 리어카를 끌었다고 「위식괘위조례(違式詿違條例, 현재의 경범죄법에 가까운 법률)」 위반으로 구 인이나 벌금에 처해졌다. 또 이 시기에는 취해서 '순사를 속여서 면직 되게 한 뒤에 인력거를 끌게 하고 내가 탄다'라는 노래를 부르기만 해 도 관리모욕죄로 끌려갔다. 주재소에 붙어 있는 '일기예보를 보고, 흥 이런 말도 안 되는 것을 믿을 수 있을까 하고 쓸데없는 말을 내뱉은 탓'에 '바로 위험한 모욕죄에 걸려, 경찰서에 잠시 가자'(《自由燈》, 1884 년 6월 25일)며 끌려간 불행한 남자도 있었다. 그래서 평소부터 반감을 갖고 있던 경관이나 관리에 대해 변사가 통렬한 야유나 비난을 하거 나, 경찰관에 대해 저항하는 것에 공감하여 민권파를 응원하였다.

이질적인 것의 충돌

민중은 경찰이나 관리를 비판하는 언동에만 공감한 것이 아니었다. 에히메(愛媛) 현 야와타하마(八幡浜)의 나가하마(長浜) 릿시샤 연설회에서는 변사가 관리와 순사를 '독사, 구더기'라고 비하하자 '듣는 사람들이 박수갈채를 보냈고 변사를 구세주처럼 보는 듯'한 모습이었다. 거기에다가 나가하마 릿시샤의 회원이 되면 '충분한 권리와 자유를 얻어 징병도 피할 수 있으며, 영업 잡세와 호수별 세금도 안 낼 수 있고, 세상을 봉건정치 때와 같이 바꿀 수 있다'고 외쳐서 민중의 뜨거운 지지를 모으고 있었다(《朝野新聞》, 1880년 5월 16일).

또한 아이치(愛知)의 아이코쿠코신샤(愛国交親社)는 보신전쟁 때 오와리(尾張) 번 의용대로써 동원되었던 도박꾼이나 하급 사족들이 결성한 특이한 결사였다. 연설회 외에도 '격검회(撃劍会)' 등으로 인기를 끌어, 우리 조직에 들어오면 징병이나 인력거의 세금이 면제되고 사족이 될 수도 있다고 권유를 하여 아이치·기후(岐阜) 등의 빈민과 중·빈농 2만 수천 명이 결집했다고 전한다.

에도 시대에는 밭을 파헤치는 멧돼지를 퇴치하기 위한 총이나 호신용 칼 등을 제외하고는 피통치자가 '무기'를 소지할 권리가 없는 대신에 전투에 차출되어 나갈 일도 없었다. 병·농분리제도는 객분인 민중에게 '병사로 차출되지 않을 권리'를 인정하고 있었다. 또한 장인(匠人)이나 소상인에게는 막부나 번으로부터의 직접 과세가 거의 없었다. 그렇기 때문에 메이지 시대가 된 후 징병뿐만 아니라 조세까지 부과되는 것에 대해 불만이 생겼다. 하지만 그들이 신분제 사회의 부활을 요구한 것은 아니다. '인민 일반이 학정에 고통 받고 있다'며 다케바시사건에 참가한 농민이 얘기했던 것은 단지 메이지 정부의 부정형으로서 병역과 세금이 없는 '도쿠가와 님의 세상'이 부상했던 것뿐이다.

하지만 빈민에 대한 과세 폐지는 차치하고라도 징병 제도의 폐지는 '국민'의 부정이다. 그리고 제3장에서 보이는 바와 같이 근대적 권리론의 기초에 '사적소유권의 자유'가 있는 이상 쌀값 통제와 빚 탕감 등, 행정에 의한 경제 통제를 민권파도 지지하기 어려웠다. 그래서 〈조야신문〉의 주필이었던 스에히로 시게야스(末広重恭)는 나가하마 릿시샤원에 대해 '주의도 없고 의견도 없는 조폭서생(粗暴書生)'이라고 비판하며, '그 폐해가 미치는 곳은 빈부를 평균화하여 사회의 조직을 파괴하는 (중략) 사회당'이 될 가능성이 크다며 경고하고 있다(〈朝野新聞〉, 1880년 5월 26일).

그러나 정치 운동은 대중의 지지를 받지 못하면 영향력을 가질 수 없다. 연설회를 반정부적인 언동이 분출하는 장으로 고조시켜 '누가 천하를 가져도 좋다'라는 객분 의식을 지닌 민중에게 '민권파가 천하를 잡으면……'이라는 기대를 가지게 한 것은 '조폭서생'들이었다. 그렇기 때문에 이타가키나 스에히로 등이 얼굴을 찌푸리면서도 그들의 언동을 막을 수가 없었던 것이다.

연설회의 청중이 되었던 대부분의 민중이 민권 이론이나 국가 구상을 충분하게 이해하고 지지했던 것은 아니었기 때문에, 민중이 바라는 것과 민권 운동이 지향하는 근대적인 국민 국가 간에는 큰 차이가 있었다. 그렇지만 '반정부', '반권력'이라는 점에서 민중은 민권파를 열렬히 지지했다. 연설회장에서의 열광은 이질적인 것들이 부딪히면서 생성된 일종의 '충돌' 현상이었으며, 그 때문에 정부에게 큰 위협을 끼칠 수 있었다.

민중·민권파·정부의 3극(三極) 구조

동시에 그러한 공명 현상을 매개로 하여 '애국심'이나 '천황'이란 것을 민중에게 침투시킬 수 있는 회로가 열렸다는 것도 간과할 수는 없다.

민권파는 국가와 정부를 혼동해서는 안 된다고 역설하고 있었다. 예를 들어 마쓰야마(松山)의 연설회에서도 에도 시대의 '인민은 대부분 국가와 정부를 동일시하고, 국가의 성질과 정부의 본분을 혼동하여, 국가는 곧 정부라는 사상을 지니고' 있었다. 그러나 국가는 정부와 인민으로 성립되어 있으며, '정부와 국가의 구별'을 확실하게 해야만 한다고 연설하고 있다(『愛媛県史 資料編 近代』2). 이것은 현재의 우리에게도 필요한 관점이다.

그렇기는 하지만 민중이 지금까지 하나로 보아 왔던 정부와 국가를 분리할 수만 있다면 정부에 반발하면서도 '애국심'을 지닐 수 있다. 물론 이것을 정부가 얘기했다면 어느 누구도 귀를 기울이지 않았겠지만, '우리는 국가를 사랑하기 때문에 현 정부를 비판하고 있는 것이라'며 민권파가 얘기하면 나름대로의 설득력을 띨 수 있었을 것이다.

또한 연설회를 심하게 억압할수록 절, 신사의 경내나 하천의 둔치 등에서 장사들과 청년들이 홍백(민권파와 정부파)으로 나뉘어서 줄다리기, 깃발 뺏기, 막대 넘어뜨리기 등을 하는 민권 운동회가 홍보 수단으로써 활용되었다. 그러나 그 운동회장에 '자유 만세'와 함께 '천황 만세'나 '일장기'가 나란히 걸려 있는 것도 드문 일이 아니었다. 예를 들어 나가노 현의 지쿠마가와(千曲川) 강가에서 열렸던 '소아(小児)자유당'의 운동회에서는 '자유가 있는 곳, 이곳이 우리 마을(自由棲処·是

我鄕里)', '천황만세', '자유만세'라고 쓰인 멍석 깃발을 세우고, 많은 수의 촌민들이 구경하는 가운데 어린이 160명이 경기를 벌였다(《自由新聞》, 1884년 6월 7일). 미야자키(宮崎) 현의 야외 연설회에서는 '중앙에 국기를 펄럭이며 사방에는 자유 만세, 압제 박멸이라고 쓰인 깃발을 세워' 두었다(《自由新聞》, 1884년 6월 17일). 호쿠리쿠(北陸) 7주(州) 간친(懇親) 연설회에서도 '회장의 문 앞에는 화환으로 장식한 큰 아치를 세우고 여기에 국기를 열 개 꽂았다'(《自由新聞》, 1884년 9월 27일). '국기'는 그야말로 애국심의 상징이었다.

게다가 오개조(五箇条)의 서문(誓文) 등을 낭독하고 천황은 여론에 입각한 정치를 원하고 있는데, 전제 정부가 이것을 저해하고 있으니 우리 민권 운동가들이야말로 '성려(聖慮, 천황의 뜻)'를 실현하고자 한다며 스스로의 정통성을 강조하는 일도 많았다. 이것은 정부에게 의회 개설이나 여론 중시를 요구하기 위한 수식어이기도 했다. 그러나 정부가 '천황은 실제로는 민권을 존중하며 백성을 걱정하고 있다'고 얘기한다면 뻔뻔스럽게 보이지만, 민권파가 연설회를 반복해서 실시하고, 또 '자유 만세', '천황 만세'라는 깃발을 세우거나 하면 다소 진실해 보이기도 했을 것이다.

민중들 사이에 객분 의식이나 반정부 감정이 뿌리 깊게 남아 있었던 1880년 전후의 시기에 '국민'이라는 의식이나 '천황은 국민의 편이다'라는 관념을 침투시키고 나아가 일정한 영향력을 발휘하고 있었던 것은 정부가 아니라 오히려 민권 운동 쪽이었다.

요컨대 이 시기의 정치 구조는 메이지 정부와 민권 운동의 2극 대립이 아니라 민중을 포함한 3극 대립으로 보는 것이 실태를 제대로 파악한 것이다. 뿐만 아니라 단순한 대립이 아니라 민권파와 정부는 대립하면서도 '근대국가의 건설' '민중의 국민화'라는 큰 틀을 공유하고, 민중과 민권파는 지향하는 방향은 달랐지만 '반정부'라는 점에서 뜻을 같이하여 정부에 큰 위협을 가하고 있었다.

제2장 '헌법과 의회'를 둘러싼 공방

메이지 14년 정변으로 추방당한 오쿠마 시게노부 참의(갈고리)와 후쿠자와 유키치 계열의 관료(가면) 그림(《団団珍聞》), 1881년 10월 16일).

1. 대립과 혼란

미숙한 천황

자유 민권 운동이 고양되었던 1880년 전후의 시기에 메이지 정부 측에서는 무슨 일이 일어나고 있었을까?

메이지 정부는 처음부터 명확한 국가 구상을 세우고 거기에 따라 구축된 것이 아니라 도쿠가와 막부를 넘어뜨린 각 세력들이 모여서 만든 것이었다. 그러나 1873년에 '정한(征韓)'론을 둘러싸고 대립이 불거져 사이고 다카모리(西鄕隆盛)나 에토 신페(江藤新平) 등이 하야했다. 또 1876년에는 서구화 정책을 강력히 비판하는 시마즈 히사미쓰(島津久光)와 의회 개설을 요구한 이타가키 다이스게(板垣退助)를 배제시키고, 오쿠보 도시미치가 정책 결정의 주도권을 확립했다. 세이난전쟁의 승리로 인해 무력에 의해 정부가 전복될 가능성도 사라졌다. 하지만 기도 다카요시가 1877년에 병사하고, 다음 해에 오쿠보가 암살당해 정부는 중심을 잃어버렸다. 그 후 오쿠마 시게노부와 이토 히로부미를 중심으로 정부가 운영되고는 있었지만, 자유 민권 운동의 영향을 받아서인지 내부 대립과 함께 혼란한 상황으로 함몰되어 갔다. 중요한 대립 요소는 천황의 친정(親政) 문제, 재정 문제, 헌법 문제 이 세 가지였다.

17살에 즉위한 메이지 천황도 이미 20대 중반의 청년이 되어 있었다. 그러나 군주로서는 미숙했으며, 시종장(侍從長)으로부터 술이나 승마에만 빠지지 말고 정무에도 관심을 갖도록 충고를 받기도 했다(1874년 12월), '전체적으로 늦고 둔한 성질로 한 번 정도 접한 것으로는 잘 알아차리지 못한다'라는 탄식도 전해진다(「모토다 나가사네가 시모즈 큐야〔下津休也〕에게 보낸 서한, 1878년 10월 12일」). 특히 세이난전쟁이 시작되자 사이고 다카모리를 친애하고 있었기 때문인지 천황은 대신이나 참의들과의 면회를 거부하거나 각의를 빼먹는 등 정무를 포기하는 태도를 취했다. 그래서 1877년 10월 군덕을 배양시키기 위한 천황 보좌 기관으로 시보직(侍補職)이 신설되고, 모토다 나가사네(元田永孚), 사사키 다카유키 등 수 명이 임명되었다.

모토다는 구마모토 번(熊本藩) 출신의 유학자로, 유교에 기초한 덕치를 이상으로 삼았다. 사사키는 도사 번(土佐藩) 출신의 국학자로 이와쿠라(岩倉) 사절단에 참가하여 구미의 실정도 알고 있었지만, 이타가키와는 대립하고 있었다. 그들은 문명개화 정책을 급격하게 추진시켜 온 오쿠마, 이토, 이노우에 가오루(井上馨) 등에게는 비판적이었다. 그리고 정치의 실권이 일부의 대신이나 참의들에게 점유당해 국가 재정을 낭비하고 있다고 오쿠보를 비난하는 내용을 담은 시마다 등이 쓴 「참간장」에 대해서도 다른 의견을 내세우지 않았다. 하지만 이 암살을 많은 사람들이 용인했다는 것에 충격을 받은 사사키 등은 이러한 위기를 넘기기 위해서는 대신이나 참의들에게만 맡길 것이 아니라 천황이 스스로 정치에 관여하여 '친정'을 실현하는 것 외에는 방법이 없으며, 그렇게 해야만 측근이 암살당하는 일도 없을 것이라며 천황을 강력하게 훈계했다. 그러자 '지금부터는 반드시 주의하겠다'며 천황도 눈물을 흘리며 대답했다고 한다(1878년 5월, 『保古飛呂比 8』). 사사키, 모토다 등은 교대로 천황과 대화하는 '내정야화(內廷夜話)' 등을 통해 점차적으로 천황과 친밀한 관계를 만들어 갔다.

천황 친정 운동

천황도 지방 순행(巡行)(제6장 참조)에서 보고 들은 것을 기초로 서구화 정책에 대해 비판하고 '근검애민(勤儉愛民)'을 요구하였다. 1879년 8월에는 '교학대지(教学大旨)'를 내어 서양풍을 배제하고 인의충효(仁義忠孝)의 유교 정신에 기초한 덕육(德育)을 교육의 기본으로 해야 한다며 주문했다. 서구화주의의 대표로 생각하고 있던 이노우에 가오루를 참의로 등용하는 것에도 난색을 표명했다. 이러한 언동의 배후에는 시보들의 움직임이 있었으며, 그들은 또 자기들을 각의(閣議)에 출석시키도록 요구했다. '천황 친정'이란 실제로는 보수적인 시보가 천황을 내세워 정치를 주도하려는 움직임이었다.

우대신(右大臣) 이와쿠라 도모미(岩倉具視)나 이토는 천황이 국정에 관심을 가지는 것은 환영하면서도 정치에 책임을 지는 것은 대신이나 참의라며 시보들의 각의 임석을 거부했다. 이토는 '교학대지'에 대해서도 즉각적으로 '교육의(教育議)'를 상소하여 서양 기술은 국가의 발전을 위해 불가결한 것이라며, 쇄국 봉건의 제도를 개혁한 지 얼마 되지 않기 때문에 오래된 도덕이 혼란스러운 것은 어쩔 수 없는 것이지만, '국교(國教)'와 같은 것을 만들어 개인의 도덕에 국가가 개입해서는 안 된다고 반론했다.

하지만 '천황 친정'은 유신 이래의 기치였으며, 메이지 정부의 정통성을 확보하기 위해서라도 부정할 수 없는 것이었다. 실제로 '교학대지'는 교육 행정에 대해 천황이 개입한 선례가 되어 수신(修身)을 중시한다든지, 교과서를 통제하는 등 정책을 전환하도록 촉구했다. 1879년 10월에 정부는 시보 제도를 폐지했지만, 천황은 모토다와 사사키 등에게 앞으로도 계속해서 거리낌 없이 의견을 말하라고 얘기해, 중요한 안건을 재가하기 전에는 의견 개진을 요구했다. 천황 측근의 영향력이 점차적으로 무시할 수 없는 지경에 이르렀다.

한편 이와쿠라는 태정관(太政官)제도에서 천황을 보좌할 수 있는 것은 대신뿐이기 때문에 시보는 물론 이토와 같은 참의가 천황에게 직접 의견을 올리거나 정책을 결정하는 것에도 반대하고 있었다. 이와쿠라와 이토는 화족(華族)의 처우와 인사 문제에 있어서도 대립하고 있었다. 1880년 2월에 참의가 성경(省卿, 각 省의 장관)의 겸임을 그만두고 정책 결정에 전념하게 되자, 천황과 이와쿠라는 사사키를 문부경에 임명하려고 했지만 이토 등에게 거부당했다. 이 사태에 대해 참의가 대신을 겸임하는 것과 같다며 천황도 분개했지만, 현실적으로 참의 없이는 정치가 불가능했다(표 2-1).

▶표 2-1. 1880년의 참의(착임 순서).

오쿠마 시게노부	(사가)
오오키 다카토	(사가)
이토 히로부미	(조슈)
데라시마 무네노리	(사쓰마)
야마가타 아리토모	(조슈)
쿠로다 기요타카	(사쓰마)
사이고 쓰구미치	(사쓰마)
가와무라 스미요시	(사쓰마)
이노우에 가오루	(조슈)
야마다 아키요시	(조슈)

천황이 정치에 관심을 갖게 됨에 따라 천황(궁중, 宮中)과 정부(부중, 府中)의 관계가 긴장 상태에 놓이고, 누가 정책 결정의 주도권을 쥐는가를 둘러싸고 대신, 참의, 천황 측근들 사이에서 복잡한 대항 관계가 생겨났다.

외채모집(外債募集)인가 지조미납(地租米納)인가

게다가 재정 문제가 정부 내부에 심각한 대립과 혼란을 야기했다. 세이난전쟁의 전쟁 비용 4,200만 엔을 메우기 위해 정부는 지폐를 증발(增發)했다. 여기에 당시까지 사족들에게 지급되던 녹봉을 처분하기 위해서 발행한 금녹공채(金祿公債, 사족들의 봉급을 일시불로 지급하기 위해 발행한 공채. 질녹공채라고도 함) 1억 7,000만 엔과 다수의 국립은행이 발행한 지폐가 중첩되어 인플레이션이 급속하게 진행되었다. 1877년 1석(石)에 5.3엔이던 쌀값이 1880년에는 10.6엔으로 급등했다. 하지만 주요 재원인 지조(地租)는 지조 개정(地租改正)으로 인해 지가(地價)가 고정되고, 1877년에는 세율이 지가의 3%에서 2.5%로 감액된 탓에 1,000만 엔 가까운 세입이 감소했다. 세출은 인플레이션으로 인해 늘어날 수밖에 없었다. 재정 적자는 증가 일로였고, 지폐는 더욱 증발되었다.

뿐만 아니라 무역 부문에서도 큰 폭으로 적자를 보고 있어, 1868년부터 1877년간의 누적 적자는 은화로 환산해서 6,500만 엔이었으며, 수입품의 운임 등을 더한 실질 적자는 1억 엔을 넘어섰다고 전한다. 무역 적자로 정화(금·은화)가 유출된 후 지폐를 대량으로 발행한 탓에 밸

런스가 무너져 인플레이션이 유발된 것이다. 1877년에는 지폐 1.03엔으로 은화 1엔과 교환이 가능했지만, 1881년에는 1.07엔이 필요했다.

오쿠마 시게노부 오쿠라경은 국내 산업이 발전하여 수출이 증가하면 정화가 늘어나 인플레이션도 수습될 것이니 지폐를 증발해서라도 권업(勸業) 정책을 추진해야 한다고 생각했다. 그렇지만 인플레이션을 그대로 방치해서는 안 된다. 오쿠마는 1880년 5월에 5,000만 엔의 외채를 발행하여 정화를 늘리고, 그것을 기초로 단번에 지폐를 상각함으로써 적극 재정을 유지하려는 정책안을 제출했다.

그러나 외국으로부터 거액의 차관을 하면 정치적인 입장도 약해지기 때문에 이토, 야마가타 등이 반대하였고, 이와쿠라는 외채를 모집하느니 시코쿠(四国)나 규슈(九州)를 파는 것이 낫다면서 분노했다. 민권파도 국회기성동맹의 '국회 개설윤허상원서' 안에서 '국가의 존망과 관련 있는 것이라'며 비판했다. 단지 구로다 기요타카를 포함한 사쓰마파 참의와 육해군에서는 사족수산(士族授産)이나 군비 확장을 위해서 적극 재정을 주장하는 오쿠마를 지지하는 사람들이 많았기에 결론이 도출되지 않았다.

이와쿠라는 천황에게 결정(「御裁定」)해 줄 것을 요구했다. 하지만 1879년에 일본을 방문하여 체재 중이었던 미국의 전 대통령 그랜트(Grant, Ulysses Simpson)가 외채의 위험성을 천황에게 조언했으며, 사사키와 모토다 등도 반대하고 있었기 때문에 결과는 이와쿠라가 의도한 대로 나왔다. 그렇다면 어떻게 인플레이션과 재정난을 해결할 것인가? 내각은 일단 300만 엔의 재정 정리를 요구했지만 각 성청은 예산 삭감에 반대했다.

여기에 등장한 것이 미납론(米納論)이다. 현물인 쌀로 지조를 납

▶그림 2-1. 「국회 개설을 소망하는 사람」과 「민심 이반」, 「재정난」에 둘러싸여 꼼짝 못하는 정부를 풍자하는 그림이다(《団団珍聞》, 1880년 7월 31일).

입시키면 비싸게 팔아서 세입을 늘릴 수 있다는 논리로, 이와쿠라와 사쓰마파 참의들도 이에 동조했다. 그들은 사족이나 정부가 곤궁한데도 쌀값 폭등으로 농민만 엄청난 부(暴富)를 얻어 사치하며 빈들거리고 (奢侈遊惰) 있다고 초조해했다. 하지만 이번에는 이토, 오쿠마, 이노우에 가오루 등이 반대하여 각의에서는 또다시 결정을 내리지 못하고 말았다. 결국 1885년까지 지조 변경이 없을 것이라고 포고한 직후에 또다시 미납으로 되돌린다면 '반드시 농민 봉기가 일어날 우려가 있다'며 천황이 반대해 미납론도 부정당했다(1880년 9월, 『明治天皇記 5』).

이때까지 천황의 결정으로 사태를 타개한 것은 정한론을 둘러싼 메이지 6년 정변 정도였다. 하지만 내각의 분규가 일어나 '천황의 결정(御裁定)'에 의존할 수밖에 없는 사태가 반복되자 천황의 의사를 무시하고서는 중요한 정책 결정을 하기 힘들게 되었다. 그러나 재정난을 타개할 방법은 천황 측근조차도 '근검절약' 외에는 갖고 있지 않았다. 오쿠마와 이토는 일단 주세와 지조지방세분의 증세, 공장 매각 등의 방침을 세웠지만 긴축 재정을 유지하는 것은 곤란하였으며, 증세는 정부 비판을 확대시킬 가능성이 있었다(그림 2-1). 세이난전쟁 중에 〈시즈오카신문〉이 예언한 바와 같이 한계에 다다른 재정 문제를 타개하기 위해서는 어떤 형태로든 국민의 동의를 얻을 수밖에 없다는 것이 명백해졌다.

2. 메이지 14년 정변

원로원의 헌법 초안

1874년 메이지 정부는 국헌(國憲) 조사 담당으로 이토와 오쿠마를 임명하고, 좌원(左院)에서 헌법에 대한 검토를 시작했다. 다음 해 '점차적으로 입헌정체를 수립할 것이라는 약속'으로 입헌제도의 도입을 인정하고, 사법기관인 대심원(大審院)과 의회에 준하는 기관인 원로원과 지방관회의를 설치했다. 원로원의 성격은 자문기관에 머물렀지만 영국, 프랑스, 독일, 벨기에, 이탈리아 등의 헌법을 정력적으로 번역하여 1876년에 헌법 초안 작성 명령이 내리자 86개조의 「일본국헌안(日本國憲按)」을 불과 1개월 만에 작성하였다. 「일본 제국은 만세일계(万世一系)의 황통을 갖고 다스린다」로 시작하는 이 초안 속에 민선의원에 관한 조항은 없었지만, 왕위 계승의 순위를 정하고, 황제는 즉위할 때에 원로원에서 「국헌을 준수한다는 서약을 하도록」(「제2장 제6조」) 규정하고 있다.

이 초안은 정부 수뇌부의 승인을 얻지 못했으며, 1878년 3월에 개정판이 작성되었지만 내용에 큰 변화는 없었다. 하지만 7월에 나온 제2안에서는 「국헌(國憲)이 있는 국가 중에 대의사(代議士)가 없는 곳이 없다」며 관선인 원로원 외에 민선의 대의사원을 설치하는 것과 부현회, 지방 의회에 관해서도 규정하고 있다. 아마 지방삼신법(地方三新法)에 대응하려고 한 것일 것이다(참고로 3월의 개정판을 발견한 시마 요시타카(島善高)는 이것을 제2차안, 7월의 초안을 제3차안이라고 부르고 있지만 여기에서는 종래의 호칭으로 한다(島善高編, 『元老院国憲案編纂史料』)).

그러나 원로원 의장은 이것을 각하하고 1880년 7월에 다시 「국헌」(「일본국헌안 제3차안」)이 작성되었다. 그 내용 중에는 원로원, 대의원의 양원제로, 법률은 양원의 가결을 필요로 하며 양원에 대신, 참의들에 대한 탄핵권이 있으며, 대의원에 예산 심의의 우선권을 인정하는 조항이 있었다. 제1, 2차안과 마찬가지로 천황의 계승 순위나 국헌 준수의 규정이 있었으며, 또한 각 조문마다 참조한 외국 헌법 조문을 부기한 문서로 작성되었다. 국헌편찬위원은 후쿠바 비세이(福羽美靜), 호소카와 준지로(細川潤次郞), 야나기하라 사키미쓰(柳原前光), 나카시마 노부유키(中島信行)의 4명으로, 나카시마는 후에 자유당 부총리가 된 인물이다. 물론 다른 사람들에게도 구미 각국으로부터 인정받는 헌법을 만들려면 이 정도의 내용은 불가결한 것이라는 인식이 있었다.

하지만 왕위 계승이나 즉위 시의 선서를 헌법에 규정하는 것은 헌법을 천황보다 상위에 둔다는 의미가 되므로, 이와쿠라가 '우리 국체(國體)'에 어울리는 헌법을 정부 주도로 제정할 수밖에 없다고 생각하여 1879년 12월 각 참의들에게 입헌정체에 관한 의견을 제출할 것을 요구했다.

야마가타 아리토모는 토지소유권을 인민에게 인정해 준 이상, 헌법과 의회는 불가피하다고 했다. 또 이노우네 가오루는 평온한 정권 교체를 위해서는 의회정치가 필요하다고 했으며, 이토도 입헌제도의 채용은 '세계의 대세'라고 했다. 단지 야마다 아키요시(山田顯義)를 포함한 그룹은 민선의회를 장래의 문제라고 생각하고 있었고, 이노우에는 민법과 상법의 편찬, 화·사족으로부터 선발된 상의원(上議院)의 설립 정도를 당면 과제로 상정하고 있었다. 그리고 무산사족(無産士族)의 불만이 민권 운동을 발흥시키는 원인이라고 생각했던 이토조차도 원로원 의관(議官)을 화·사족에 의한 공선으로 만들어 주면 충분할 것이라고 생각하고 있었다. 구로다 기요타카(黒田清隆)와 오키 다카토(大木喬任)는 국회 개설을 실질적으로 부정하며, 구로다는 다시한 번 국채를 모집하고 지폐를 증발하는 적극 재정을 실시하자고 요구했다.

오히려 모토다와 사사키가 의회의 조기 개설을 주장했다. 모토다는 1879년 6월 민권 운동보다 먼저 천황이 국회 개설을 선언해 민의를 집중시키도록 하라고 진언했다. 원로원 부의장이 된 사사키도 1880년 7월에 원로원의 「국헌」안 심의를 빨리 시작하여 국회 개설 포고를 내도록 요구했다. 또 사사키는 정부가 재정난에 빠지게 된 실정을 저지른 것에 대해 천황과 인민에게 사죄하고, 10년간은 긴축 재정만을 펴도록 하는 것과 원로원 의장을 대신(大臣) 다음 가는 지위로 만들 것을 요구했다. '시보직'에서 물러나게 된 그들은 이번에는 의회 문제를 통해 정부를 견제하려고 한 것이다.

한편 이토, 이노우에 가오루, 오쿠마는 1881년 1월에 들어서 의회 개설과 친정부계 신문을 발행할 의향을 후쿠자와 유키치(福沢諭吉)에게 전하고 협력을 요청했다(「후쿠자와가 이노우에·이토에게 보낸 서한. 1881년 10월 14일」). 그보다 2개월 전에 국회기성동맹 제2회 대회는 자유당의 결성 준비와 헌법 초안의 기초(起草)를 제기하고 있었다. 헌법·의회가 드디어 구체적인 정치 과제가 된 것이다.

민권파의 헌법 구상

국회기성동맹의 결의에 이어서 몇 군데의 민권 결사가 헌법을 작성하기 시작했다. 이미 교존도슈, 오메이샤, 지쿠젠 교아이카이(筑前共愛會) 등이 헌법 초안을 공표했으며, 현의회의 분발을 촉구한 사쿠라이 시즈카도 「대일본국회법초안(大日本國會法草案)」을 배포했다. 1881년에는 〈도쿄니치니치신문(東京日日新聞)〉의 후쿠치 겐이치로(福地源一郎)가 낸 「헌법 의견」과 게이오기주쿠(慶應義塾) 관계자들의 결사인 고준샤(交詢社)의 「사의헌법안(私擬憲法案)」이 공표되고, 이 두 가지와 함께 교존도슈의 「사의헌법의견(私擬憲法意見)」을 수록한 『사의국헌유찬(私擬國憲類纂)』이 큰 반향을 불러일으켰다. 이러한 헌법 초안을 포함해 1879년부터 1881년 말까지 민간에서 작성된 20가지가 넘는 헌법 초안·헌법 구상이 현재까지 전해지고 있다.

헌법 초안의 대다수는 '만세일계'의 천황에 의한 입헌군주제, 양원제, 하원의 재산선거제(남성에게만 선거권 있음)과 예산심의권, 실질적인 의원내각제를 채용하고 있었다. 오메이샤의 초안에는 행정관(태정대신, 각 성의 장관)은 천황이 임명하지만 「의원들의 신뢰를 잃어버린 때에는 사직해야 한다」(「행정관 제8조」) 고 규정하고 있으며, 고준샤의 초안은 명확하게 정당내각제도를 주장하는 것 외에도 토지를 갖지 않은 부유한 상공업자들에게도 참정권을 인정하고 있었다. 정부의 어용신문이라고 불리던 〈도쿄니치니치신문〉의 「헌법의견」조차도 천황은 '국론에 배치되는 내각을 퇴진시켜야' 한다고 쓰고 있다. 한편 원로원의 초안에는 의원내각제를 상정하지 않고 있어, 이 부분에서 민간의 헌법안과 큰 차이를 보였다.

▶사진 2-2. 지바 탁사부로의 「주소」. 이쓰카이치 헌법을 기초한 지바는 책 겉표지에 자신의 주소를 「自由権下不羈郡 浩然気村貴重番智 不平民」이라고 적고 있다(『三多摩自由民権史料集』 上).

　민권파의 초안 중에는 일원제(一院制) 의회나 법률적인 제한이 없는 인권 보장을 규정한 것도 있었다. 특히 우에키 에모리의 「일본국국헌안(日本國國憲案)」은 연방제의 도입과 참정권의 남성 한정의 부정, 나아가 저항권이나 혁명권을 명기하는 등 독자적인 내용을 담고 있었다. 또 이쓰카이치(五日市) 헌법(『일본제국헌법』)은 오메이샤의 초안을 기초로 하면서도 학습 의욕이 넘치는 지역 유력자들의 에너지와 지바 탁사부로(千葉卓三郎)라는 개성적인 청년의 학식이 결합되어 창안된 것으로, 국사범(國事犯)의 사형 금지 조항 등 상세한 인권 규정을 담고 있는 특색이 있었다.

　그 외에 이와테(岩手)의 오다 다메쓰나(小田爲綱) 문서에서 발견된 「헌법초안평림(憲法草案評林)」은 진보적인 국가 구상을 주장하고 있었다. 원로원의 「국헌」 제3차안의 필사본에는, 하단에 그에 대한 평론이 적혀 있고, 상단에는 「국헌」과 하단의 평론에 대한 의견도 쓰여 있다. 비밀로 취급되던 원로원의 초안이 민간에서도 논의 대상이 되고 있었던 것이다. 상단의 의견을 적은 사람은 오다 다메쓰나라고 알려져 있지만, 하단에 오노 아즈사(小野梓)를 '나의 벗'이라고 적은 필자의 정체에 관해서는 여러 설이 있지만 확실하지 않다. 게다가 상단의 기재가 없는 「헌법 초안평림」도 하치노헤(八戶)에서 발견되었다. 하단의 필자는 '훗날 헌법기초 위원이 될 여러 사람들에게 전해주길 바란다'고 적고 있다. 「국헌」과 하단 평론으로 구성된 이 문서는 국회기성동맹이 제기한 헌법 제정을 위한 '사립 국회'의 개설을 상정하여 각지에 배포되고 그 필사본이 만들어진 것일지도 모른다.

두 필자는 일단 '만세일계의 황통'을 인정하고는 있지만, 상단의 필자는 '무덕한 군주'를 폐위시키고 '부덕한 황자'를 배제할 것을 요구하고 있다. 한편 하단의 필자는 '폭위로써 인민의 권리를 억압하는' 천황은 '인민의 전국 총원 투표를 통해 다수결로 폐위'시키고, 또 왕위 계승자가 없을 경우에는 '신민 중에서 천황을 선출하거나 혹은 대의사원(代議士院, 의회)이 기초(起草)하고 일반 인민의 가결(可決)에 따라 정체를 바꾸어 통령(統領)을 선정한다'라며 공화제까지 전망하고 있었다.

단지 두 필자는 천황이 대신이나 참의 등을 임명하는 원로원의 초안을 비판하지 않고, 의회는 '폭군의 기편(欺騙)'에 대한 대항 기관으로 한정하고 있다. 이 부분은 의원내각제와는 반대로 의원의 관직 겸임을 금지한 릿시샤의 「일본헌법예정안」(125조)이나, 행정권을 천황에게 전속시킨 우에키 에모리의 초안과 같다. 엄밀한 삼권분립제(三權分立制)라고 할 수 있지만, 우에키는 '인민의 국가에 대한 정신을 논한다'(《愛国新誌》, 1880년 11~12월)에서 '통치자와 피통치자 사이의 분계

(分界, 경계)'를 명확하게 하여, 인민이 '통치자 같은 마음가짐'을 지녀서는 안 되며, '정부는 정부다운 직분을 다하고, 인민은 인민의 권리를 실행할 뿐'이라고 역설하고 있다. 말하자면 객분의 입장을 견지한 의회론이다.

이와 같이 민권파의 헌법 초안은 내용에 있어서 상당히 폭넓고 정교함과 조잡함이 공존하지만, 오메이샤나 고준샤, 원로원의 초안 등을 기초로 여러 인물들이 진지한 논의를 거듭하여 독자적인 국가 구상을 창출했다.

오쿠마 의견서의 충격

한편 정부 내에서는 혼란이 한층 더 심해졌다. 국회 개설을 염두에 두기 시작한 이토와 오쿠마, 이노우에 가오루는 구로다를 설득하기 시작했다. 사이고 다카모리와 오쿠보 도시미치가 사망한 후에 구로다의 승낙 없이는 사쓰마파의 협력을 얻을 수 없었다. 하지만 구로다는 완강하게 버티며 승낙하지 않았다. 또한 해군경(海軍卿)과 문부경(文部卿)의 인사 문제를 둘러싸고 각 성(省)과 번벌(藩閥)의 이해관계가 뒤엉킨 터라 수습이 되지 않았다.

사사키 다카유키는 '반드시 올해 안이나 내년 봄까지는 내각도 파열할 것이다. 그때야말로 예전부터 말씀드린 것처럼 드디어 대권을 장악하실 각오를 하시라'며 천황을 부추겼다(『保古飛呂比 10』).

그 와중에 입헌정체에 관한 의견서를 빨리 제출하라고 독촉받은 오쿠마가, 1881년 3월에 천황이 읽기 전에 다른 대신이나 참의가 먼저 읽지 않는다는 조건을 붙여서 좌대신(左大臣) 아리스가와 다루히토(有栖川熾仁)에게 의견서를 넘겼다. 그러나 세 명의 대신(大臣)이 국회 문제를 검토하기 시작한 5월에 비로소 오쿠마의 의견을 알게 된 이와쿠라가 태정관 대서기관인 이노우에 고와시(井上毅)에게 오쿠마의 의견서를 보이고 반론을 작성하라고 명령했다.

오쿠마는 '입헌 정치의 진실한 모습은 정당에 의한 정치'라며 2년 후의 국회 개설과 의원내각제를 주장하고, 참의·각 성의 장관(長官)부터 내무경과 시종장 등에 이르기까지 '정당관(政党官)', 즉 정권당(政權黨, 여당)의 의원을 임명하도록 주장했다. 이 의견서 작성에는 고준샤의 헌법 초안에 관계한 야노 후미오(矢野文雄)와 '금의십정(今宜十政)'에서 정당내각제와 적극 재정, 개척사 폐지 등을 제언한 오노 아즈사가 관계했다고 전한다.

이에 대해 이노우에 고와시가 작성한 이와쿠라의 의견서(1881년 7월 자)는, 오쿠마의 의견이 고준샤 헌법 초안과 같은 '정당내각 신진교대(新陳交代)의 설(說)'이며, '군민공치(君民共治)'라 하더라도 정당과 의회가 실권을 쥐고 천황을 에도 시대와 같이 '허기(虛器, 실권이 없음)'로 만들려는 주장이라고 단정 지었다. 이노우에는 내각고문인 뢰슬러(Hermann Roesler)로부터 바이에른공화국 헌법과 같은 서양의 헌법이나 법 제도에 대하여 열심히 공부했다. 그는 독일 헌법을 참고로 해 흠정헌법(欽定憲法), 왕위 계승에 관해서는 헌법에 기재하지 않고 대신과 내각은 천황에게만 책임을 진다는 등 훗날 대일본 제국헌법과 공통하는 내용을 지닌 「헌법대강령」을 구체적으로 제시했다. 하지만 오쿠마의 의견서는 수상 파면이나 의회 해산 등 군주에게 어느 정도의 역할을 인정하고 있다. 이러한 중요한 차이를 무시하고 오쿠마와 재야의 고준샤를 동일시하고 극단적인 대립 구도를 만들어서 이자택일(二者擇一)을 요구한 것이 이노우에 고와시의 방침이었다.

6월 27일, 오쿠마 의견서를 읽은 이토는 오쿠보 사망 후 협력 관계를 유지해 온 오쿠마의 배신에 격분하고, 동시에 '정당관'의 임명은 '군권을 인민에게 주는 것과 같으며' '아마도 이것은 오쿠마의 개인적인 생각은 아닐 것이다'라며 오쿠마와 민권파의 제휴를 의심했다(「7월 1일에 산조 사네토미〔三条実美〕에게 보낸 서한」, 「7월 5일의 오쿠마와의 논의」, 『伊藤博文伝 中巻』). 한편 이토는 이와쿠라가 참의들에게도 비밀로 한 채 서기관인 이노우에에게 오쿠마의 의견서를 보였을 뿐만 아니라, 헌법의 기본 원칙까지 작성시킨 것에 대해 강한 초조함을 느꼈다. 이노우에는 시급히 독일식의 헌법을 반포하지 않으면 영국식의 의원내각제 사상이 재야에 침투해 버린다며 「헌법대강령」의 승인을 재촉했다. 하지만 이토는 이러한 중대 안건은 대신과 참의의 의견 일치가 필요하다며 이노우에의 요구를 받아들이지 않고 '헌법내밀조사'는 '결코 누구에게도 양보하지 않는다'며 반격을 계획했다(「마쓰카타 마사요시가 이노우에 고와시에게 보낸 서한」).

개척사(開拓使) 불하 문제

바로 그때 홋카이도 관유물 불하(拂下) 문제가 급부상했다. 개척사는 1882년에 폐지될 예정이었지만, 개척사 장관인 구로다가 참의를 사직하고 홋카이도로 이주하여 사업에 전념하고 싶다고 태정대신 산조 사네토미에게 요구할 만큼 열심이었다(1880년 7월, 『明治天皇記 5』).

▶그림 2-3. 「여론(輿論)」과 「공의(公議)」로 인해 권익을 잃은 구로다 기요타카와 고다이 도모아쓰를 풍자한 그림. 혼다 긴키치로 「물을 빼는 구로다(畔田)의 폭풍」(《団団珍聞》, 1881년 10월 9일).

그러나 시가 300만 엔이 넘는 관유 재산을 38만 7,000엔에 30년간 무이자로 사쓰마파벌의 정상(政商)인 고다이 도모아쓰(五代友厚)와 코이케(鴻池), 스미토모(住友) 등의 오사카 상인들이 설립한 관서무역상회에 불하하는 것에 대해서는 정부 내에서도 반대가 있었다. 〈도쿄요코하마마이니치신문〉, 〈유빈호치신문〉이 7월 말부터 불하의 부당함을 논평하기 시작하자 다른 신문들의 반대도 속출했다(그림 2-3). 도쿄뿐만 아니라 각지의 연설회도 초만원을 이루었으며 '정재(政財, 정계와 재계) 유착'과 번벌의 횡포를 없애기 위해서는 국회 개설밖에 없다는 목소리가 단번에 높아졌다.

민권파뿐만 아니었다. 친정부 성향의 〈도쿄니치니치신문〉이나 〈메이지일보〉까지도 불하 중지를 요구했으며, 반(反)사쓰마파인 육군 중장 다니 다테키(谷干城), 도리오 고야타(鳥尾小弥太), 미우라 고로(三浦梧樓), 육군소장 소가 스케노리(曾我祐準, 이들 4명은 훗날 四將軍이라고 불린다)와 사사키 다카유키 등도 개척사 문제를 공명정대하게 처리하지 않으면 정부가 국민으로부터 신뢰를 얻기 어렵다고 경고하면서 의회의 조기 개설을 요구했다.

한편 이것은 헌법과 국회에 반대하는 구로다와 사쓰마파를 추방하기 위해 오쿠마와 후쿠자와 등이 획책한 음모라는 설이 구로다와 이노우에 고와시로부터 흘러나왔다. 이토도 '민권파를 끌어들여 권력

신장을 획책하는 무리'가 있다고 역설하였다(『保古飛呂比 10』). 분명히 〈유빈호치신문〉은 게이오 계열의 신문이었으며, 오쿠마나 고노 도가마(河野敏鎌) 농상무성(農商務省) 장관이 불하에 반대했다고 정부의 내정까지 보도했다. 그리고 홋카이도에 진출하려는 미쓰비시(三菱)의 이와사키 야타로(岩崎弥太郎)와 오쿠마의 친밀한 관계도 잘 알려져 있었다. 게다가 재정 문제와 지속적인 권력 투쟁으로 인해 젊은 관료들의 발언력이 강화되어 '건방진 서기관들이 매우 급진적인 시각을 갖고 압박한다'(『保古飛呂比 10』)며 이토도 탄식할 정도였다. 1881년에는 오자키 유키오(尾崎行雄), 이누가이 쓰요시(犬養毅) 등 게이오기주쿠 출신자가 등용되어 있었다.

의견서에 관해 이토로부터 들은 사사키 등도 오쿠마를 추방하자고 주장하기 시작했다. 구로다가 둔전병을 끌고 쿠데타를 일으킬 것이라는 헛소문도 돌았다. 마쓰카타 마사요시는 오쿠마의 재정 정책을 비판하는 「재정의(財政議)」를 제출했다. 하지만 7월부터 교토에서 병으로 인해 요양 중이던 이와쿠라는 오쿠마의 파면을 망설였으며, 천황도 오쿠마 음모설이야말로 사쓰마와 조슈의 음모가 아니냐고 의심했다.

오쿠마파의 추방

천황이 동북 지방·홋카이도 순행을 마치고 돌아온 1881년 10월 11일 밤, 사가 출신인 오쿠마·오키 다카토를 제외한 사쓰마와 조슈파 참의와 3대신만 참석한 각의가 열렸다. 이때 개척사 관유물 불하 중지와 9년 후의 국회 개설, 일본 독자적인 흠정헌법 제정 등이 결정되었다. 하지만 천황은 여전히 오쿠마 파면에는 동의하지 않았으며, 각의는 심야까지 이어졌다. 결국 오쿠마가 자발적으로 사표를 제출해서 수습될 수 있었다. 훗날 오쿠마는 천황 덕분에 '목숨만 겨우 지킬 수 있었다'고 회고하고 있다(松枝保二編, 『大隈侯昔日談』). 고노, 야노, 오노 등도 잇달아서 사직·면직되었으며, 사쓰마·조슈의 권력 독점이 확립되었다(메이지 14년 정변).

다음 날인 12일, 메이지 23(1890)년의 국회 개설을 약속함과 동시에 '일부러 성급하게 국회 개설을 요구하거나 사변(事變)을 부채질해 국가의 안전을 해하는 자가 있으면 국법으로 처벌할 것이다'라고 반정부 운동에 대한 강압적인 언사로 끝맺은 칙유가 선포되었다. 이후 정치 운동은 기본적으로 '메이지 23년'을 염두에 두고 움직이게 되었다.

그렇다고 해서 이것으로 이토의 주도권이 확립되었다고는 말할 수 없었다. '최근에 이토도 지극히 상심하여 신경통으로 인해 매일 밤 불면증에 시달리며 한 말의 술을 마시고서야 비로소 잠자리에 든다'(『保古飛呂比 11』)는 소문이 돌았다. 수석참의가 되고 신설된 참사원의 의장도 겸임했지만, 원로원과 화족제도의 개혁, 내각제도의 창설은 이와쿠라·이노우에 고와시 등이 반대하여 공중에 뜬 상태였다. 온건개혁파가 급진파를 배제한 결과 오히려 보수파에게 억압당하는 것은 정치역학상 자주 발생하는 일이다.

뿐만 아니라 이노우에 고와시는 오쿠마 추방 때문에 분주하게 움직이면서도 고준샤에 대항하기 위해 독일학 협회를 발족시켜 아리스가와, 이노우에 가오루, 야마가타, 마쓰카타, 가쓰라 다로(桂太郎), 가토 히로유키(加藤弘之) 등 유력 정치가와 관료, 학자들을 결집해 갔다.

오쿠마처럼 유능한 브레인을 지니지 못한 이토는 이와쿠라·이노우에 의견서에 대항 가능한 독자적인 구상을 만들어 내지 못했다. 이렇게 정치적으로 수세에 몰린 이토를 걱정한 데라시마 무네노리(寺島宗則)와 이노우에 가오루는 헌법 조사를 위한 외유(外遊)를 이토에게 제안했다. 대신·참의들로부터 외유 중에 무단으로 중요한 개혁을 단행하지 않는다는 약속을 받은 이토는 1882년 3월에 요코하마를 출발했다.

「군인칙유(軍人勅諭)」

1882년 1월, 「군인칙유」가 선포되었다. 이것은 개척사 문제로 도리오 고야타, 다니 다테키 등 '사장군(四將軍)'이 의견서를 제출한 탓에 정부를 비판하는 움직임이 군대 내에 생긴 것이 직접적인 계기가 되었다. '짐은 너희들 군인의 대원수이다'라고 선언하고 충절, 예의, 무용(武勇), 신의(信義), 검소 등 다섯 가지 조항을 군인이 지켜야 할 덕목으로 내세우고 있다. '예의'의 항목에 있는 '상관의 명령을 따르는 것이 바로 짐의 명령을 따르는 것임을 기억하라'는 대목이 훗날 큰 위력을 발휘한 것은 유명한 얘기이다.

1872년에 선포된 「징병고유(徵兵告諭)」에는 '충군(忠君)'의 논리가 사라졌는데, 사민(四民)이 평등하게 되었으니 평민에게도 '보국(報國)'의 의무가 있다며, 국민의 군대라는 논리로 징병제를 납득시키려고 하고 있었다. 다케바시사건 후의 「군인훈계」는 육군의 내부 문서였을 뿐이다. 그러나 「군인칙유」는 천황이 직접 서명한 후, 태정대신을 거치지 않고 바로 육·해군경에게 하달되었다. 의회 개설이 불가피한 시점에서 육·해군이 '천황의 군대'라는 것을 명확하게 한 것이다.

　이미 천황에게 직속된 참모본부가 1878년에 설치되어 있었고, 육군에는 작전·지휘를 담당하는 군령부도 있었지만, 사가사건에서는 오쿠보가, 세이난전쟁에서는 아리스가와가 정토도독에 임명되어 야마가타 등의 불만을 키우고 있었다. 다케바시사건이나 민권 운동의 고양으로 쿠데타가 일어나거나, 정당이 군대를 움직일 수 있다는 위험성도 의식되었다. 그 때문에 군령 부문을 정부로부터 떼어 내어 천황 직속으로 만든 것이다. 참모본부의 독립은 전 세계에서 독일 다음으로 빨리 이루어진 것이다. 이후 육군사관학교 졸업식과 같은 의식이나 군사 연습에 천황이 자주 임석하는 등 천황과 군대의 관계가 심화되어 갔다. 하야시 다쓰오가 '천황제란 무엇인가에 대한 경계심과 공포심을 희석시키는 일종의 예방체재'(林達夫·久野収,『思想のドラマトゥルギー』)라는 말을 하고 있는데, 그것을 보여주는 가장 전형적인 것 중에 하나가「군인칙유」였다.

3. 자유 민권 운동의 침투와 쇠퇴

자유당(自由党)과 입헌개진당(立憲改進党)

민권 운동은 그 후 어떻게 되었을까? 개척사 관유물 불하 중지와 국회 개설 선포는 국회기성동맹 제3회 대회가 열리고 있는 중에 이루어졌다. 민권파는 놀란 한편 환영을 표명했다. '여론의 승리'라고 말해도 좋았다. 하지만 불하 문제로 운동의 열기가 고양되었던 시기에 이미 운동의 분열이 시작되고 있었다. 9월 중순에 이타가키 다이스케가 도쿄에 오자 보수파인 후쿠치 겐이치로조차도 열렬하게 반기며 이제 단번에 정부를 압박할 수 있다고 기대했다. 그러나 이타가키는 동북 지방 유세를 하기 위해 출발했다. 독직사건(瀆職事件)은 전제정체(專制政体)에서는 얼마든지 일어날 수 있다. 근본부터 정체를 개혁할 수밖에 없으며, '일부의 관리들과 결탁하여 다른 일부의 관리들을 공격'하는 것은 의미가 없는 일이라고 이타가키는 단언했다(『自由党史 中券』). 이런 이타가키의 주장은 제1장에서 소개한 바와 같이 현재의 정부에 청원해도 의미가 없으니 전 국민이 일치단결하여 정체 변혁을 일으키는 수밖에 없다는 릿시샤 논리의 연장선상에 있는 것이다.

오쿠마파의 실각은 이타가키의 판단이 옳았다는 것을 증명해 주었다. 1881년 11월 9일, 이타가키를 총재로 자유당이 발족됐다. 그들은 정부와 대치해 '자유를 확충하고 권리를 보전하여 행복을 증진'시켜 '좋고 아름다운 입헌정체를 확립할' 것이라고 선언했다. 잇달아서 관서 지방의 입헌정당이나 규슈개진당(九州改進党) 등 각지에서 정당이 탄생했다. 하지만 다나카 세이조(田中正造)처럼, 통일정당을 제창한 도사파(土佐派)가 간부의 대부분을 점유하고 있으면서도 스스로 '일치단결'을 파괴한 것에 반발하여 자유당 창당대회에 참가는 했지만 가맹을 유보한 인물도 있다.

오쿠마와 함께 정부에서 쫓겨난 고노 도가마, 오노 아즈사나 오메이샤의 누마 모리카즈 등은 1882년 4월에 오쿠마를 당수로 하는 입헌개진당을 결성했다. 정책통인 전직 관리들이 다수 참가한 입헌개진당은 '왕실의 존엄과 영광을 지키고 인민의 행복을 위해 전력을 다하며' '내지의 개량을 주된 목적으로 하되, 국권의 확장은 도모하지 않는다'는 온건 노선을 표방했다. 그리고 재정이나 지방자치 등의 구체적인 정책을 둘러싸고 정부와 싸우겠다는 자세를 보였다. 이에 공감한 지방 정당도 각지에서 결성되었다. 정부를 지지하는 입헌제정당(立憲帝政党)이나 반민권파의 지방 정당도 만들어졌다.

하지만 '메이지 23년'까지 최대의 정치 쟁점이 될 헌법 책정은 국회기성동맹 제3회 대회에서 '급선무가 아니라'며 부결되었다. 「흠정헌법」이나 「국약헌법」이냐, 주권이 군주와 국가 중 어느 쪽에 있는가라는 논쟁이 신문지상에서 전개되었다. 먼저 헌법제정의회를 개설하라는 주장도 자유당 계열에서 나왔지만, '헌법'이나 '의회'는 이미 '행동을 동반하는 운동 목표'에서 제외되었다.

지방 정치의 활성화

한편 정부는 「집회조례」와 「신문지조례」를 통해 언론을 강하게 억압했다. 그 와중에서도 두 개의 정파가 서로 경쟁하면서 세력을 확장시키기 위해 노력했기 때문에 연설회 등은 이전보다 더 활발하게 열렸다. 지방의 민권 운동도 큰 힘을 유지하고 있었다. 현의회가 정치 투쟁의 중요한 터전이 되었기 때문에, 현령이 제출한 예산이나 의안의 수정·부결뿐만 아니라 지역 지배의 중추인 군장의 공선(公選)을 결의한 현의회도 많았다. 특히 입헌개진당은 지조 경감을 포함한 국정 문제를 지방 의회에서 결의하고, 전국 지방 의회 의원 간담회를 개최하려고 하는 등, 구체적인 정책 비판을 조직적으로 전개했다. 개진당에 가맹한 다나카 세이조는 훗날, '평민자유주의'나 혁명론으로 하층민의 인기를 모았던 자유당보다 '내각정무의 책임'을 구체적으로 추급한 개진당 측이 '내각에 가까운 적'으로 취급받아 정부로부터 더 미움을 받았다고 술회하였다(『田中正造全集 1』).

반대로 자유당 계열에는 민권 운동에 공감한 젊은 소학교 교사들이 지역 지도자로부터 자립하여 독자적인 운동을 전개하는 경향도 생겼다. 연설회나 간친회를 솔선해서 기획하고, 타 지역과의 연계에도 적극적으로 나서서 청년자유당과 같은 광역 조직을 만들려고 했다. 그야말로 제2세대의 등장이라고 할 수 있지만, 과격한 반정부적 언동을 전개하는 한편, 중국·조선에 대한 모멸 의식이나 '국익'옹호론에 사로잡힌 사람들도 많았다. 또 1884년의 도박범처분규칙에 반발해서 도박꾼이나 도박을 좋아하던 젊은이들 속에서 민권 운동에 접근하는 사람들도 나타났다.

그 외에 의회나 정당과는 관계없이 작은 모임을 자발적으로 만드는 움직임도 각지에서 볼 수 있었다. 예를 들어 니이 가쓰히로(新井勝紘)의 논문 「자유 민권과 근대 사회」에는 매달 돈을 적립해서 1, 2개월에 한 차례 정도 변사를 초청하여 '진지한 연설을 듣자'며 '예기자유강(藝妓自由講)'을 만든 교토부 야사카(八坂)의 게이샤들이 등장한다. 또 건강한 사람을 고용해서 신문을 읽게 하는 '신문잡지 강독소'를 만들거나 '맹목(盲目) 연설회'나 '센다이군맹(仙台群盲) 공동회'를 열어 '민권 확장'을 논의하거나, '센다이맹육원(仙台盲育院)'을 설립하려는 센다이의 시각장애인들의 모습이 소개되어 있다. 이 시기의 게이샤 중에는 정치적·사회적 관심이 높은 사람들도 많았으며, 연설회 등에 참가하는 모습도 각지에서 보이고 있다. 이처럼 '진지하게' 정치나 사회를 생각하거나 장애를 극복하고 자립하려는 노력은 자유나 민권 사상이 일상생활에 뿌리를 내리기 시작했음을 보여준다.

이러한 지방의 상황을 알게 된 이와쿠라는, 민권파가 사이고군(西鄕軍)과 같은 '총검의 이기(利器)'도 갖고 있지 않은데도 '정부가 급급해 보여 위험하고, 일일이 평온하지 않은 것'은 '경악'할 일이라고 하였다. 이것은 '분권정치'를 한다면서 지방 의회를 설치하여 '대권을 아래로 옮기는 길'을 열어줬기 때문이라면서 지방 의회를 중지해야 한다고 요구했다(「府縣会中止意見書」). 또 1882년 7월에 일어난 조선의 임오군란 때문에 11월, 천황은 군비 확장을 위한 증세(增稅)를 단행할 것이므로 지방 행정에 충분한 주의를 기울이라고 지방관에게 명령했다. 야마가타도 국민이 증세한 것을 알면 '시끄러운 상황'이 될 것이지만, '지금 우리들이 할 일은 오직 결단뿐'이라며 '각오'를 다짐했다. 메이지 14년 정변으로부터 1년이 경과한 시점에서도 정부는 민권파보다 우위에 있다는 확신을 갖지 못하고 있었다.

미시마현정과 주민의 반발

지방 민권가나 민중과 대립한 전형적인 현령이 사쓰마 출신으로 사카다(酒田), 쓰루오카(鶴岡), 야마가타(山形), 후쿠시마(福島), 도치기(栃木) 현령을 역임하고 '토목(土木) 현령'이라고 불리었던 미시마 미치쓰네(三島通庸)였다. 미시마는 보신전쟁 때 '조적(朝敵, 메이지 신정부에 저항한 무리들을 일컫는 말)'이 되었던 야마가타 현 주민들에게 메이지 정부의 자세를 보이기 위해 3·4층 높이의 서양식 교사, 박물관, 현립 병원 등 문명개화의 상징이라고 할 수 있는 시설을 잇달아 건설하고 도로, 교량, 제방의 정비에 힘을 쏟았다. 하지만 토목 건설비의 70%를 지방에서 부담하도록 되어 있었기 때문에 현의회는 매년 예산안을 삭감했고, 노동력을 제공하거나 기부하도록 강요받은 주민들 중 일부는 항의를 하거나 소송을 제기했다.

산으로 둘러싸인 야마가타 지방이 발전하기 위해서는 도로를 정비해야 했는데 마차가 통과할 수 있는 폭넓은 도로가 필요하다는 것이 미시마의 신념이었다. 요네자와(米沢)로부터 구리코 산(栗子山)의 중턱을 관통하여 후쿠시마로 나오는 도로 중간에 있는 860미터의 터널

▶그림 2-4. 구리코 산 도로. 1881년의 개통식에 임석한 천황은 이 도로를 「만세대로(万世大路)」라고 명명하고, 미시마를 칭찬했다(高橋由一의 그림, 東京国立博物館蔵).

공사에서는 인력보다 20배 정도 높은 효율을 자랑하는 미국제 증기굴삭기를 도입했다. 이것은 아직 영국과 미국에도 각각 한 대씩밖에 없었던 최신 기계로, 굴삭과 동시에 외부 공기를 끌어 넣을 수 있었다. 1880년 10월 야마가타와 후쿠시마 양쪽으로부터 뚫고 들어간 터널이 연결되었을 때 공사장에서 숙식하면서 기다리고 있던 미시마는 '뚫렸다고 기뻐하는 목소리에 꿈에서 깨자 즐거운 터널의 첫 바람이 불어온다'라며 노래했다. 다음 해 10월 순행 중인 천황을 맞이하여 성대한 개통식을 치렀는데 이 공사에 투입된 공사비 중에 관에서 부담한 것은 3만 엔뿐이었으며, 지역 주민은 비용 9만 5,000엔 외에도 연인원 1만 5,000명분의 노역을 부담했다(그림 2-4).

구리코 산 터널은 도쿄까지 연결되지 않으면 의미가 없었다. 그러나 야마가타로 넓은 도로가 연결된다고 해도 후쿠시마 측에는 그다지 이익이 없어 저항이 예상되었다. 1882년 1월에 후쿠시마 현령이 된 미시마는 7월부터 야마가타 현령을 겸임하고, 또 1883년 10월부터는 도치기 현령을 겸임하면서까지 도로를 완성시키려고 애썼다.

후쿠시마 현의회는 자유당 간부인 고노 히로나카(河野広中)가 의장이었다. 미시마는 먼저 사족수산금으로 구(舊) 아이즈 번(会津藩) 사족을 끌어들이는 한편, 민권론에 공감하고 있었던 구·호장과 소학교 교원을 파면했다. 그리고 현의회에는 한 차례도 출석하지 않고 의회가 모든 결의안을 부결해도 내무경으로부터 원안대로 집행하라는 허가를 받아 아이즈로부터 니가타(新潟), 요네자와, 도쿄에 이르는 아이즈 삼방도로(会津三方道路)의 건설을 강행했다.

아이즈 분지(盆地)도 도로가 생기면 편리해지지만, 공사에 강제로 동원된 것 때문에 주민들은 아이즈 자유당을 중심으로 반대 운동을 전개했다. 1882년 11월에 지도자가 체포되자 천 수백 명에 이르는 사람들이 기타카타(喜多方) 경찰서에 몰려들었고, 많은 수의 농민과 자유당원이 검거되었다. 아이즈와 후쿠시마의 자유당은 별개의 조직으로, 아이즈 자유당은 구(舊) 나누시(名主) 계층이 많았고 잇키(一揆)와 같이 촌별로 운동을 전개하고 있었다. 고노가 이끄는 후쿠시마 자유당은 사족이 많았으며 연설회에서 현령이나 정부를 격렬하게 비판했지만 도로 문제는 방관하고 있었다. 고노 그룹에게 '정치'란 어디까지나 전제정부를 무너뜨리는 것이었다. 그러나 그들은 가공된 내란음모죄로 유죄를 선고받았고 후쿠시마 자유당도 괴멸되었다.

도치기에서는 다나카 세이조가 이끄는 입헌개진당원이 현의회뿐만 아니라 주민을 조직해서 저항했지만 미시마는 여기서도 공사를 강행했다. 미시마는 도로 사업이 어느 정도 진척된 1884년 11월에 내무성 토목국장으로 전임된 후, 1885년에는 경시총감이 되었다.

지금도 요네자와 등지에서는 그의 공적을 높이 평가하고 있는 것처럼 미시마는 단순히 '악한 관리'이지만은 않았다. 소위 개발독재형의 행정관이었으며 지방의 근대화와 경제 발전의 추진이라는 사명감 때문에 '방해'를 하는 의회나 민권파를 증오했다. 그러나 미시마가 사쓰마로부터 불러온 군장이 체포한 자유당원 두 사람을 '소동 중에 때려죽이는' 것이 '상책'이라고 상신(上申)한 바와 같이, 피통치자들의 합의를 얻어서 정책을 실현하는 정치력은 없었다. 그것이 주민들로부터 분노를 산 이유였다.

정당 운동의 쇠퇴

하지만 1882년의 증세로 인해 '시끄러운 상황'이 야기될 것이라는 정부의 걱정은 기우에 불과했다. 제3장에서 보이는 바와 같이 대다수의 민권파가 군비 확장을 용인했기 때문이다. 오히려 1883년에 들어서자 정당 운동이 급속하게 쇠퇴하기 시작했다. 그 이유는 메이지 14년 정변으로 오쿠라경(大藏卿)이 된 마쓰카타 마사요시의 철저한 디플레이션 정책으로 인해 농산물 가격이 급락하고, 농촌이 심각한 불경기에 빠졌기 때문이다. 인플레이션 시기와는 반대로 지조를 내기 위해 쌀을 많이 내다 팔 수밖에 없게 된 부유 농민들이 농가 경영에 전념할 수밖에 없게 되고, 정부가 단속을 강화하자 지방 정당이 해산하고 신문이 폐간하는 일이 속출했다.

게다가 자유당과 입헌개진당 간에도 상호 비난을 하기 시작했다. 1882년 11월에 이타가키가 고토 쇼지로(後藤象二郎)와 함께 유럽 순방에 나섰는데, 이 자금의 출처가 정부라고 입헌개진당이 폭로했던 것이다. 하지만 자유당 산부는 개진당이야말로 정부와 유착한 미쓰비시로부터 돈을 받고 있으며 정부와 대결할 생각이 없는 '가짜 정당'이라고 역공세를 취했다. 개진당 공격은 1884년까지 이어졌으며, 그 외에도 자유당은 민권파를 결집해 '독립정당'을 설립하려고 한 바바 다쓰이(馬場辰猪)와 스에히로 시게야스 등에 대해서도 비난했다. 정치 운동이 구체적인 목표를 잃었을 때 세력을 유지하기 위해 '주적(主敵)'보다 '우당(友黨)'과의 대립에 빠지는 것은 자주 있는 정치 현상이지만 양당의 비난전은 정부가 기대하던 바이기도 했다.

현의회에서도 변화가 일어나기 시작했다. 예산을 둘러싼 대립은 계속되었지만 현령이 원안대로 집행해버리면 그뿐이었으므로 구체적인 성과를 얻을 수 없었다. 또한 계속되는 불경기 속에 도로 공사나 하천 보수는 지역의 생활과 경제 발전을 위해 필요한 것임과 동시에 공사비와 임금이 주민에게 큰 수입원이 되었다. 그 때문에 예산을 삭감하는 것보다 공공사업비를 배분하는 문제가 중요해지기 시작했다. 예를 들어 니가타 현에서는 시나노가와(信濃川), 아가노가와(阿賀野川) 등 많은 하천이 흐르는 평야 지대의 사람들은 자주 발생하는 홍수 대책을 마련하기 위해 제방수리비를 확보하고 증액해 줄 것을 요구했다. 한편 조에쓰(上越) 지방이나 산간 지대에서는 시미즈 도로의 개설과 같은 도로 정비가 절실한 문제였다. 그래서 '치수파'와 '도로파'의 대립이 생겨 도로파 중에는 니가타 현에서 분리해 카시와자키(柏崎) 현을 만들자는 주장도 있었다.

그렇게 되자 정부·현령과의 대결보다 지역의 이해관계가 더 중요해지고, 그와 같은 경향은 가나가와나 이바라키, 야마나시, 기후 등 각지에서도 나타났다. 게다가 의원들은 선거에서 낙선하면 '보통 사람'이 되기 때문에 정치적인 신념보다 선거구의 이해를 중시할 수밖에 없다. 이것은 국회 개설 후 정치가들이 걸어가야 할 길을 가리키고 있는 것이기도 했다.

이와 같이 억눌린 상황하에서 자유당의 젊은 그룹 내부로부터 무장봉기를 하거나 정부 요인을 암살하여 활로를 열려는 움직임도 생겨

▶사진 2-5. 가바산사건에 참가한 도마쓰 마사야스(富松正安, 오른쪽)과 다마미즈 가이치(玉水嘉一). 1882년경의 사진.

났다. 후쿠시마와 도치기의 자유당원은 폭탄으로 미시마를 암살하거나 현청을 습격하려는 계획을 세웠다. 하지만 기회를 놓쳐 1884년 9월에 16명이 '압정 정부 전복' 등의 깃발을 세우고 이바라키의 가바 산(加波山)에서 농성을 벌여 경관대와 충돌한 결과 모두 체포되었다(加波山事件, 사진 2-5). 그 후에도 암살 미수 사건은 일어났지만 야마가타 내무경은 그들을 명예롭지 못한 살인죄나 강도죄로 처벌하여 재판이 '정치'적인 양상을 띠는 것을 차단했다.

메이지 14년 정변이 큰 전환점이었다고는 하지만 정변 후 바로 정부의 우위가 확립된 것은 아니었다. 하지만 헌법 제정·의회 개설 등으로 주도권을 확보하고 동시에 도사파·사가파·게이오 계열의 유력 정치가·관료를 배제하고 사쓰마·조슈의 권력 독점을 실현한 정부에 대해 민권파, 특히 자유당은 구체적인 쟁점·목표를 만들어 낼 수가 없었다. 여기에 불경기가 덮치게 되고 가바산사건 직후에 결국 자유당이 해산하였으며, 12월에는 입헌개진당도 총수인 오쿠마가 탈당함과 동시에 활동을 정지했다. 이렇게 해서 조직적인 민권 운동은 일단 종지부를 찍었다.

제3장 자유주의 경제와 민중의 생활

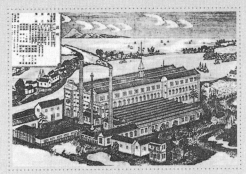

오사카 방적 회사의 공장. 1883년에 제1공장이, 1886년에
제2공장이 설립되었다(東洋紡績株式会社藏).

1. 마쓰카타 재정과 산업의 발전

인플레이션의 영향

　메이지 14년 정변을 중심으로 한 정치의 격동기 속에서 경제와 사람들의 생활은 어떠했을까? 제2장에서 본 바와 같이 지조세 감액과 세이난전쟁 후의 인플레이션은 국가 재정을 위기로 몰아넣었지만, 민간, 특히 농민에게는 생각지도 않았던 혜택을 주었다. 지조세는 국세·지방세를 합쳐서 대략 25%의 감액을 보였는데도 쌀값은 평균적으로 1877년에 한 석에 5.3엔이었던 것이 1880년에는 10.6엔이 되었다. 쌀값이 배로 올라 지조세로 내는 쌀을 절반으로 충당할 수 있게 되었으며 거기에 1879년과 1880년은 풍작이었다. 지조세 외의 조세는 아주 근소했다. 부농은 남는 재력이 있어도 쓸 곳이 없으며, 오늘날처럼 지방 농촌이 부유했던 적은 없었다고 〈도쿄아케보노(曙) 신문〉(1880년 11월 12일)이 보도하고 있다. 부농의 일기에 와인, 시계, 램프 등의 수입품을 구입했다는 말이 적힌 것도 이때부터였지만 그중에는 가격 인상을 노리고 쌀이나 생사(生絲) 선물 거래에 투자해서 이익을 보는 사람들도 있었다. 또 이바라키에서는 '열심히 도쿄풍을 배우고, 여자들 중에서는 도쿄어를 적거나 배우는 사람이 많고'(《朝野新聞》, 1879년 5월 2일), '올해만큼 시골 사람들이 도쿄를 구경하기 위해 상경한 것을 본 적이 없다'(《東京曙新聞》, 1880년 9월 20일)라는 말이 있을 만큼, 문명개화의 상징인 '도쿄풍'이 지방 도시에도 파급되기 시작해 도쿄를 방문하기 위해 상경하는 지방 사람들이 급증했다.

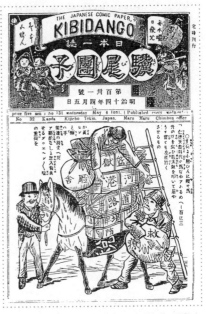

▶그림 3-1. 「외채안(外債案)」이 부결된 후, 감옥비와 토목비 등이 지방세(주민) 부담으로 바뀌었다 (《驥尾団子》, 1881년 4월 5일).

　이러한 지방 농촌의 경제적인 여유가 서적이나 신문의 구입, 서명 운동, 대표의 도쿄 파견과 같은 민권 결사의 활동을 지탱하고 있었다. 그러나 식비가 생활비의 대부분을 차지하는 도시의 서민이나 금녹공채의 얼마 되지 않는 이자로 겨우 생활을 영위하고 있던 하층 사족들에게 있어서 쌀값의 급등은 생존을 위협하는 재난일 뿐이었다. 인플레이션은 농민층에게는 경제적인 여유를, '무산' 사족들과 도시 빈민에게는 생활난을 가져왔다. 그러한 긍정적·부정적 영향이 함께 자유 민권 운동을 추진하는 에너지원이 되었다(단 1880년 말에 지방세 규칙이 개정된 탓에 세금에 대한 중압감이 고조했다. 그림 3-1).

디플레이션 정책의 목표

오쿠마 실각 후에 오쿠라경이 된 마쓰카타 마사요시는 이러한 농민의 '부유함'을 씁쓸한 시선으로 보고 있었다. 그는 인플레이션이 농민의 사치나 투기, 수입품 선호를 조장하여 무역 적자를 확대시켰고, '오늘날 각 지방의 농가는 매년 부유해지고 있지만, 전국 일반의 금융은 날로 옹색'해지고 있다며 농민과 다른 계층 간의 이해 대립을 강조했다(「財政議」, 1884년).

오쿠마는 국내 산업을 발전시켜 수출을 늘리면 정화인 금·은도 늘어날 것이니 지폐를 증발(增發)해서라도 생산적 투자를 확대해야 한다고 생각했다. 이에 비해 마쓰카타는 지폐의 증발이 지폐 가치를 하락시키는 원인이며, 인플레이션이 수습된다면 지조세의 실질적인 가치가 증대하여 재정도 안정화될 것이라고 주장했다. 그리고 긴축재정을 중단하지 않겠다는 보장을 천황으로부터 약속받은 위에, 1882년도부터 3년간 각 성청에 배당되는 예산을 고정(제로실링)시키는 것을 원칙으로 하는 강력한 디플레이션 정책을 실행해, 설사 세입에서 잉여금이 나오더라도 세출로 돌리지 않고 지폐를 문자 그대로 '소각'해 나갔다. 또 군비 확장에 필요한 재원을 확충하기 위해 주세, 담뱃세 외에 여러 가지 간접세를 증액하거나 신설했고, 지방세의 세율을 지조의 5분의 1에서 3분의 1로 인상했으며, 저소득층을 직격하는 호수할(戶数割, 각 호마다 부과하는 세금으로 현재의 주민세에 해당) · 가옥할(家屋割, 주택소유자에게 부과하는 세금으로 현재의 고정자산세에 해당) 등을 인상시켰다.

그 결과 1881년에 1.7%를 넘던 지폐와 은화의 교환 비율이 1883년에는 1.3%, 1885년 말에는 거의 등가를 이루었다. 쌀값도 한 석에

연도(메이지)	농산물 가격 (지폐 지수)	제조업 종합 (지폐 지수)	농산물 가격 (은화 환산 지수)	제조업 가격 (은화 환산 지수)
1875(8)	110.3	98.5	108.7	99.4
1876(9)	87.3	97.9	89.6	102.8
1877(10)	94.0	99.2	92.3	99.7
1878(11)	105.2	107.8	97.6	101.9
1879(12)	139.4	120.7	116.6	103.4
1880(13)	166.7	145.2	114.5	102.1
1881(14)	177.0	175.7	105.9	107.6
1882(15)	147.8	159.3	95.4	105.3
1883(16)	110.0	126.0	88.2	103.5
1884(17)	95.4	112.6	88.8	107.4
1885(18)	111.8	108.6	107.5	106.9
1886(19)	102.7	105.4	104.2	105.4
1887(20)	95.0	111.4	96.3	111.4

주: 농산물 가격, 제조업 종합 지수는 『長期経済統計 8 物価』에 의함. 농산물 은화 환산 지수 및 제조업 종합 은화 환산 지수는 각 연도 평균 지폐 가격에 의한 환산에 1874년을 100으로 계산한 것이다. 室山義正, 『松方財政研究』에서 인용.

10.6엔(1881년)에서 6.3엔(1883년), 5.3엔(1884년)으로 급락했다. 하지만 지조세액은 달라지지 않았으며, 1881년부터 징수 시기가 앞당겨진 탓에 가난한 농민들은 조세 납입으로 인해 고생했고, 조세를 내기 위해 고리로 빌린 빚을 갚는 데 시달리게 되었다. 1885년에는 공매처분을 받은 지조(국세·지방부가세) 체납자가 전국에서 10만 명을 넘어섰다. 주세(酒稅)의 증가(한 석에 2엔에서 4엔으로)와 불경기로 인해 주조업을 겸하고 있던 부농과 부상들도 타격을 받아 1881년에 약 3만 엔이었던 주세 체납액이 1883년에는 55만 엔을 넘어섰다. 그리고 1884년의 흉년으로 인해 이러한 상황이 더욱 악화되었다.

하지만 표 3-1과 그림 3-2가 보여주는 것처럼 은화 환산으로 보면 이 시기의 제조업 물가는 실질적으로 거의 변화를 보이지 않고 국민

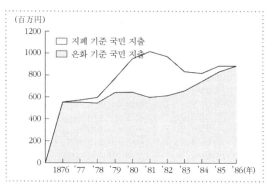

▶그림 3-2. 지폐 기준 국민 지출과 은화 기준 국민 지출. 室山義正,「松方財政研究」에서 인용.

지출의 하락도 근소했다. 반대로 토목 비용 등의 공공사업비는 전년
도와 같았지만 물가가 하락했기 때문에 오히려 상대적으로 증액한 것
과 같은 효과를 가져왔다. 우편 저축이나 은행 예금도 줄지 않았다. 이
때문에 1883년에는 실질 국민 지출이 1880년의 수준을 웃돌았고 그 후
로도 순조롭게 증가 추세를 보였다. 게다가 남북전쟁 후 불황에서 벗
어난 미국이 호경기를 맞이하자 생사(生絲)와 차(茶)의 수출이 증가한
외에도 금보다 싼 은을 본위 화폐로 채용했기 때문에 상대적인 가격
인하 효과가 발생해 수출을 촉진시키는 역할을 했다. 마쓰카타 디플
레이션 정책은 '실질적인 정부 지출의 확대를 동반한 특수한 '긴축재
정''(室山義正,「松方正義」)이었다.

　그러나 농산물은 은화로 환산된 실질 가격으로 보더라도 1882년
부터 1884년에 걸쳐 큰 폭으로 하락하고 있으며, 농민층은 집중적인
타격을 받았다. 오쿠마도 외채모집안이 부결된 1880년 9월에는 증세
와 지폐 소각을 하려고 했으며, 1881년에는 지폐 유통량도 줄어들기
시작하고 있었다. 누가 재정을 담당하더라도 디플레이션은 피할 수
없었지만 어떻게 해서라도 불경기를 회피하려고 했던 오쿠마와는 달

리 마쓰카타는 농민의 '나태 안일한 악폐'를 일소하는 데 적극적이었다. 민권 운동에 참가한 부농층이 농가의 경영이나 지역 경제의 재건에 분주해질 수밖에 없었던 것처럼 마쓰카타의 디플레이션 정책은 지극히 정치적인 의미를 지닌 경제 정책이었다.

식산(殖産) 정책의 전환

지폐가 은화와 거의 동일한 가치를 갖게 된 1885년 5월에 일본은행은 은화 태환 화폐인 일본은행권을 발행하고 다음 해부터 정부 지폐의 태환에도 응했다. 1882년에 설립된 일본은행은 정부의 강력한 감독하에 있었기 때문에 독립성은 약했지만 은본위제에 기초한 중앙은행이 확립됨으로써 통화 가치의 안정과 경제 상황의 변화에 따른 금융 정책이 가능해졌다. 또한 무역 금융을 위해 요코하마 쇼킨(正金)은행(1880년 설립)은 수출업자에게 지폐로 자금을 융통하고, 해외로부터 들어오는 대금은 금·은화로 받아 정부의 준비금으로 이월하는 방식으로 정화를 축적했다. 그 외 각지에 설립된 국립은행(미국의 National Bank를 모델로 한 사립 은행)도 점차적으로 지폐발행권이 없는 보통 은행으로 전환되었다.

일본은행을 중추로 하는 근대적인 금융 제도를 정비한 마쓰카타는 식산흥업 정책에서도 오쿠마와는 다른 방침을 내세웠다.

메이지 정부는 경제적 종속을 초래할 위험이 있다는 이유로 외국 자본의 직접 투자를 인정하지 않았기 때문에 정부의 직영 기업이나 보조금을 매개로 한 민간 기업 육성이 식산흥업 정책의 중심이 되었다.

먼저 공부성(工部省)을 중심으로 신바시(新橋)와 요코하마, 교토와 고베(神戸)를 잇는 철도와 가마이시(釜石) 탄광, 미쓰이케(三池)탄광, 효고(兵庫)·나가사키(長崎)의 조선소, 아카바네(赤羽) 기계제작소 등의 모델 공장이 건설되었다.

그러나 이와쿠라 사절단에 동행하여 구미의 산업을 실제로 보고 온 오쿠보 도시미치는 '대개 나라의 강하고 약함은 인민의 빈부(貧富)에 의한다. 인민의 빈부는 물산의 다과(多寡)와 관계있다'(「殖産興業に関する建議」, 1874년)라고 역설하며 내무성에 의한 재래 산업의 개량과 육성에 역점을 두는 동시에, 공부성이 중시한 철도보다 해운이나 사족 수산을 겸한 개간에 힘을 쏟았다. 그리고 농업시험장, 목장, 방적소(紡績所), 제당소 등의 직영 사업을 전개했다. 이런 모델 사업들은 근대적인 기술과 기능의 습득과 보급이라는 점에서 성과가 있었다고는 할 수 있지만, 경영에 있어서 정부 재정에 부담이 되는 경우가 많았다. 또한 정화 태환을 위해서 적립한 준비금을 재원으로 한 융자도 행해졌지만, 대부분이 미쓰비시(三菱)나 미쓰이(三井), 고다이 도모아쓰(五代友厚)처럼 정부 고관들과 밀접한 관계를 지닌 정상(政商)에게로만 넘어갔다. 이것을 재정면에서 지탱하고 있었던 것이 오쿠마 시게노부였다.

이에 비해 마쓰카타는 정부의 산업 정책은 직접적인 관여가 아니라 중앙은행에 의한 금융 정책에 역점을 둬야 한다고 주장하며, 고사카(小坂)은광, 아니(阿仁)은광, 나가사키조선소, 신마치(新町)방적소, 미쓰이케탄광, 도미오카(富岡)제사장(製絲場), 사도(佐渡)금광, 이쿠노(生野)은광 등을 미쓰비시·미쓰이·후루카와(古河) 등에게 불하했다. 경영 기반이 안정적이지 못했던 미쓰이가 미쓰이케탄광의 불하로 본격적인 활동을 시작한 것처럼 마쓰카타의 경제 정책의 기조는 정상을 중심으로 한 대자본의 육성에 있었다. 또한 1881년에 화족들이 주주(株主)가 되어 설립한 일본철도회사는 국유지의 무상 불하, 배당금의 고리(高利) 보장, 철도 부지의 세금 면제 등의 특권을 받았다. 덕분에 경영은 순조로웠으며 1884년에는 우에노(上野)와 다카사키(高崎), 1991년에는 우에노와 아오모리(青森)를 잇는 철도를 개통시켜 그 후의 '철도 붐'을 일으키는 계기가 되었다. 녹봉처분으로 인해 화족들의 대부분은 연평균 3,000엔 정도의 이자를 받고 있었지만, 그중에서 유력 다이묘들은 수만 엔을 받고 있어서 정상(政商)과 맞먹을 정도의 고액 소득자가 되었다.

여러 가지 고안

그러나 1880년대의 일본 경제를 지탱한 것은 제사·방적 등의 섬유 산업이었다. 에도 시대 말기에 대량으로 수출된 일본의 생사는 조잡한 제품으로 인해 신뢰를 잃었지만 도미오카제사장 등을 모범 공장으로 해 1870년대 후반부터 나가노, 야마나시, 기후 등지에 기계제사장이 설립되기 시작했다. 하지만 대규모 제사장을 건설할 자본이나 기술이 없었다. 농민은 수차(水車)로 많은 제사 기계를 한 번에 회전시키거나 실을 뽑는 장치를 고안하고, 금속제의 비싼 수입품 대신에 도자기로 만든 냄비나 목제 기구를 사용하는 등 연구를 거듭했다. 주물장(鑄物匠)이 만든 얇은 철제 보일러는 도미오카제사장의 기사 브류너가 위험을 느낄 정도였다. 가끔 폭발 사고도 일어났지만 도미오카제사장과 같은 대규모 설비 투자(솥 300개, 약 20만 엔. 솥 하나당 667엔)에 비해, 스와 시(諏訪市)의 나카야마사(中山社)는 솥 96개를 설치하는 데 1,350엔(솥 하나당 14엔)을 들여 개업할 수 있었으며, 작업 효율과 품질도 비약적으로 높았다.

　신슈(信州)와 같은 기계제사에 비해 후쿠시마, 군마(群馬) 등의 오래된 생사(生絲) 산지에서는 각 농가가 간단한 좌조기(座繰器, 누에로부터 명주실을 뽑아내는 기계)를 사용하고 있었기 때문에 품질이 불안정했다. 군마 현 세타(勢多) 군의 호시노 조타로(星野長太郞)는 각 농가의 생사를 크게 다시 감는 작업을 공동으로 해서 품질의 향상과 균질화를 도모했다. 당시 산업 발달기에 접어들고 있었던 미국에는 수동 방직기가 아직 많이 남아 있어서 개량된 좌조사(座繰絲)를 대량으로 미국에 수출할 수 있었다. 좌조제사(座繰製絲)는 기계제사(器械製絲)보다

뒤떨어진 것처럼 보이지만, 부업으로써의 좌조에 익숙한 농가 여성은 기계제사 공장의 여공으로 고용되는 것을 기피했으며, 생사의 가격이 비쌀 때에는 생산량을 늘리고, 쌀 때에는 그만둘 수 있었다. 항상 일정한 생산량과 노동력을 유지해야 하는 기계제사에 비해 좌조제사는 당시의 농민 의식에 적합한 유연한 생산 방식이었다. 하지만 1894년에는 기계제사의 생산량이 좌조제사를 웃돌았고, 많은 농가는 좌조를 그만두고 제사 회사에 누에고치를 공급하는 양잠 농가로 변해 갔다.

　그리고 방적기·방직기의 일부를 나무로 제조하는 일도 있었다. 특히 니시진(西陣)의

▶사진 3-3. 아라키 고헤가 만든 목제 방적기 국산 1호기(財団法人西陣織物館蔵).

방적장인 아라키 고헤(荒木小平)가 만든 목제 방적기(자카도)는 고가의 수입품을 사용하지 않고서도 복잡한 문양을 짤 수 있었다(사진 3-3). 또한 가운 다쓰치(臥雲辰致)가 발명한 목제 면사(綿絲) 방적기('가라보[ガラ紡]'라고 불리었다)는 면화로부터 섬유를 뽑아내어 실로 꼬는 작업을 하나의 기계로 처리하는 획기적인 발명품으로 기계 방적이 본격적으로 전개될 때까지 미카와(三河) 지방을 중심으로 각지에서 활용되었다.

그 외 재래 기술에 여러 가지 고안을 추가한 장인들의 노력이 철도 건설이나 비와호 관개(琵琶湖灌漑)를 위한 대공사에서 큰 성과를 올려 외국인 기술사들을 놀라게 한 것도 유명한 얘기이다. 또한 홋카이도에서는 경작과 낙농업을 연결한 미국식의 대규모 농법이 도입되었는데, 나카야마 히사조(中山久藏)가 착실한 개량을 거듭하여 한랭지에서 수전경작(水田耕作)이 가능한 방법을 만들어 냈다. 생산이나 공사 현장에서의 노력이나 궁리가 근대 산업 발전의 기반이 되었던 것이다.

시행착오

수출 산업인 제사업과는 달리 방적업의 경우는 국내 시장에서 외국산의 싼 면사·면포와의 경쟁에서 살아남아야 했다. 개항 이후 면사나 면포가 대량으로 수입되었지만 문명개화 속에서 셔츠와 같은 얇은 의복의 수요가 높아지자 싸고 가는 수입사를 이용한 소규모 직물업이 성행했다. 개항 이래 최대의 수입품이었던 면포는 1873년을 피크로 수입량이 감소하기 시작했다. 수입사를 사용하여 면포 시장을 회복시킨 것이다.

에도 시대 말기에 체결한 통상조약은 치외법권을 인정해 준 대신에 외국인이 직접 국내에서 상업을 하거나 투자하는 것을 금지했다. 그 때문에 일본의 무역 상인들 중에는 축적한 자금이나 정보를 지방의 제사(製絲) 업자나 방직 농가에게 제공하고 새로운 시대에 적합한 생산을 요구하는 일도 있었다. 지방의 생산자가 수입사를 이용하게 된 배경에는 이러한 상인들의 움직임도 있었다.

그 결과 이번에는 면사의 수입액이 1위로 올라서게 되어 정부는 일본 면화와 수차를 사용한 2,000추(錘) 규모의 방적소를 각지에 설치했다. 국산 면화의 이용은 지역 산업 보호와 육성 정책에 따른 것이었다. 그러나 소규모로 비용이 너무 비싸게 먹힐 뿐만 아니라 수입한 방적기의 대부분이 일본산 면화와 적합하지 않아 거의가 생산·경영에 실패했다.

이에 비해 1883년 7월부터 조업을 시작한 오사카방적회사는 주식회사 제도를 활용하여 민간 자금 25만 엔을 조달하고 증기력을 사용해 1만 5백 추의 생산 규모를 확보했다. 영국에서 기술을 습득한 야마노베 다케오(山辺丈夫)가 대표이사로부터 높은 급료를 받고 초청받아, 싸고 짧은 중국산 면화를 사용하고, 주야로 연속 조업을 하여 코스트를 경감시켜 생산 효율을 단번에 높였다. 하지만 바로 이 오사카방적회사도 당초에는 국산 면화를 사용했고, 입지적인 관점에서 수차를 사용하지 못했기 때문에 증기력을 사용했다고 전해지고 있이 시행착오 끝에 이루어진 것이었다.

오사카방적회사의 성공과 높은 배당금으로 인해 미에(三重)·가네가부치(鐘淵)·오와리(尾張)·세쓰(攝津)·아마가사키(尼崎) 등지에서 대규모 방적 회사를 설립하는 일이 잇따랐다. 1886년에는 20개 회사의 8만 추, 1889년에는 39개 회사의 36만 추로 급속하게 확대되었다. 1889년에는 국내 면사 생산량이 수입량을 웃돌고, 1890년대에 들어서면 링 방적기에 적합한 길이의 섬유인 인도면(印度綿)이 안정적으로 수입되어 방적업은 일본의 대표적인 산업으로 발전해 갔다.

인도는 남자 노동자 중심으로 1892년부터 영국과 비슷한 공장법이 시행되어 소년과 여자의 심야 작업을 금지했다. 하지만 일본에서는 1890년대에 원격지로부터 인건비가 싼 농촌 여성 노동자를 모아서 기숙사에 수용하고 야간작업 할증금도 폐지한 결과, 인도 방적업과의 경쟁에서 이길 수 있었다. 일본 자본주의의 가혹함을 보여주는 '인도 이하의 임금'이라는 말은 단순한 비유만이 아니었다(花井俊介, 「軽工業の資本蓄積」).

2. 강한 자의 자유와 '인정(仁政)' 요구

부덕(不德)한 자

인플레이션과 디플레이션에 의한 경제적 격동과 근대 산업의 발전이 사람들에게 미친 영향은 생활 수준의 향상과 빈부 격차의 확대뿐만 아니었다.

1880년경의 신문을 보면 '쌀값 등귀의 결과라고는 하지만 절도 또는 방화를 일으키는 사람이 하루가 다르게 증가하고 있다'(《朝野新聞》, 1880년 9월 5일)라는 기사가 눈에 띈다. 메이지 시대 전반기의 총 화재 건수 중에서 방화가 차지하는 비율이 높으며, 1877년부터 1886년까지는 전국 평균 20%를 넘고 있었다. 특히 1881년에는 도쿄가 58%, 가나가와(도쿄의 다마[多摩] 지역을 포함)는 78%에 이르렀다.

쌀을 살 수 없어서 훔치는 것은 이해할 수 있지만, 왜 방화를 일으키는 것일까? 그 이유 중의 하나는 건축 노동자들의 일이 늘어나는 것을 들 수 있다. '화재는 에도의 꽃'이라고 불릴 정도로, 에도 시대의 도시에는 목조 가옥이 밀집해 있어 화재에 취약했다. 그 대신에 다음 날에는 불 타버린 곳을 정리하고 새로운 집을 짓기 시작했다. 에도의 큰 상인들은 스미다 강(隅田川) 하구의 목재 저장소에 재목을 항상 확보해 두고 있었으며, 큰 화재가 발생하면 빈민을 위해 식사를 제공하거나 의연금을 배분하기도 했다. 화재가 일어나도 상실할 재산을 갖고 있지 못했던 서민들에게 화재는 재난이 아니라 돈을 벌 수 있는 기회였다.

물론 방화는 범죄이다. 그렇지만 당시의 사람들에게 생활의 기본인 쌀을 매점매석하는 것은 용서할 수 없는 일이라는 인식이 잔존해 있었다. 에도 시대에는 '소생산자의 빈궁화를 불러오는 고리대금이나 상업 활동은 '부당'한 것이며, 그 때문에 소생산자가 극도의 빈궁에 빠졌을 때에는 고리대금업자나 상인, 호농들이 그때까지 축재한 것을 방출하여…… 소생산자를 구휼하는 것이 당연한 것으로, 그렇게 하지 않는 사람은 부덕한 자로서 제재를 받아 마땅하다'는 경제관념이 있었다(佐々木潤之介,『世直し』). 방화 또는 그것을 예고하는 벽보('히후다[火札]'라고 불렸다)는 민중의 어려움을 돌보지 않는 '부덕한 자'에 대한 항의였다.

1874년 대만 출병으로 인해 쌀값이 폭등했을 때에도 쌀값 통제를 요구하는 수많은 건백서가 제출되었다. 하지만 정부는 '상업의 자유'를 인정한 이상 행정적인 개입은 에도 시대의 '압정'과 같은 것이라며 요구를 받아들이지 않았다. 1880년 4월, 관계자들 간의 매매가 뒤엉켜 미곡거래소가 혼란해지자 정부는 한때 거래를 정지시키는 조치를 취했다. 하지만 도쿄상법회의소의 시부사와 에이치(渋沢栄一) 회장 등은 선물거래는 정상적인 상거래이며, '투기는 도박이 아니라'고

항의했다(《東京日日新聞》, 1880년 4월 15일). 민권파인 〈니가타신문(新潟新聞)〉(1880년 3월 28일)도 '자신의 나태함을 제쳐 놓고' '벽보·투서'로 '쌀 수출을 멈추지 않으면 불을 지른다든가 때려 부순다며 위협'하는 것은 괘씸한 것이라고 비난했다. 자신의 소유물을 자유롭게 매매할 수 있는 것이 '근대적 자유'의 기초이다. 정상(政商) 보호는 자유 경제의 원칙에 어긋나는 것이라고 주장하던 민권파조차도 쌀값 통제를 요구하는 '시중의 어리석은 백성들'을 지지하지 않았다.

차금당(借金党)

디플레이션이 발생하여 쌀이나 농산물의 가격이 하락하자, 상황이 급전되어 농민, 특히 고리대금업자에게 빚을 진 농민들이 타격을 받았다. 게다가 땅값이 하락하여 저당 잡힌 논밭만으로는 빚을 갚을 수가 없어서 다른 토지와 가재도구까지 공매 처분을 당하는 농민도 많아졌으며 아울러 지조 체납자도 증가했다. 1883년에 내무경이 된 야마가타는 호장을 관선으로 변경하고, 촌세(村稅)에도 체납 처분을 확대 적용시켜 엄중하게 징수하도록 했다.

이 때문에 지조 연납(延納), 소작료 감면, 소학교의 휴교 등을 요구하는 움직임이 각지에서 생겼다. 그중에 하나가 '빈민당(貧民党)' '차금당(借金党)'이라고 일컫는 집단행동이었다. 그들은 은행·대부업자(정식 은행이 아닌 금융회사)에게 변제를 연장해 달라거나(辨済猶予) 연부로 변제하게 해 달라고(年賦辨済) 요구하는 것 외에도, 군청이나 경찰에게도 고리대금업자와 은행들을 설득해 달라는 탄원을 제출했다.

현재 확인된 부채 농민 사건은 일본 동부 지역을 중심으로만 65건에 달하고 있다(稲田雅洋, 「困民党の論理と行動」).

당시에도 이자제한법이 있었지만 '이자선계산(利子先計算, 〈切り金〉), 월별결산(月別決算, 〈月縛り〉)'이라고 해서 '액면 10엔, 기한 3개월'이라 하더라도 실제로는 8엔만 빌려준다든지, 1월 중순에 빌려도 3개월째에 해당하는 3월 말이 변제 기한이 되고, 만약에 변제가 안 되면 원금과 이자를 합친 채무 증서를 다시 쓰게 했다. 이런 식으로 1년 후에는 빚이 2~3배로 불어나는 악질적인 케이스도 있었다. 그렇지만 채무자가 증서에 날인한 이상 '자유의사에 기초한 계약'이며, 재판소도 증서대로 이행할 것을 명령하는 것 외에는 방법이 없었다.

한편 부채 농민이 군청이나 경찰에 탄원을 제출한 행동은, 고리대금업자와 같은 '부덕한 자'를 설득하여 조금이라도 양보를 하도록 하는 것이 '윗사람'의 역할이라는 에도 시대의 '인정(仁政)' 관념에 기초한 것이었다. 농민들이 채무의 10년부 상환, 30년부 상환을 요구하여 변이 인정한 사례도 있었다. 하지만 근대국가인 메이지 정부는 그렇게 할 수 없었다. 이시카와(石川) 현 노미(能美) 군장은 '민간끼리의 거래'이므로 간섭할 수 없다고 포고했으며, 사이타마(埼玉) 현 지치부(秩父) 군장도 '고리대금을 빌린 것이 어리석은 것'이라고 일축했다.

지치부(秩父)사건

부채 농민이 실력을 행사하는 일은 대개 대출업자나 경찰과 가볍게 충돌하는 정도에 머물렀지만, 사이타마 현 서부의 지치부에서는 대

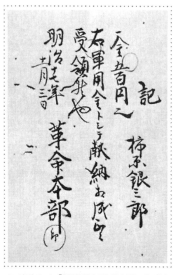

▶사진 3-4. 「혁명본부」의 영수증. 오미야향의 상점으로부터 군자금을 징수했을 때 발행한 영수증(사본)(秩父市立図書館蔵).

규모 무장봉기 사태로까지 발전했다. 이것이 지치부사건이다.

1884년 10월 31일, 지치부 군 후푸무라(風布村)의 농민들이 대부업자와 토지대장을 보관하고 있는 호장 사무실을 습격한 것을 시작으로, 11월 1일에는 약 3,000명이 봉기하고, 2일에는 오미야향(大宮郷, 현 지치부 시)의 군청 사무실, 경찰서, 재판소를 점거했다. 농민들은 2,000정이 넘는 조총 등으로 무장했으며, 채무의 10년 거치 40년부 상환, 소학교의 휴교, 잡종세과 촌비의 경감 등을 요구했다. 3일에는 7~8,000여 명이 결집했다고 전해진다. 그러나 4일에 헌병대, 지역군 사령부의 병력이 급파되자 다시로 에이스케(田代栄助), 이노우에 덴조(井上伝蔵) 등 지도부가 도망가 버리고 '본대'도 해체됐다. 그래도 많은 농민들은 투쟁을 계속해 사이타마 현 고다마(児玉) 군 가나야(金屋) 촌에서는 수백 명이 다다미를 방패로 군대와 총격전을 벌였다. 또 다른 농민들은 도이시(十石) 고개를 넘어 나가노 현 사구(佐久) 군으로 들어가 야쓰가다케(八ヶ岳) 산록을 타고 서쪽으로 이동한 후 9일에 노베야마하라(野辺山原)에서 해산했다. 재판부는 9명에게 사형을, 142명에게 도형과 징역형을, 약 3,600명에게 벌금형 등을 선고했다.

지치부에서는 왜 무장봉기 사태까지 이르렀을까? 지치부 지방에서는 생사와 누에고치 생산이 성행했지만, 1883년에 생사 가격이 1881

년의 반액으로 급락했으며, 1884년에는 세계적인 불황으로 인해 수출량도 급감했다. 이 때문에 1883년 말부터 사카모토 소사쿠(坂本宗作), 다카기시 젠키치(高岸善吉), 오치아이 도라이치(落合寅一)를 중심으로 지치부 군청이나 경찰서에 탄원을 반복해서 제출했지만 무시당했다. 그런 차에 1884년 3월, 자유당대회에 참가한 다카기시가 오이 겐타로의 관동 지역 전체 봉기론에 공감하여, 오치아이 등과 함께 '고리대금업자를 정벌하는 것을 표면적인 운동의 목표로 삼아 인기를 얻은 후에 대중을 결합시켜' '정부를 전복하기로' 도모했다(『綸旨大赦義挙寅一経歴』). 인접한 군마 현에서도 다코(多胡) 군 가미히노무라(上日野村)의 자유당원 고스기 쓰네지로(小柏常次郎) 등이, 이타가키 다이스케가 말한 '전국의 인민을 구하기 위해 거사를 벌이고 여기저기서 한 번에 일어나면 고리대금업자를 궤멸시키고 조세 등도 줄어들게 될 것이다' '군대에 가지 않아도 된다'는 발언을 이용하여 농민을 조직했다(『新井庄蔵 등의 尋問調書』). 봉기한 농민 중의 한 사람도 '도쿄로 올라가 이타가키 공과 병력을 합쳐…… 압정을 양정(良政)으로 바꾸고 자유의 세계로 만들어 인민을 안락하게 만들겠다'고 말한 것으로 전한다(田中千弥, 『秩父暴動雑録』).

그러나 9월의 가바산사건으로 많은 자유당원이 체포되자 지치부 이외에서는 농민 조직화가 진행되지 않았다. 다시로·이노우에 등은 봉기를 연기하자고 주장했지만, '곤민당'을 자칭하기 시작한 농민들이 채무 변제의 독촉과 재판소로부터의 호출에 쫓기게 되자, 당신들에게 '교섭'을 맡긴 탓에 '극도로 곤란한 지경에 이르렀으니 어떻게든 해달라'(『小柏常次郎尋問調書』)고 압박해 왔기 때문에 결국은 봉기를 일으켰다.

불꽃이 된 '이타가키 공의 요나오시(世直し)'

　지치부 지역처럼 곤민당이 활발한 활동을 했던 하치오지(八王子) · 마치다(町田) · 사가미하라(相模原) 등 부슈(武州) · 소슈(相州) 지역에서는 군장 · 호장 · 현회의원 등이 적극적으로 중재에 나섰다. 미나미다마(南多摩) 군의 군장 하라 호조(原豊穰)도, 예전에는 저당을 잡히지 않고 친근한 사람들끼리의 채무 관계였기 때문에 채무자를 구제할 수 있었지만, 지금의 대부업자는 원래 '생산에 투여되어야 할 자금'을 '생산자를 파괴하는 도구'로 사용하고 있다며 분개하고 있었다(具陳書,「金貸営業の害」, 1882년경). 그렇지만 농민의 요구는 받아들여지지 않았다. 1884년 11월, 7개 군 150개 촌의 채무 농민이 '부소(武相)곤민당'을 결성하여 현청에 청원을 시도했지만, 자유당원으로부터의 지원은 거의 없었다. 또한 묘기 산(妙義山) 아래의 진바가하라(陳場ヶ原)에 결집하여 다카사키(高崎) 군사령부를 공격하려고 한 군마(群馬)사건(1884년 5월)에서는 수십 명의 지역 농민밖에 모이지 않았다. 오히려 농민들은 자유당원의 제지를 무시하고 채권자인 오카베(岡部)의 집을 습격한 뒤에 해산했다. 양쪽의 목적은 크게 달랐으며, 군마 사건은 실제로 자유당원이 아닌 채무 농민에 의해 벌어진 사건이었다.

　오히려 자유당과 차금당 · 곤민당은 근본적으로 어울리지 않았다. 자유의사로 체결한 '계약'을 일방적으로 파기하는 것을 인정한다면, 안정된 경제 활동은 어려워진다. 게다가 부유한 자유당원 중에는 은행이나 대부업자에게 출자한 사람들도 있었으며, 융자금이 회수되지 않으면 자신이 파산하게 되었다. 이쓰카이치(五日市) 등 서부 다마(多摩) 지역의 민권파와 부유 농민도 곤민당의 행위에 대해 '은행 또는 전

당포, 대부업을 약탈'하는 것이
라며 비난하고 있다(久保善太郎,
「上申書」). 또 지치부사건의 재
판은 오오카 이쿠조(大岡育三),
다카나시 데쓰시로(高梨哲四郎)
등 입헌개진당 계열의 대언인
(代言人, 현재의 변호사)이 변호를
맡았다. 사이타마 현은 자유당
과 입헌개진당이 병립해 있었으
며, 오오카 등의 입장에서 본다

▶사진 3-5. 지치부사건의 리더였던 이노우에 덴조와
그 가족. 사건 후에 친구 집 창고 안에 숨어 있었던 덴
조는 1887년에 홋카이도로 건너가 이토 후사지로(伊藤房
次郎)라는 가명으로 살고 있었지만, 1918년 죽음을 앞두
고 본명을 밝혔다. 그는 자신을 '폭도'가 아니라 '국사범'
이라고 주장했다.

면 채무 농민이야말로 오쿠마의 재정 정책을 부정한 마쓰카타에 의한
디플레이션 정책의 희생자였던 것이다.

차금당은 사적소유권을 부정하는 '사회주의'를 표방한 것이 아니
었다. 가난한 사람들을 힘들게 만드는 부의 축적은 '덕의(德義)'에 어
긋난다는 것뿐이었다. 큰 나무는 여름에 그늘을 만들고, 겨울에는 낙
엽을 떨어뜨려 토지를 비옥하게 해 주지만, 사립 은행이라는 거대한
나무는 '원하는 대로 양분을 빨아들여' 주위의 식물을 모두 말려 죽인
다고, 아마노 구마고로(天野隈五郎)는 그의 건백서(『明治建白書集成』
7)에서 호소하고 있다. 요컨대 자유 경제란 '강자의 자유'를 국가가 보
호하는 경제 시스템이었다.

그렇지만 급진적인 민권파가 농민을 속여서 동원했다고 하거나,
자유당은 정치 운동, 차금당은 경제 문제라는 이분법으로 설명하는 것
또한 적절하지 않을 것이다. 에도 시대에 '인정(仁政)은 무가(武家)의
본분이고, 연공(年功)은 백성의 본분'이라고 얘기되어 왔듯이 신분제

국가의 영주(領主)는 통치권을 독점했기 때문에 영민(領民)의 생활을 안정시켜야 했다. 그 임무를 태만히 하고 가혹한 연공을 징수하거나 '부덕한 자'의 욕심을 용인했을 때, 민중은 잇키나 폭동을 일으켰다. 문제가 됐던 것은 '정치인'의 자세였다.

곤민당도 마찬가지였다. 양잠교습소의 공진회에서 우등상을 받은 사카모토 소사쿠가 운동의 선두에 서고, 후푸무라(風布村)에서 최초로 잠실(蠶室)을 만든 상층 농민인 오노 묘키치(大野苗吉)가 '황공하지만 덴초사마(天長樣, 천황)에게 적대하려고 하니 가세하라'고 선동한 것처럼, 지치부사건은 자립한 생활자가 중심이 되어 '인정(仁政)'을 포기한 메이지 정부에 대해 이의를 제기한 것이었다.

'당위의 정치'를 요구하며 봉기하는 것은 농민만으로도 가능했겠지만, 다카기시·오치아이 등 자유당원이 개재되었다는 것으로 곤민당은 '이타가키 공의 요나오시'라는 이념과 광역성, 조직성을 지니게 된 것이다.

즉 지치부사건은, 민권 이론으로부터 일탈하면서도 청중의 열광적인 공감을 불러일으킨 연설회와 마찬가지로 이질적인 것이 교차되면서 생성된 '불꽃'이었다. 그랬기 때문에 군대와 대치해 총격전을 벌일 정도의 에너지를 발휘할 수 있었다.

근대 지주제의 확립

차금당·곤민당 운동이 전혀 성과를 올리지 못한 것은 아니었다. 이자율의 인하나 3~5년간의 거치를 인정한 은행도 있었다. 부소 지역에서는 곤민당이 해체한 후에도 '겉으로는 채무 변제 기한을 연기해 주길 애원하는 듯한 모습을 보이면서도, 지치부·하치오지 차금당을 들먹이며, 속으로는 공갈 협박을 하는 것과 같은 분위기를 풍겼기에 채권자도 강력하게 재판을 걸려고 하거나 하지 않았다'(《東京横浜毎日新聞》, 1885년 5월 28일)라는 보도도 있다. 채권자가 재빠르게 양보해 '소동'이 일어나지 않았던 지역도 있었을 것이다.

그러나 세이난전쟁 후의 인플레이션과 디플레이션의 격동, 그에 따른 여러 사건의 결말로 인해, 쌀값이나 채무 등 민중이 몸으로 느끼는 경제관념에는 큰 변화가 생겼다. 사람들은 '상업의 자유'나 '계약'이 민중의 생활보다도 우선한다는 것, '윗사람'의 도움이나 타인의 호의를 바라지 말고 자기와 가족의 힘만으로 노력하지 않으면 곤궁으로부터 벗어나는 것이 불가능한 시대가 왔음을 어쩔 수 없이 실감하였다. 메이지 시대 후기가 되어도 쌀값이 등귀하면 지방 도시나 어촌 등의 빈민이 쌀을 염가로 판매할 것을 요구하며 쌀가게로 몰려간 일도 있었지만, 그들도 더 이상 '상업의 자유' 자체를 부정할 수는 없었다. 1899년 이후에는 방화율도 전국 평균 10% 이하가 되었다. 여기에 메이지 전기와 후기의 결정적인 차이가 있었다.

마쓰카타 디플레이션 정책이 끝나고 경제 발전이 두드러진 1880년대 후반에 도쿄·오사카에서는 농촌으로부터 유입된 빈민이 급증하여 슬럼가가 확대되어 갔다(그림 3-6).

▶그림 3-6. 빈민가에서는 군대 등에서 나온 남은 음식물을 나눠서 팔고 있었다(松原岩五郎, 『最暗黒の東京』에 실린 久保田米僊의 그림).

「지방 정치 개량 의견안」(1886년) 속에서 이노우에 고와시(井上毅)는, 에도 시대의 촌락에 유민·거지가 적었던 이유는, 촌락의 토지가 다른 촌락에 매각되는 것을 치욕스럽게 생각한 쇼야(庄屋)가 채무를 대신 지불해 주는 '일촌 단결의 정신'이 있었기 때문이라고 얘기한다. 이런 단결 정신은 신분제가 인정을 필요로 한 것처럼 연공을 촌락 단위로 납입하는 무라우케제도(村請制度=연대책임제)가 만들어낸 것이었다.

그러나 지조 개정으로 경작지의 사유권을 인정받게 된 반면에 촌락 사람들이 공동으로 관리, 이용해 왔던 입회지와 산림 등은 누구의 토지도 아닌 국유지로 편입되거나 유력한 농민의 사유지가 되었다. 그 결과 비료용 풀이나 땔감을 구하러 들어가는 것이 어려워지고, 농업이나 일상생활에 장해가 되었다. 군마나 부소 지역에서는 채무 농민 사건이 발생하기 이전부터 이러한 '마구사바(秣場, 비료용 풀이나 땔감 조달지)' 반환을 요구하는 촌락 사람들의 운동이 일어나고 있었다.

하지만 당시에는 채무를 갚지 못한 농민으로부터 토지를 몰수하거나, 높은 소작료율을 요구하는 것도 '자유화' 되었으며, 이후 지주와 소작농의 관계가 더욱 가혹하게 되어 광대한 토지를 축적한 대지주가 생겨났다. 곧 소작농가의 여자들은 방적·제사 공장의 여공 등 저임금 노동력의 공급원이 되고, 소작료를 축적한 대지주는 은행 예금이나 주식·사채를 구입하여 산업 자금의 공급원이 되었다. 자본주의적 재생산 체제가 확립될 때까지 근대 지주제는 자본주의를 노동과 자본의 양면에서 지탱한 불가결한 요소였다.

3. 합리주의의 양면성

경제 합리성의 비합리

근대 산업화가 가져온 것은 빈부의 문제뿐만 아니었다. 예를 들어 아시오(足尾) 광독(鑛毒) 문제가 있다. 휴업 상태였던 아시오 구리광산의 광업권을 입수한 후루카와 이치베(古河市兵衛)는 큰 광맥을 찾음과 동시에, 1888년에 세계적으로 동 수요가 증가하자 이를 배경으로 자딘 매디슨(Jardine Matheson) 상회와 수출 계약을 맺고 구리를 중산하기 시작했다. 그 때문에 도라세(渡良瀨) 천에서는 생선이 감소했고, 1890년의 대홍수로 인해 논밭의 작물이 말라 죽었다. 들에 버려진 광물에서 나온 비소나 카드뮴 등이 대량으로 강에 흘러들어 갔기 때문이었다. 손해 배상이나 조업 중지를 요구하는 운동이 시작되고, 의회에서 광독 사건의 정치적인 책임을 추궁했던 다나카 세이조(田中正造)가 나중에 '근대 일본'과 전반적으로 대치하는 드문 사상가이자 운동가가 된 것은 유명한 얘기이다.

하지만 아시오 광산은 단순한 악덕 기업이 아니었다. 후루카와는 민간 회사로서는 최초로 탄광 내외를 전화로 연결했으며, 선별 기계와 신형 용광로를 도입했다. 이뿐만 아니라 수력발전소를 건설하여 배수펌프와 인양기를 전동화했으며, 갱구와 제련소를 연결하는 전기철도도 부설했다. 또한 제품을 수송하기 위해 산 너머에 있는 닛코(日光)와 로프웨이로 연결하여 도호쿠혼센(東北本線)을 이용하는 루트를 개발했다. 제국대학을 졸업한 기술자와 게이오 출신의 사무직도 채용했다. 이 시기에 구리는 생사·차와 함께 일본의 주요 수출품이었는데, 이러한 노력의 결과로 1891년의 구리 산출량이 1888년의 3,700톤에서 7,500톤으로 증가했고, 아시오 광산은 전국 구리 산출량의 39%를 차지했다. 노동자 수도 1883년의 약 900명 정도에서 1896년에는 1만 명을 넘어섰다. '광부 6년, 용광부 8년, 마누라만 50년'이라는 노래가 있듯이 노동 조건은 열악했으며 노동자의 생명은 일회용처럼 버려졌지만, 당시에는 최첨단 기술을 도입한 근대적인 광산이었다.

그렇다면 왜 심각한 공해 문제를 일으킨 것일까? 가쓰 가이슈가 독특한 비유로 그 핵심을 찌르고 있다(《每日新聞》, 1897년 3월 27일).

산을 파는 것은 예전 막부 시대부터 해온 일이지만, 구 막부 시대는 손끝으로 조금씩 파내고 있었다. 바다에 소변을 봐도 바닷물이 소변이 되지는 않을 것이다. 손으로 조금씩만 파냈으면 녹이 흘러내리지는 않았을 것이다. 오늘날은 문명의 시대라고 한다. 문명이라는 큰 장치로 산을 파내기만 할 뿐 다른 장치는 따라가지 못한다. 이래서야 바다에 소변을 본 것과는 다를 것이다. …… 알겠는가? …… 근본부터 틀린 것이다.

아시오 광산은 생산 합리성, 경영 합리성에는 상당히 앞서 있었다. 하지만 기업 경영의 틀 안에서 합리적·효율적인 것이 지역 사회나 환경에 있어서는 비경제적·불합리적인 것도 많다. 현재의 물류 관리의 기본인 저스트 인 타임 시스템도 공장이나 편의점의 재고를 줄이고 효율을 높인 반면에, 부품이나 상품을 하루에도 몇 번씩 반입한다든지, 주문에 바로 대응할 수 있는 준비가 필요하다. 공장이

다나카 세이조

반드시 총리에 임명할 것이다.

백년 후에, 정토 또는 지옥에 올 때면

죽음 길에 접어든 늙은이

청원인 가쓰 아와

아미다여래

염마대왕 양 집사 님께

▶그림 3-7. 가쓰 가이슈(勝海舟)가 다나카 세이조(田中正造)에게 보낸 증명문. 이로부터 반년 후 가쓰는 사망했다(松浦玲, 『明治の海舟とアジア』).

나 편의점에게는 경비 절감이 되어도, 하청을 포함한 시스템 전체로 본다면 노동력이나 에너지를 낭비하고 있다. 근대의 합리성이란 대개 (강자에게 있어서의) 부분적인 합리성에 불과하다. 아시오 광산은 그 전형적인 예이다.

미신과 과학

'합리적'뿐만 아니라 '과학적'이라고 하는 말에도 함정이 있다. 예를 들어 다음과 같은 광경을 어떻게 생각하면 좋을까?

이바라키 현 다가 군의 야카케·아시아라이 두 개의 촌락에서는 먼 바다의 전복을 따면 마을의 수호신인 시오가마 신사(塩竈神社)의 '엄벌을 받는다'고 전해져 왔다. 하지만 다른 촌락의 남자가 만약에 불구가 되거

나 병이 들어도 평생을 책임져 준다고 설득하여 사람을 고용하고 '잠수기계'를 사용해서 따기 시작하자, 다른 이변도 일어나지 않고 매일 풍어였기 때문에 '근래에는 서로 나서서 전복을 따는 사람이 매일 늘어났다'라고 한다(《朝野新聞》, 1879년 7월 13일).

분명히 '신벌'은 없었을지 모른다. 이 이야기의 결말은 모르지만 너무 많이 따버려서 어장이 사라진 곳도 있었을 것이다. '신벌'은 보기엔 근거 없는 미신인 것 같지만, 자원을 보호하고 생태계를 지키기 위한 '선조의 지혜'이기도 하다. 아이누 족은 연어를 잡았을 때 한 마리는 아이누에게, 한 마리는 곰에게, 한 마리는 가무이(神)에게라며 세 마리 중에 두 마리를 강으로 돌려보냈다고 한다. 이것도 어떤 의미에서 본다면 '부분과 전체'에 관련되는 문제일 것이다.

메이지 시대의 전반기에는 서양 의학이 본격적으로 일본에 도입되었다. 정부는 1874년에 의료제도, 1876년에 의술개업시험법을 제정해, 의사의 자격을 서양의(西洋醫)에게만 한정했다. 난학의(蘭学醫)의 활약이나 종두의 실적으로 서양 의학에 대한 평가가 높아졌지만, 의료 행위는 과학임과 동시에 문화이기도 했다. 의료 행위가 '서양 문명의 우월성'을 증명하는 무기가 되는 것과 관련해 슈바이처를 떠올릴 필요까지도 없을 것이다. 그러나 각기병과 관련해서는 한방의가 더욱 '과학적'이었다.

각기병은 비타민 B_1이 결핍되어 생기는 병으로, 에도 시대에도 항상 백미만 먹는 상류 계급이나 에도의 서민에게서 나타났다. 그러나 원인을 알 수 없어 '에도병'이라고 불렸으며, 일종의 풍토병으로 간주됐다. 메이지 시대가 되자 집단생활을 하는 군대에서 환자가 급증하자 '전염'되는 것이 아니냐는 의심을 받기도 했다. 천황도 1877년에 교토 체재 중에 각기병에 걸렸다. 의사는 다른 지방으로 가서 요양할 것을 권했다. 하지만 천황은 각기병이 서양에는 없다고 들었는데 그렇다면 원인이 쌀밥이 아닐까라고 생각한다며, 팥이나 보리를 먹이는 한방의가 있다는 얘기를 들었는데, '반드시 일리가 있는 얘기'일 것이라고 하였다. 그리하여 각기병 전문 병원 설립비로 2만 엔을 하사했다(『明治天皇記 4』).

간다(神田)에 개설된 각기병 전문 병원에서는 양의와 한방의에게 치료를 위해 서로 경쟁을 시켰는데 결론이 안 났다. 그러나 영국의 공중 의학을 배운 다카기 가네히로(高木兼寬)가 군의총감(軍醫総監)이 된 해군 내에서는, 빵이나 쌀·보리 혼식을 급식으로 내어 각기병을 예방해 사망자를 내지 않았다. 그렇지만 독일 의학을 신봉하는 제국대학의 의사와 이시구로 다다노리(石黒忠悳) 육군 군의총감은 세균에 의한 감염증이라는 가설을 주창하였고, 육군의학교 교관인 모리 린타로(森林太郞, 森鴎外)도 이에 동조했다. 다카기의 연구가 각기병에 걸리지 않은 원인을 밝히지 못했기 때문에, 인과관계가 논증되지 않은 추론은 '과학적'이지 않다는 이유로 채택되지 않았다.

스즈키 우메타로(鈴木梅太郞)가 쌀눈에서 오리자닌(비타민 B_1)을 추출한 것은 1910년이며, 통계적인 수법에 의한 역학 검사법도 확립되지 않았기 때문에 당시의 최신 의학인 세균설을 부정하기는 힘들었을 것이다. 육군 수뇌부는 청일·러일전쟁에서도 백미 급식을 밀어붙여 수많은 병사들을 각기병으로 죽게 만들었다. 이시구로와 모리가 세균설을 고집한 이유는 '과학적'인 근거 외에도 보리밥은 빈민이 먹는 것이며, 목숨을 바쳐 싸우는 병사들에게는 쌀밥을 줘야 한다는 것과 쌀밥에 결함이 있다는 것은 '쌀의 나라'인 일본의 자랑스러운 음식

문화를 더럽히는 것이라는 신념도 있었다고 전한다(白崎昭一郎, 『森鴎外 もう一つの実像』). '과학'이란 옷을 입은 미신만큼 처치 곤란한 것도 없다.

콜레라 소동

각기병과 함께 콜레라도 사회 문제가 됐던 병이다. 콜레라는 갠지스 강 유역의 풍토병이었지만, 교역이 확대되면서 19세기 초반부터 반복해서 세계적으로 크게 유행했다. 일본에는 1822년에 처음으로 '상륙'하여 개국 후인 1858년부터 가끔씩 유행했다. 영국 등이 치외법권을 방패로 자국의 배에 대해서는 일본의 검역을 인정하지 않았던 것이 콜레라를 유행시킨 원인의 한 가지였다. 강한 감염력과 2, 3일이면 사망에 이르는 급격한 병세 변화 때문에 '고로리'라고도 부르며 두려워했다. 특히 1879년과 1886년에는 10만 명을 넘는 사망자가 발생했다(표 3-2). 청일전쟁의 전사·병사자가 약 1만 3,000명, 러일전쟁이 약 8만 명이었으니 얼마나 많은 사람이 사망한 것인지 알 수 있다.

정부는 1879년 '호열자 병 예방 규칙' 등을 제정하여 석탄산(페놀)에 의한 소독을 실시하고 환자를 격리했다.

▶그림 3-8. 콜레라 환자의 집에 줄을 치고 감시를 하고 있는 경찰관(鏡淵九六郎編, 『新潟古老雑話』復刻版, 雪書房, 1991년).

	콜레라		이질	
	환자 수	사망자 수	환자 수	사망자 수
1877(메이지10)	13,816	8,027	349	38
1878	902	275	1,078	181
1879	162,637	105,786	8,167	1,477
1880	1,580	618	5,047	1,305
1881	9,387	6,237	6,827	1,802
1882	51,631	33,784	4,330	1,313
1883	669	434	20,172	5,066
1884	904	417	22,702	6,036
1885	13,824	9,329	47,307	10,690
1886	155,923	108,405	24,326	6,839
1887(메이지20)	1,228	654	16,147	4,257
1888	810	410	26,815	6,576
1889	751	431	22,873	5,970
1890	46,019	35,227	42,633	8,706
1891	11,142	7,760	46,358	11,208
1892	874	497	70,842	16,844
1893	633	364	167,305	41,284
1894	546	314	155,140	38,094
1895	55,144	40,154	52,711	12,959

「医制八十年史」로부터 인용.

　　격리 조건은 엄격했고, 아직 매장이 일반적인 시대에 서민의 소원이었던 '가족들에게 둘러싸여 마지막 길을 가는 것'조차 허용되지 않았다. 그뿐만 아니라 '정부가 환자를 격리 병동에 넣고 살아 있는 사람의 간장을 빼내어 외국에 팔아먹고 있다'는 소문까지 돌았다. 그래서 군중들이 수송차에 실린 환자를 빼내거나, 소독약을 뿌리는 경찰관이나 의사가 거꾸로 '독을 뿌리고 있다'는 오해를 받아 습격당하기도 하였다. 이같은 격리 정책이 처음으로 실시된 1879년을 전후로 각지에서 '콜레라 소동'이 일어났다.

초대 내무성 위생국장이었던 나가요 센사이(長与專斎)는 '험악하고 맹렬한 병'을 막기 위해서는 '엄중하고 강경한 수단을 사용하고, 다수를 구하기 위해서는 소수를 돌아볼 수 없다는 주의'를 취할 수밖에 없었다고 말한다(『松本順自伝·長与專斎自伝』). 그러나 콜레라 소동의 근저에는 민중의 무지보다는 강압적인 경찰관에 대한 반발과 민중의 생활을 지켜 주려고 하지 않은 정부에 대한 깊은 불신이 있었다.

양생(養生)에서 위생(衛生)으로

메이지 시대에는 콜레라 외에도 티푸스·적리(赤痢) 등 급성 전염병이 유행했다. 농촌의 농민이 도시로 유입되어 인구 과밀 지역이 생성된 것과 증기선이나 철도에 의해 사람들의 이동 속도와 범위가 변화한 것, 학교나 공장 등 많은 사람들이 한 군데에 모이는 일이 많아진 것 등, 사회의 발전이 전염병 유행을 조장했다. 동시에 이 시기는 세균학의 전성기이기도 했다. 장티푸스·말라리아·콜레라·디프테리아 등의 병원균이 차례로 발견되어, '소독과 격리'가 해결책이라고 인식되었다. 각기병을 전염병이라고 간주한 모리 린타로 등도 이러한 시대에 태어난 것이다.

그리고 '위생'이 당시의 키워드가 되었다. 에도 시대의 '병'에 해당하는 용어는 '양생'이었다. 가노 마사나오(鹿野政直)가 지적하는 바와 같이(『健康観にみる近代』), 양생이란 '생명을 부양하는 것'(『広辞苑』)으로, 신체와 정신을 평안하게 하는 것이라는 뉘앙스가 있다. 이에 비해 '위생'은 소독과 격리 등 생명을 위협하는 것으로부터 격리한

다는 이미지가 강하다. 양생의 주체는 개인이지만, 위생에서는 국가와 지역의 안전이 전면에 등장한다. 1884년에 광부의 절반인 1,500여 명이 콜레라로 사망한 다카시마(高島) 탄광에서는 발병으로부터 하루가 지나자 살아 있는 병자도 바닷가에 가설된 화장터로 보냈다고 전해진다(松岡好一,「高島炭鑛の惨状」).

자유 민권 운동가를 포함한 지역 지도자들의 대부분은 위생 위원이나 위생 연설회를 통해 주민을 계몽시키려고 노력했으며, 콜레라가 유행하자 때로는 석탄산 등을 자비로 구입하여 소독이나 격리를 위해 분주히 움직였다. 1880년대 후반에는 그러한 활동의 성과 덕분에 소독·격리 이외에 대처법이 없다는 사실을 국민들이 이해하게 되었다. 그래서 내무성은 경찰관에 의한 강제가 아닌 시초손(市町村) 등의 지방자치단체에 의한 '위생 자치'를 강조하기 시작했다. 하지만 그것은 '불결'한 사람이나 장소를 '사회의 위생과 안전을 위협하는 존재'로 간주하여 '자발적'으로 배제해 가는 경향을 조장하는 면도 지니고 있었다. 이후부터 '콜레라의 온상'으로 간주되었던 슬럼가가 강제로 철거당하거나, 빈민이나 피차별 부락이 '불결'하다는 이유로 차별당하고 배척당하게 되었다.

근면과 자율의 시대

'불결'과 함께 문제시되었던 것은 '태만'이었다. 에도 시대 말기와 메이지유신 시기에 일본을 방문한 외국인 여행자는 '일본인이 근면하다'고 놀람을 표현했지만, 그것은 주로 잡초를 뽑기 위해 하루 종

▶그림 3-9. 「눈을 떠라」 「일해라!」(《ジャパン パンチ》, 1881년 12월호).

▶그림 3-10. 「일하고 있는 일본인」(《ジャパン パンチ》, 1882년 2월호).

일 일하는 농민에 대한 칭찬이었다. 그러나 〈저팬 펀치〉(1881년 12월호)를 예로 들어보면, 영국 공사 파크스는 내년(1882년)에는 조약 개정을 하고 싶다며 꿈을 꾸고 있는 일본에게 '눈을 떠라', 또는 '일을 하라'고 요구하고 있다(그림 3-9).

그리고 담배를 피우며 수다만 떨지, 일을 하지 않는 목수들을 '일하는 중인 일본인'이라고 놀리고 있다(그림 3-10). 연공 부담자로 '근면'이 몸에 밴 농민은 차치하고서라도 직공이나 소상인과 같은 자영업자의 입장에서는 약속한 기일까지 집을 짓거나, 자신의 생활이 가능할 정도만 일하면 되는 것이지 하루 종일 일만 할 필요는 없었다. 이 그림의 목수도 일의 순서를 정하고 있었던 것일지도 모른다. 물론 큰 화재가 난 후라면 정력을 쏟아 일을 한 것이다.

또 베를 짜는 농가의 여성은 어린아이에게 젖을 먹이거나, 옆의 아이에게 말을 걸거나, 노래를 불러 주는 것도 가능했다. 하지만 방적과 생사 공장(경영자와 노동자가 분리된 대규모 공장)에서는 그런 것이 불가능했다. 일의 순서를 정하는 것은 공장주 쪽이며, 노동자는 집단의 일원으로 취업 시간이나 규칙을 정확하게 지키며, 오로지 일만 하도록 요구당했다. 휴식 시간이나 화장실 가는 것도 마음대로 하지 못했다. 물론 노래는 부르지도 못했다.

관영 병기 제조소는 1886년부터 정해진 시각을 넘으면 문을 잠가 버리고, 지각한 직공에게는 일을 시키지 않는다는 규칙을 정했다. 학교나 군대는 공부를 하거나 사람을 죽이는 훈련뿐만 아니라, 그러한 생활 태도와 신체 규율이 몸에 배도록 하는 장소이기도 했다.

다만 소학교 졸업자나 병역 경험자는 아직 사회의 소수파였으며, 병기 제조소도 실제로 규칙이 제대로 시행되었는지 알지 못한다. 요코야마 겐노스케(横山源之助)는 『일본의 하층 사회(日本之下層社會, 1899년)』에서 방적 공장 직공의 약 10%가 항상 결근했으며, 그중 대부분이 무단결근을 했다고 보고하고 있다.

그래도 1880년대 후반에는 집단 내에서 명령받지 않더라도 자발적이고 주체적으로 규율을 지키며 노동이 가능한 사람만이 '근면'한 사람이라는 '문명국 표준'이 사람들을 통제하기 시작했다. 경제적 자유주의를 근거로 한 '강한 자의 자유' 하에서 누구의 도움도 기대하지 않으며, 지역이나 직장에서 '불결'하고 '태만한 자'라고 불리지 않도록 스스로를 규제하고, 가혹한 노동 조건과 높은 소작료에도 인내하면서 생활 수준을 향상시키려고 자신과 가족을 위해 열심히 노동해야 하는 '근대'라는 시대의 막이 본격적으로 열린 것이다.

제4장 내국 식민지와 '탈아'로의 길

조선 사절의 요코하마 도착(《イラストレイテッド・ロンド
ン・ニュース》, 1876년 8월 26일 호).

1. '문명'과 '포섭'의 논리

'탈아론(脫亞論)'

1885(메이지18)년 3월 16일, 후쿠자와 유키치의 '탈아론'이 〈시사신보(時事新報)〉에 실렸다.

일본 국민의 정신은 이미 아시아의 '고루함'을 벗어나 서양 문명으로 이동했다. 하지만 불행한 일이, 근린에 '고풍 구관에 연연하는' '지나, 조선'이 있어 세 나라를 구별하지 못하는 서양인에게는 일본도 '고풍의 전제'국으로 간주되어 조약 개정도 불가능하다. 앞으로는 옆 나라라고 하더라도 '특별히 봐주지' 말고, '서양인이 그들을 대하는 자세를 따라 치분해야만 한다. 나쁜 친구와 친하게 지내는 자는 같이 악명을 뒤집어 쓰게 된다. 우리는 아시아 동방의 나쁜 친구들을 사절할 마음을 먹어야 한다.'

이 논설에 대해서는 일반적으로 서구 열강 측에 서서 함께 아시아를 침략하겠다고 선언한 것이라고 해석되고 있다. 또 한편으로는 조선의 근대화를 지향한 갑신정변이 청나라의 개입으로 실패한 것에 대한 낙담과 주모자의 노부모, 어린아이까지 처형당했다는 것에 대한 분노로 인해 쓰인 것으로, '사절'과 '침략'이 바로 연결되지 않는다는 시각도 있다. 분명히 게이오기주쿠에 많은 조선인 유학생을 받아들이고 친절하게 도와주는 등, 후쿠자와가 조선의 자발적인 문명화를 원하고 있었다는 것이 잘못된 말은 아닐 것이다.

하지만 '본지 발행의 취지'(《時事新報》, 1882년 3월 1일)에서 국회 개설에 찬성하는 것은 전 국민이 힘을 결집하여 '국권을 확장하는 유쾌함을 보기' 위함이라고 쓰고 있는 것처럼, 후쿠자와의 목표는 어디까지나 일본의 국권 확장, 즉 국가의 자립과 국익의 확대였다. 1882년에 간행된 『시사소언(時事小言)』 중에서도, 일본의 현재 상태를 서양과 '겨우 2, 30년 정도의 차이가 있을 뿐'이라고 진단하고 있다. 그리고 '우리 옆 나라인 지나와 조선 등의 지둔함'을 '목조로 지은 임시 가옥'에 비교하며, 큰불이 나면 '자기 집에 불이 옮겨붙는 것'을 피하기 위해 '마음대로 그 땅을 빼앗아 우리 손으로 신축할' 각오도 필요하다고 밝히고 있다. 무력을 수반한 '탈아'의 논리는 적어도 1880년대 후쿠자와의 지론이었다고 해도 좋을 것이다.

'탈아론'에는 문명화가 안 된 나라는 '지금으로부터 몇 년 지나지 않아 망국이 될 것이며, 그 국토가 세계의 여러 문명국의 분할하에 놓이게 될 것이라는 점에는 한 점의 의심도 없다'는 인식이 전제되어 있었다. 그러나 왜 여러 문명국이 아시아와 아프리카를 마음대로 식민지화할 수 있는가? 여기에서 등장한 것이 '만국공법'이라고 번역된 19세기 서구의 관습적 국제법이었다.

일반적으로 영토, 권력, 국민의 세 가지 요소가 근대국가의 구성 요건이라고 불린다. 만국공법에 있어서도 안정된 권력, 명확한 국경, 정주하는 국민이라는 이 세 가지 조건 중에 하나라도 결여되어 있다면 '국가'로서 인정받지 못했다. 거꾸로 일정한 지역과 주민을 영토와 국민으로 포섭한 국민국가는 토지의 소유권자가 배타적인 권리를 가질 수 있도록 국가 주권이라는 명목하에서 타국의 간섭을 배제할 수 있었다. 만국공법이 기초로 하는 것은 근대적 소유권의 논리였다. 따라서 주권자가 존재하지 않은 지역은 '무주지(無主地)'가 되며 최초로 점유한 자가 소유권을 가진다는 '선점(先占)'의 논리가 국가 차원에서도 적용되어 식민지 지배가 정당화되었다.

'문명국' 선언

그렇다고는 하지만 실제로는 여러 가지 형태로 일정한 지역과 주민을 통치하는 '국가'가 존재하고 있는 경우도 많았기 때문에 '무주지' 외에 '문명'이라는 기준이 추가되었다. 여기에서 말하는 '문명'이란 유럽의 각 나라들이 실현한 정치 제도나 산업 발달, 그리고 그것들이 이룬 일상생활의 스타일을 가리키고 있었다. 그들은 그것을 인류 진보의 최첨단이라고 자부하고 있었다. 그리고 '문명'이라는 서구의 기준에 도달하지 못한 지역은 '미개하고 야만스러운' 것이며, 대등한 상대로 인정할 필요가 없는 것이었다. 오히려 야만스럽고 미개한 사람들을 '문명'화시키는 것이 서구인의 역사적 사명이고, 식민지화는 그들에게 은혜를 베푸는 것이라는 논리를 만들어 냈다. 백인과 백인이 아닌 자를 구별하고, '유색 인종'이 열등하다는 생물학적 근거가 된 '인종'론이 이것을 '과학'이라는 이름으로 뒷받침했다.

물론 이것은 '표면적인 것'으로, 현실적으로는 서구 각국에 의한 이기적인 식민지 쟁탈전과 분할 전쟁이 진행되었다. 하지만 그것이 진행되면 될수록 자국민이나 타국을 납득시킬 논리가 필요해진다. 거기에 '근대'의 특징이 있었다.

'문명적'인지 아닌지를 인정하는 것도 서구 문명국이었다. 일본이나 중국은 미개와 문명의 중간, 소위 '반개(半開)'로 인정받았다. 불평등조약은 그것이 구체적으로 드러난 것이었으며, 무엇보다도 후쿠자와에게 있어서의 '탈아론'은 일본의 '문명국' 선언이었다.

일본이 중국이나 조선에 비해 문명국이라는 의식은 이미 일본 국내에서는 상당히 널리 퍼져 있었다. 예를 들어 버그만은 1876년 5월에 일본을 방문한 조선 사절단에 대해, 연도에 늘어선 일본인들이 최근까지만 해도 같은 모습을 하고 있었다는 것을 잊은 채 '가난뱅이 같은 모습의 조선인을 거리낌 없이 조소했다'라고 말하고 있다.

또 우에키 에모리가 만들었다고 전하는 '하나, 사람 위에는 사람이 없다. 권리에는 다를 바 없는 것이 바로 사람이다'로 시작하는 '민권 숫자 노래(民權かぞえ歌)'는 '다섯, 다섯 개로 나누어진 5대륙, 그중에도 아시아는 반개화, 이 슬픔이여'라고 탄식하며, '스물, 일본은 아시아의 등대, 꺼지면 동양이 암흑이 된다. 이를 밝히자'로 끝난다. 입헌제를 실현해 아시아를 문명의 빛으로 밝히는 선구자가 되겠다는 의지가 민권 운동의 에너지가 됐다. 그렇지만 아시아를 '암흑'이라고 규정해버리면 필연적으로 '문명과 미개'라는 이분법의 논리에 빠지게 된다. 〈자유신문〉(1882년 10월 14일)도 '동양의 등대를 자부하는 우리 일

본국'은 조선을 지도하지 않으면 안 된다며, 일본이 아시아를 문명화시키는 지도자적인 위치에 있다는 것을 당연한 전제로 두고 있었다. 이러한 태도는 '아시아와 동방의 보호는 우리의 책임이다'라고 강조한 후쿠자와(『時事小言』)와 다를 바 없었다.

내국 식민지

그뿐만 아니라 제1권의 『막말·유신』에서 지적하고 있는 것처럼 일본은 이미 구미와 동등한 식민지 영유의 논리를 행사하고 있었다.

근대 일본이 만든 최초의 식민지는 오랫동안에 걸쳐 아이누 민족이 생활해 온 '아이누 모시리(인간의 고요한 대지)'였다. 에도 시대의 마쓰마에(松前) 번에 의한 지배는 경제적 이익만을 목적으로 한 것이었고, 러시아와의 관계로 인해 '에조치(蝦夷地)'를 직할지로 만든 막부도 그 지역 전체를 지배한 것이 아니었다. 하지만 메이지 정부는 이 지역을 '홋카이도'라고 이름 짓고 일본 영토로 편입하여 '개척사'라는 독립된 식민지 통치 기관을 설치했다. 아이누 민족의 존재를 무시한 일본 정부의 정책은 만국공법의 '무주지' 논리와 같았다.

게다가 1875년의 상트페테르부르크 조약(가라후토·지시마 교환조약, 樺太·千島交換條約)은 가라후토(사할린)를 러시아령으로, 지시마 열도(쿠릴 열도)를 일본령으로 정했다. 이 조약은 러·일 양국의 국민은 계속 거주할 수 있지만, 「원주민은 현재 살고 있는 땅에 거주할 권리, 또 그대로 현재의 영주의 신민이 될 권리가 없다」(「조약부록 제4조」)고 규정하여, 3년 이내에 국적을 선택하고 이주할 것을 강요했다. 아이누 등의 여러 민족이 오랫동안 생활해 온 터전을 새로 온 사람들이 멋대로 담합하여 포섭하고, 선주민에게는 거주의 권리가 없다고 선언한 바로 이것이 '문명국'이 한 짓이었다.

또 일본 정부는 만국공법의 논리로 대만 출병을 정당화하고, 류큐(오키나와) 왕국도 일본에 병합했다. 그러나 오키나와나 홋카이도의 주민에게는 '본토'와 동등한 수준의 권리를 인정하지 않았다. 이 때문에 홋카이도와 오키나와는 조선과 구별하기 위해 '내국 식민지'라고 불릴 때도 있다.

그뿐만 아니라 일본은 구미 각국에 대해서 불평등조약의 부당성을 호소하는 반면, 조선에게는 그보다 더 심한 불평등조약을 체결할 것을 강요했다. '탈아'가 논의되었던 시기에 이미 일본은 영토 내에 '식민지'를 갖고, 옆 나라에게는 '서양인처럼' 행동하고 있었다.

그러한 구체적인 모습에 대해서 먼저 아이누 민족과 홋카이도를 중심으로 고찰해 보고자 한다. 먼저 오가사와라 열도의 경우 영국인이 1827년에 영유를 선언했을 당시 그곳의 주민은 미국인이나 하와이의 카나카인뿐이었고, 1861년에 간린마루(咸臨丸)가 기항했을 때도 일본인은 없었다. 그러나 각국은 오가사와라에 대한 관심이 낮았고, 1876년에 일본 정부가 영유를 선언하자 그대로 인정하여 외국인 거주자 약 70여 명도 1882년까지 일본 국적을 취득했다.

아이누 민족의 '국민'화

　가라후토·지시마 교환조약으로 국적 선택을 강요받은 가라후토의 아이누 민족은 어떻게 됐을까? '일본'을 선택한 841명은 홋카이도로 이주할 수밖에 없었다. 그들은 고향의 건너편이며 어업도 가능한 소야(宗谷)로 이주를 희망하였지만, 일본 정부는 내륙의 쓰이시카리(対雁)로 이주시켜 개간을 하도록 강요했다. 또 일본 국적을 취득하면 그대로 거주해도 상관없는 지시마 열도의 최북단인 슈무슈(占守) 도의 주민을, 1884년에 강제적으로 시코탄(色丹) 도로 이주시켰다. 벼랑이 많아 어업하기에 적당하지 않은 시코탄 도로 지시마의 아이누를 강제로 이주시킨 이유는, 영어와 러시아어를 할 수 있고 러시아 정교를 버리지 않은 그들이 캄차카 반도에 해달이나 고래를 잡으러 오는 구미인·러시아인과 교류하는 것을 일본 정부가 싫어했기 때문이다. 자연스러운 '토지와 주민'이 아니라 배타적인 '영토와 국민'으로서 포섭해야만 안심할 수 있는 것이 근대국가의 숙명이었다. 그 대신 무인도가 된 기타치시마(北千島)에 각국의 밀렵꾼들이 들끓은 탓에 경비와 단속을 위해 정부는 과다한 지출에 시달렸다.

　궁지에 몰린 것은 가라후토나 지시마의 아이누뿐만 아니었다. 개척사는 문신이나 귀걸이 등의 민족 고유 신앙과 풍속을 금지하고, 일본식 이름으로 바꿀 것을 강요했으며, 정착하여 농업에 종사하도록 하는 정책을 추진했다. 그런 한편으로 일본 정부는 「홋카이도 토지 매대(賣貸) 규칙」, 「지소(地所) 규칙(1872년)」이나 「홋카이도 지권(地券) 발행 조례(1877년)」 등으로, 아이누의 생활 공간인 어장이나 산야를 관유지로 편입하고 일본인 개척자에게 불하해 주었다.

▶사진 4-1. 시코탄 섬으로 강제 이주당한 아이누들(1891년, 촬영=遠藤陸郎, 国立国会図書館蔵).

개척사가 아이누를 '보호'하지 않은 것은 아니었다. 쓰이시카리나 시코탄 도에서는 쌀·소금·농기구 등을 지급했으며, 어업도 일부는 인정해 주었다. 쓰이시카리에는 제망소(製網所)와 학교가 만들어졌고, 제망소에서 만든 어망은 1877년 내국권업박람회에서 입선하기도 했다. 또 관유지의 일부도 아이누를 위해서 유보되었고, 1880년대에는 히타카(日高), 도카치(十勝), 네무로(根室), 구시로(釧路) 등에서도 농업장려책이 실시되었다.

그러나 원하지도 않은 사람들에게 일본인 농민에게조차 힘들었던 개간을 시킨 것이 '보호'라고 할 수는 없다. 아이누는 하루 두 끼 식사를 하며, 야채도 재배했지만 연어나 사슴, 바다표범의 고기가 주식이었다. 겨울엔 저장해 둔 말린 고기나 말린 생선을 먹었다. 고단백질·고지방의 식사를 했기 때문에 엄동설한을 견딜 수 있었던 것이다.

▶사진 4-2. 개척사 청사. 1873년 완성.

육식으로 살아온 아이누의 몸에 곡물 식사는 스트레스가 되었을 것이라고 전해진다. 여기에 천연두 등의 전염병이 겹쳐, 시코탄 도에서는 5년 동안 반수가 사망했고, 쓰이시카리에서는 300명이 넘는 병사자가 나왔다.

홋카이도 각지의 아이누도 일본인 행상으로부터 술과 담배를 비싼 가격에 사거나, 속거나 해서 빚을 지게 되자, 배분받은 토지를 빼앗기고 어업이나 도로 공사장에서 혹사당했다. 또 일본인에 의한 남획으로 연어와 사슴이 격감하고, 때로는 '자원 보호'를 이유로 포획이 금지당하기도 했기 때문에, 아이누는 주식을 확보하기조차 곤란하게 되었고, '밀렵'으로 처벌받는 경우도 있었다.

1878년 개척사는 '구에조인(舊蝦夷人)' '고민(古民)' 등의 칭호를 '구토인(舊土人)'으로 통일했다. '토인'은 '토민' 등과 같이 '지역 주민'이라는 의미로 에도 시대의 기행문에도 사용되었는데, 여기에 구(舊)를 붙인 것은 더 이상 원래의 주민이 아니라고 선고받은 것과 같은 의미였다. 아이누는 '일본인'이면서도 '원래의 일본인'이 아니며, 그러면서도 고유의 문화까지 부정당했다. 이러한 정책의 배경에는 아이누가 곤궁하게 생활하는 것이 '순수한 태고의 민족'이라고는 하지만 '무학무식한 탓에 시류의 변화를 모르고' '바꿔 나가려는 활발한 정신도 없으며', 오랜 풍습과 풍속을 고집하기 때문이니, '스스로 초래한 곤궁'이라는 문명의 논리가 있었다(湯地定基 根室県令,「旧土人救済の儀に付伺い」, 1882년).

죄수 노동

그렇지만 홋카이도의 개척도 순조롭지는 않았다. 1870년에 개척 차관, 1874년에 개척장관이 된 구로다 기요타카(黒田清隆)는 동향 출신자를 등용해서 '사쓰마 왕국'을 건설하고, 자신이 미국으로 건너가 농무성 장관을 경험한 호러스 캐프런(Horace Capron)을 고문으로 초대했다. 에도 시대의 사쓰마 번은 류큐와 아마미에 사탕수수를 재배하도록 강요했고, 미국은 인디언을 몰아내고 개척을 진행했다. 홋카이도의 개척은 그 둘의 합작이라고도 말할 수 있다. 하지만 1874년부터 시작된 10개년 계획으로 투하된 비용인 2,000만 엔의 절반을 행정비로 소비했고, 사업비는 3분의 1에 불과했고, 도로 건설이나 자원 조사도 불충분했으며, 된장과 맥주 등을 생산하는 관영 공장도 적자였다. 또한 1869년부터 시작된 삿포로(札幌)의 시가지 건설에서는 먼저 오쿠니타마노가미(大国魂神) 등 '개척3신(開拓三神)'을 모시는 삿포로 신사가 설립되었고, 다음으로 직공과 인부를 확보하기 위한 스스키노 유곽(薄野遊郭)이 만들어졌다. '신사와 유곽'은 일본의 식민지에는 필요불가결한 것이었다.

이주자들도 기대했던 것만큼 늘지는 않았다. 북방 경비와 개척의 첨병으로 파견된 둔전병(屯田兵) 모집은 보신(戊辰) 전쟁에서 막부 측에 붙은 동북 지방의 각 번을 중심으로 진행되었지만, 사족한정(士族限定), 세습제라는 조건과 힘든 훈련 때문에 응모자가 적었다. 1880년대에는 사족수산 사업(士族授産事業)에 의한 집단 이주 정책에 부응하기 위해 오와리(尾張), 조슈(長州), 가가(加賀) 등의 구(舊) 번사(藩士)와 효고(兵庫), 이즈(伊豆), 니가타(新潟) 등 각지의 유지들이 개척단을 조직했지만 소규모에 머물렀다. 1885년에 홋카이도 전체를 시찰한 가네코 겐타로(金子堅太郎)는 물자의 유통망이 확보되지 않은 채 '빈궁한 사민(士民)'을 이주시키는 것은, '죄 없는 양민을 죽음으로 몰아넣는 것과 같으니', 이주보다는 도로 정비가 선행되어야 한다고 내무경에게 보고하고 있다(「北海道三県巡視復命書」).

하지만 도로 건설 현장과 탄광에서는 노동력 부족 현상이 심각했다. 한편 세이난전쟁과 민권 운동이 격해지자 본토의 죄수가 급증했고, 뿐만 아니라 탈옥자가 매년 1,000명을 넘어서고 있었다. 그래서 정부는 가바토(樺戸), 가라치(空知), 구시로(釧路) 등에 대규모의 감옥을 짓는 한편 죄수 노동 제도를 채용했다. 가네코 겐타로도 '포악 무도한 악도'가 '힘든 일을 견디지 못하고 쓰러져서 죽으면' 감옥 비용도 삭감되니 '일거양득의 책략'이라고 「복명서」에서 밝히고 있다. 1887년에는 형사범, 반정부 사족, 민권 운동가, 지치부사건 참가자 등 4,000명 이상이 수감되었는데, 이들은 호로나이(幌内) 탄광이나 아토사누푸리(跡佐登) 유황산 혹은 하천 수리, 도로 개통 공사 등에 동원되어 혹사당했다. 호로나이 탄광의 채굴량은 1882년에 3,600톤이던 것이, 죄수를 투입한 1883년 하반기에는 1만 7,000톤에 이르렀다. 하지만 주야 교대의 12시간 노동으로 인해 51명이 사망했다. 아바시리(網走)와 아사히카와(旭川)를 연결하는 중앙 도로와 미네노부(峰延) 도로(月形·峰延間) 등에도 많은 죄수들이 동원되었다. 특히 아바시리와 가미카와(上川) 간의 기타미(北見) 도로에서는 1,400명이 2인 1조로 쇠사슬에 묶인 상태로 공사에 동원되었으며, 각기병이나 영양실조로 200명 이상이 사망해, 도로 옆에 그대로 파묻힌 사람도 많았다. 죄수노동제도는 1894년에 폐지되었지만, 메이지 정부의 인간관을 단적으로 보여주는 것이라고 할 수 있다.

개척 정책의 전환

1882년에 개척사가 폐지되고 하코다테(函館), 삿포로, 네무로의 3현 시대를 거쳐, 1886년에 홋카이도청이 설치되었다. 처음으로 사쓰마 파벌이 아닌 사람 중에서 기용된 고치 출신의 이와무라 미치토시(岩村通俊) 장관은, 그때까지의 식민 정책이 '내지(内地)의 무뢰한들을 모집해서 홋카이도를 빈민의 소굴로 만들'었다고 비판하고, '인민의 이주'보다는 '자본의 이주', 즉 민간 자본의 도입을 중시했다(「岩村長官施政方針演説書」). 그리고 광활한 홋카이도의 토지를 무상으로 대여해, 10년 이내에 개간하면 싼값으로(나중에는 무상으로) 불하했다. 그래서 산조 사네토미(三条実美)와 하치스가 모치아키(蜂須賀茂詔) 등이 만든 화족조합(華族組合) '우류농장(雨竜農場)'을 시작으로, 화족과 정상(政商)들이 잇달아 대규모 농장을 설립했다. 또 1890년에는 홋카이도 전체 토지의 20% 이상에 상당하는 200만 헥타르가 왕실 재산이 되었다. 1890년 후반부터 이러한 대농장의 소작인이 된 사람들을 포함해 '이민 붐'이 일어나 인구가 급증하기 시작했다. 또 1890년부터는 평민도 둔전병이 될 수 있어 희망자가 늘어났지만, 1898년에 징병제가 홋카이도에서도 실시된 탓에 둔전병제도는 1904년에 폐지되었다.

자유 민권 운동이 아이누 민족의 문제를 정식으로 제기하는 일은 거의 없었다. 제국의회가 열리자 입헌개진당의 가토 세노스케(加藤政之助)가 유럽의 인종 차별을 비판한다면, 일본인도 아이누 민족을 학대해서는 안 된다며 「홋카이도 토인 보호법」을 제안했다(1893년). 정부는 이것을 거부했지만 1899년에 「홋카이도 구 토인 보호법」이 성립되었다. 그 이유는 다음 해인 1990년에 불평등조약이 해소되어 외국인이 국내에 자유롭게 거주하게 되면 가토 세노스케가 주장한 것처럼 '외국인의 눈'을 의식하게 되고, 또 외국인 선교사에 의해 아이누 교화 활동이 활발해질 것을 정부가 걱정했기 때문이라고 한다. 그러나 분배된 토지가 좁은 황무지였기 때문에 농업으로 자립하기에는 불충분했다. 그리고 취학을 촉진시키기 위해 세운 '토인 학교'도 가토가 제안한 일본인과의 혼합 교육이 아니었다. 일본어 교육을 중심으로 한 동화(同化) 시설이었으며, 교육 내용도 일본인 학교에 비하면 간단했다.

그리고 홋카이도로 이주한 신주민(新住民)도 일반적인 일본 국민들과는 다른 처우를 받았다. 징병제가 적용되지 않은 반면에, 의회도 선거권도 없었다. 이 때문에 도시화가 진전된 하코다테, 삿포로, 오타루(小樽)의 상공업자와 민권 운동가를 중심으로 도의회(道議會) 개설 등을 위한 청원 운동이 전개되었다. 도의회가 실현된 것은 1901년이며, 중의원 선거는 1902년에 실현되었다. 지방 제도가 다른 부현(府県)과 비슷해진 것은 1927년이었다. 홋카이도로 이주한 사람들은 선주민에 비해서 특권적인 지위를 부여받았지만, 동시에 개척이라는 힘든 일을 한몸에 짊어지고 있으면서도, '국민으로서의 권리'도 제한받은 존재였다. 그런 의미에서도 홋카이도는 식민지였다. 하지만 러일전쟁 후에 오타루 등은 일본의 세력권이 된 가라후토나 '만주'로 가는 중계지로서 발전하기 시작했다. '내지'의 식민지가 이번에는 북아시아 침략의 거점으로 변화해 간 것이다(今西一, 「帝国日本と国内植民地」).

2. 류큐 왕국(琉球王国)의 병합

양속 관계(兩屬關係)의 부정

　서양 각국의 만국공법이 소유와 배타의 논리를 근거로 하고 있다면, 19세기 중반까지의 동아시아 국제 관계는 대개 중국을 중심으로 한 조공·책봉 체제를 근거로 하고 있었다. 이것은 '덕(德)'에 의한 지배를 이념으로 하는 체제로, 주변국의 '국왕'은 공문서에 중국의 연호를 사용하는 것 외에도 정기적으로 사절을 파견해 중국의 '황제'에게 복종하는 의례를 행하며, 그에 대한 보상으로 중국의 황제로부터 국왕의 통치권을 승인받고 교역도 인정받았다. 내정에는 거의 간섭하지 않고 중국의 위협이 되지 않는다면 독자적인 외교도 인정했기 때문에, 류큐 왕국은 이백 수십 년간에 걸쳐 사쓰마 번의 무력 지배를 받으면서 중국에도 조공을 계속하는 '양속' 관계를 유지할 수 있었다.
　이러한 느슨한 지배와 공존의 국제 관계를 해체시킨 것이 메이지 정부였다. 1872년 류큐 왕국을 일방적으로 류큐 번으로 만들어 일본의 지배하에 넣고, 동시에 1871년 대만에 표착한 미야코지마(宮古島) 주민 54명이 살해당한 사건을 이유로 1874년 5월에 대만 출병을 감행해 '자국민 보호'의 실적을 만들려고 했다. 청나라의 항의로 잘못하면 전쟁이 발발할 위기까지 갔으나, 영국의 중재로 청나라는 일본의 '의거(義擧)'를 인정하고 배상금을 지불했다.

1875년 일본 정부는 '류큐 처분관' 마쓰다 미치유키(松田道之)를 파견하여 양속 관계를 해소시킬 것을 지시하고, 나아가 1879년 3월에는 수백 명의 무력을 배경으로 오키나와 현을 설치했다. 그 후 슈리 성(首里城)을 넘겨받고 국왕 일족도 도쿄로 이동시켰다. 현청은 나하(那覇)에 신축되었으며, 가고시마와 나가사키 등의 출신자가 현 관료의 대부분을 차지했다. 류큐 지배층의 대부분은 일본에 소속되는 것을 거부하고 류큐 관(琉球館)이 있는 중국 후첸(福建) 성으로 밀항해서 청나라 정부에게 구원을 요청하거나, 혈판맹약서(血判盟約書)를 돌리는 등 계속 저항했다. 하지만 정치적인 책임 추궁을 두려워한 국왕 상태(尚泰)는 사쓰마 번으로부터 빌린 채무도 면제받고, 화족의 지위를 얻었기 때문에 앞장서서 저항하지는 않았다. 이것은 폐번치현(廃藩置県)을 받아들인 본토의 번주들과 같았다.

청나라 정부의 항의에 대해서 데라시마 무네노리(寺島宗則) 외무경은 '백성을 관할하는 데 있어서 양국이 상담해서 정하는 것은 세상에 있을 수 없는 일'이라고 주장했다(「琉球所属問題」, 1879년). 이것이야말로 '포섭'의 논리이다. 한편 청나라에서는 1876년에 조일수호조규(朝日修好條規)가 체결되자 일본이 류큐 다음으로 조선을 노리고 있다는 위기의식이 고조되었다. 대만이나 류큐의 지정학적인 가치를 인정한 영국 등도 일본의 강경한 수법을 비판하기 시작했다.

이 때문에 일본 정부는 1880년에 미야코, 야에야마(八重山)의 두 섬을 중국령으로 하는 대신에 청일수호조약을 개정하여 일본에게 최혜국 대우(중국 내지에서의 통상권)를 허락한다는 「분도(分島), 개약(改約)」안을 제시했다. 서역의 이리 지방을 점령한 러시아와의 분쟁과 프랑스의 안남(베트남) 침공에 대처하기 위해 분주했던 청나라 정부는 이 제안을 받아들였다. 하지만 이것 또한 가라후토·지시마 교환조약과 마찬가지로 당사자가 아닌 자들이 그 귀속을 마음대로 담합하여 결정하려고 한 것이었다. 류큐의 저항 운동가들은 두 섬이 분리되면 왕국이 존속되기 어렵다며 반발했다. 베이징에서는 자결로써 항의하는 사람들까지 나타났다. 결국 청나라 황제의 명령으로 분할 안은 조인되지 않았으며, 류큐 문제는 그 후에도 청일 간의 현안 사항이었지만, 점차적으로 일본의 영유가 규정 사실화되어 갔다.

구관온존(舊慣溫存) 정책

류큐의 경작지는 마을의 공동 소유였으며, 토지의 생산력이나 가족의 인원수 등을 감안해 경작지를 할당하고 일정 연한이 지나면 교체하는 토지할당제도가 시행되고 있었다. 이 제도는 마을 사람들의 생활이 가능하도록 고안된 관행으로, 빈부 격차가 확대되는 것을 방지하기 위한 것이었다. 반면에 공조 납입의 연대 책임과 결합되어 농민의 자립을 저해하는 것이기도 했다. 뿐만 아니라 사쓰마 번은 사탕수수 재배와 설탕에 의한 공조 납입을 지시해, 미야코와 야에야마에서는 인두세가 부과되었다. 납세의 할당과 징수를 담당한 지방 관리(유력 농민)의 부정도 끊이지 않았다.

그 때문에 오랫동안 사쓰마 번과 류큐 왕국의 이중 수탈에 고통받아 온 민중들은 '세상이 바뀌는 것'을 은근히 기대하고 있었다. 하지만 청나라와의 대립을 피하려고 했던 일본 정부가 사족층의 반항을 약화시키려고 토지와 조세, 지방 제도를 그대로 유지하는 '구관온존'을 기본 방침으로 삼았기 때문에 농민들의 기대는 무너졌다. 일본 국내 산출량의 약 절반을 차지하던 오키나와의 설탕은, 사쓰마 번에게도 그랬지만 메이지 정부에게도 상당히 중요한 수입원이 되고 있었다. 1881년에 현령이 된 구 요네자와(米沢) 번주 우에스기 모치노리(上杉茂憲)는 잡세를 폐지하고, 지방 관리를 삭감하는 등 개혁을 추진했지만 정부의 허가 없이 '구관'을 변경했다는 이유로 경질되었다.

후임인 이와무라 미치토시 현령은 세이난전쟁 후에 가고시마 현정의 개혁과 재건에 수완을 발휘하여, 나중에 홋카이도 초대 장관으로서 사쓰마 출신자들이 휘어잡고 있던 홋카이도 도정의 개혁을 추진한 유능한 관료였다. 청나라가 오키나와의 저항과 사족을 지원하지 않는다는 것이 밝혀지자, 이와무라는 왕가 일족과 상급 사족을 우대하는 한편, 하급 사족은 약간의 일시금을 지불하는 것으로 처리해 버렸다. '불쌍하다, 폐번의 사족, 모자로 얼굴을 가리고 말을 끌고 있네'라고 조소당했듯이, 그들은 모자로 얼굴을 가리고 마차를 끄는 직업에 종사하며 생활하든지 개간에 종사할 수밖에 없었다.

또한 1880년대 후반에는 오키나와에 거류하는 본토 상인이 2,000명에 도달했다. '내지인의 으스대는 모습은 마치 구미인이 일본에 와서 으스대는 것과 같으며' '이익이 나는 일은 모두 내지인의 손에 들어가고, 수지가 안 맞는 일만 항상 원주민에게 돌아온다'(「琉球見聞雜記」,

▶그림 4-3. 다다미 도매상의 폐점. 본토 상인의 진출로 폐점할 수밖에 없게 된 오키나와의 도매상(本田錦吉郎 그림, 〈団団珍聞〉, 1879년 4월 19일).

1888년)고 얘기되어질 정도의 상황이었다(그림 4-3).

동화(同化)와 차별

메이지 정부가 힘을 쏟은 것은 교육이었다. 각지에 소학교를 설립하고, 문구나 보조금을 주어 취학을 장려했다. 1886년에 오키나와를 시찰한 야마가타 아리토모 내무대신도, 오키나와는 '우리나라의 남문(南門)'이니, '애국의 기상'을 길러 '양속의 오랜 관념'을 타파하는 방법은 교육뿐이라고 역설했다. 전국의 부현립(府県立) 소학교보다 먼저 오키나와 심상사범학교(尋常師範学校)에 '어진영(御真影, 천황의 사진)'이 걸렸다.

▶사진 4-4. 『오키나와 대화』(일본어 교재)의 표지와 제 5장 서두.

하지만 현청에서 편찬한 『오키나와 대화』(일본어 교재)와 '내지'와 같은 『소학독본』, 『소학입문』으로 '일본어'를 배우는 것이 소학교의 중요한 목표였기 때문에 학교에 다니는 학생들도 얼마 되지 않았다(사진 4-4). 데라코야(寺子屋, 서당)가 널리 퍼져 있던 일본과는 달리 류큐의 평민에게는 거의 교육의 기회가 없었을 뿐만 아니라, 일본 통치하에 들어와서도 생활이 나아지지 않고, '야마톤추(大和人, 일본인)'가 으스대기만 하고 있으니 '일본어'를 배우고 싶은 마음도 안 들었을 것이다. 교사도 태반이 규슈인이었으며, 소학교를 '야마토야(大和屋, 일본집)'라고 부르는 지역도 있었다고 한다.

그래도 1880년대 후반에는 서서히 취학률도 높아지기 시작했고, 또 지방 관리의 부정을 규탄하는 농민들도 나타나기 시작했다. 특히 청일전쟁에서 청나라가 패배한 것은 오키나와 현의 사람들에게 큰 충격을 주었다. 소학교의 취학률은 1907년에 90%를 넘어섰다. 에도 시대의 일본과 달리 그때까지 교육으로부터 배제되었던 여성들이 학교에 다니기 시작한 것도 획기적인 일이었다.

게다가 1880년대에 도쿄에 파견된 현비(県費) 유학생이 귀향해서 새로운 리더 층을 형성하기 시작했다. 그들 중에는 평민으로서는 처음으로 사범학교를 졸업하고 농과대학(도쿄대학)에서 배우고 난 뒤에 오키나와 현의 기술직(技師)으로 고용되어, 훗날 나라하라 시게키

(奈良原繁) 현령의 경질 운동이나 참정권 운동을 리드한 자하나 노보루(謝花昇)가 있었다. 그 외에 게이오기주쿠를 졸업하고 〈류큐신보〉를 창간한 오타 조후(太田朝敷), 다카미네 조쿄(高嶺朝敎) 등이 있었다. 1898년에는 징병제가 시행되고, 1899년부터 시작된 '토지 정리 사업'으로 토지의 사유권이 확정되었다. 납세도 개인(가족) 단위로 하게 되었다. 국정선거(國政選擧, 중의원 선거)는 1912년(미야코·야에야마는 1920년)에 실시되었다.

　　이러한 상황하에 오키나와를 '문명'국으로 인식하려는 견해도 등장했다. 그러한 견해를 처음으로 주장한 것은 고다마 기하치(兒玉喜八) 오키나와 교육회 회장이었다. 그는 지금까지 오키나와는 남쪽 변경에 위치한 고도(孤島)에 불과했지만, 지금은 새로이 식민지가 된 대만을 '황화(皇化, 일본화)'시켜 '우리 문명의 동포로서 부끄럽지 않은 양민'으로 만들어 가는 것이 오키나와 현의 '책임이다'라고 발언했다(『沖繩敎育』, 1895년 10월. 藤澤健一, 『近代沖繩敎育史の視角』에서 인용).

　　그러나 1903년의 오사카 박람회에서 중국인, 조선인, 아이누, 대만 선주민, 류큐인 등을 '학술 인류관'에 '전시'한 것처럼, 본토인들은 오키나와 사람에 대해 뿌리 깊은 차별 의식을 갖고 있었다. 그 때문에 '표준어' 교육을 강화했고, 1910년대에는 교실에서 류큐어를 입 밖에 낸 학생이 '사투리 팻말'을 목에 걸고 서 있는 광경도 많이 볼 수 있었다. 하지만 '야마토구치(大和口, 일본어)'에 대한 뿌리 깊은 반발과 함께 '사투리 팻말'이 제2차 세계대전 후까지도 존속된 것처럼, 아무리 노력해도 차별은 사라지지 않았고, 바로 그 차별 때문에 한층 더 '일본인'이 되려는 노력을 하게 되는 '동화와 차별의 나선 구조'가 생겨났다. 지역 사회의 생활 언어를 '사투리'라고 이름 붙여 '더러운 말'이라고 비하하는 경향은 '본토'에서도 똑같이 발생했다. 그런 의미에서 본다면 본토의 '지방'도 식민지와 같은 취급을 당했다.

류큐 문제에 대한 민권 운동가의 논평은 아이누 민족의 경우와 마찬가지였으며, 기본적으로 메이지 정부와 큰 차이가 없었다. 〈조야신문〉(1878년 10월 3일)은, 처음에 오키나와 도민의 의향을 무시하고 '순수하게 우리나라의 봉토'로 만드는 것은 '내지의 고혈(膏血, 세금)을 소모할' 뿐이니, 에도 시대와 같은 '내속(內屬)' 상태로 두는 것이 좋다고 주장했다. 그러나 청나라에 구원을 요청하는 움직임이 강해지자 '류큐 놈들을 토벌해야 한다'(1879년 1월 10일)며 자세를 바꿨다. 〈유빈호치신문〉(1879년 4월 8일)은, 군비가 없는 약소국은 속국이 될 수밖에 없다. '지형, 민속 등 모두 우리나라에 속해야만 하는' 류큐의 병합은 '정말로 류큐 인민의 행복이다'라고 주장했다. 또 '분도·개약' 조약에 관해서는, 청나라의 최혜국 대우로 인한 경제적인 이익을 우선적으로 지지한다는 쪽과 '나라를 파는' 행위라고 비난하는 쪽으로 나뉘었지만, 양쪽 모두 '일본의 이익'만을 기준으로 하고 있었다.

3. 조선, 중국과 일본

임오군란의 충격

1882년 7월 23일, 조선의 한성에서 군대가 반란을 일으켰다. 조선 정부 수뇌가 살해됐을 뿐만 아니라 일본 공사관도 습격을 받아서 일본인 군사 교관 13명이 살해당하고, 하나후사 요시모토(花房義質) 공사 등은 영국 선박에게 구조되었다. 바로 임오군란이다.

사건의 원인은 1876년 2월에 체결한 조일수호조규에 있었다. 이 조약의 제1조에는 '조선은 자주국이며 일본국과 평등한 권리를 가진다'라고 규정하고 있다. '자주국'이란 표현에는 중국의 조공 체계로부터 조선을 분리시키려는 의도가 있었다. 또 일본은 부산 외에도 두 개의 항구를 더 개항시키고, 거류지의 개설, 치외법권, 무관세, 개항장에서의 일본 화폐 사용 등의 특권을 인정하게 했다. 구미와의 불평등조약에 시달리던 일본 정부는 그것보다 더 심한 불평등조약을 '수호' '자주' '평등'이란 명목하에 군함 8척과 260명의 무력을 과시하면서 조선에게 강요했다.

하지만 조선 내부에서 강경한 배외주의자인 대원군이 1873년에 실각하고, 실권을 장악한 왕비(명성황후)의 일족이 개화 노선으로 전환할 것을 모색하고 있었기 때문에 조약을 체결할 수 있었다. 후에 김옥균, 어윤중, 김홍집 등의 개화파가 정권 상층부로 진출하여, 1881년에는 본격적인 시찰단이 일본을 방문한 후, 근대적인 신식 군대(별기군)를 편성하고, 호리모토 레이조(堀本礼造) 육군 소위를 교관으로 초대했다. 청나라 정부도 '청나라와 친근하게 지내고 일본과 손잡고, 미국과 연합하여 자강을 도모할' 것을 조선 정부에 권유했다. 청나라가 이렇게 행동한 배경에는 이리 문제를 둘러싸고 러시아와 대립하는 상황이 있었다. 그러나 개화 정책으로 조선의 재정난은 한층 심각해지고 바로 재정이 궁핍해진 결과 구식 군대에 대한 대우가 악화되었다. 분개한 병사들이 반란을 일으키자, 개항으로 인해 쌀값이 폭등하는 등의 영향을 받은 민중들이 여기에 동조해 사건이 커졌다.

그러나 혼란을 틈타 대원군이 정권에 복귀해 '별기군'을 폐지하는 등 쿠데타의 양상을 보이자, 청나라는 곧바로 군대를 파견해서 대원군을 청나라로 연행하고, 민씨 정권을 부활시켰다. 청나라는 조선 출병에 대해서 대원군이 부활해 일본과의 대립이 심화되는 것을 막기 위해서라고 설명했지만, 내정에는 개입하지 않았던 청나라로서는 이례적인 대응이었다. 대만, 류큐, 조선으로 이어지는 일본의 공세 속에서 청나라도 군대의 근대화에 착수했으며, 조선을 세력 범위에 확보해 두고자 하는 자세를 강화했다.

일본 정부도 조선의 군대와 민중이 반일 폭동을 일으켰다는 사실보다 우유부단하다고 깔보던 청나라가 3,000명이나 되는 병력을 급파하여 사태를 수습했다는 것에 충격을 받았다. 결국 사태는 제물포조약에 의해 반란 주모자를 처형시키고, 배상금을 지불받고, 군대를 주둔시키고, 조선 국내의 통상 지역을 확대하는 것 등으로 일단락되었다. 하지만 일본군이 평상시에 외국에 주둔한 것은 이것이 최초이며, 조선과의 불평등 관계는 더욱더 확대되었다.

조선 정부는 이 사건을 계기로 일본의 '화혼양재(和魂洋才)'에 해당하는 '동도서기(東道西器)'라는 슬로건을 내걸었다. 또 청나라 상인의 우대 정책, 청나라에 의한 영사재판권, 신식 군대의 훈련, 외교통상 고문의 설치 등, 청나라의 방법에 의거해서 근대화를 추진하기로 방침을 굳혔다. 그 때문에 개화파는 청나라를 중시하는 온건파(김윤식, 김홍집 등)와 독립을 지향하는 급진파(김옥균, 박영효 등)로 분열되었다. 급진파는 일본에 차관을 요청하는 한편, 유학생을 게이오기주쿠에 보내고, 급진파 계열의 군대를 창설하고 우편 사업을 실시하는 등 독자적인 정책을 추진했다.

민권파의 대 조선관

제2장에서 본 바와 같이, 1881년 말에 일본 정부는 군비 확장과 증세를 결정했는데, 민권 운동파는 임오군란에 대해 어떻게 반응했을까? 처음에는 정부와는 반대로 비교적 냉정한 모습을 보였다. 반일 폭동을 '무례하다'고 비난하면서도, 막말의 일본과 같이 '쇄양당(鎖攘党, 쇄국과 양이를 주장하는 세력)'이 애국심이 강할 것이기 때문에 문책해서는 안 된다며(《自由新聞》, 1882년 8월 8일), 내셔널리즘의 발현을 환영

했다. 청나라에게는 침략의 의도가 없다는 판단도 있었다(《朝野新聞》, 1881년 9월 5일). 이 때문에 정부는 민권 운동파가 사건을 방관하며 헌금이나 종군을 지원하는 사람들을 '공격'하고 있다며, '우국의 기풍을 쇠퇴'시키지 않게 하기 위해 지원자에게 '찬사'를 주도록 하라고 지방관들에게 시달할 정도였다(「朝鮮事変ニ因リ従軍及献金等願出ノ輩ヘ告諭方府県ヘ達ノ件」).

하지만 청나라 군대의 주둔이나 대원군의 납치와 같은 '국치(國恥)'를 당하면 '유약한' 조선 인민들도 '사력을 다해 병기를 잡을 것'이라는 민권 운동파의 '기대'는 어긋났다. 그러자 조선에는 '혼자 힘으로 자립할' 기개가 없으며, 청나라 · 러시아의 지배를 저지하고 조선의 '독립'을 확보해야 한다는 주장이 강력해졌다(《自由新聞》, 1882년 9월 13일). 청나라는 대국이므로 일본이 이길 방법이 없으니, 양국이 협력해 러시아의 남하 정책에 대처해야 한다는 청일협조론이 대다수를 차지하고 있었다. 하지만 어쨌든 두 의견 모두 조선을 자립하지 못하는 약소국으로 얕보고 있다는 점에서는 공통적인 면을 보이고 있었다.

「조일수호조규」에 대한 비판도 거의 없었으며, 조선 정부가 조약을 개정해 관세 부과권과 쌀 수출 금지권을 인정하도록 요구했을 때에도 〈도쿄요코하마마이니치신문〉(1880년 9월 4일)만이, 일본 정부가 어느 정도의 배려를 해야 한다고 주장했을 뿐이다. 오히려 '조선 정부는 수호조규를 위반하고 우리나라가 수출한 물품에 가혹한 세금을 부과해 우리 국권을 방해했다'(《산요신보》, 1880년 1월 14일)고 하는 불평등조약을 옹호하는 주장이 강했다(1883년 일본 정부는 조선의 관세 부과권을 인정했다).

'군비 확장을 위한 증세'에도 강한 비판은 없었다. 〈시사신보)(1882년 12월 9일)에서는 '탈아론'의 청나라에 대한 이미지와는 반대로, 현재 일본의 군비 상태로는 8년 후에 국회를 개설하더라도 '동양의 정략을 조종하는 것은 베이징의 정부일 것'이라며 군비 확장과 증세를 적극적으로 주장했다.

갑신정변

1884년 6월, 청나라와 프랑스 간에 전쟁이 발발했다. 프랑스는 1863년에 캄보디아를 보호국으로 만들었고, 1874년에는 베트남 남부를 점령한 후, 1882년에는 하노이를 점령했다. 이에 대항하여 청나라도 출병했지만, 1885년 6월에 맺은 톈진조약으로 베트남에 대한 종주권을 포기했고, 프랑스는 인도차이나 반도 전역으로 세력을 확대해 나갔다.

1884년 12월 4일, 청나라와 프랑스의 전쟁으로 인해 한성의 청나라 군대가 줄어든 것을 기회로 삼아, 급진 개화파인 김옥균 등이 쿠데타를 일으켰다. 이로 인해 민씨 정권 수뇌부가 살해당하고, 고종은 문벌 제도와 조공 관계의 폐지, 지조법 개정 등 14개조의 개혁 요강을 선언했다. 그러나 청나라 군대가 반격하여 일본 주둔군이 격파당하자 김옥균 등은 일본으로 망명했다. 이러한 혼란 속에 조선 민중이 폭동을 일으켜 일본 군인과 공사관 직원 등 13명 외에, 한성과 인천의 거류지에 있던 일본인 27명이 살해당했다. 쿠데타 계획에는 다케조에 신이치로(竹添進一郎) 일본 공사가 관여하고 있었지만, 일본 정부는 동맹을 맺고 청나라와 싸우자는 프랑스 공사의 유혹도 받아들이지 않고,

▶사진 4-5. 갑신정변의 주역들. 왼쪽으로부터 박영효, 서광범, 서재필, 김옥균(『미래를 여는 역사』, 고문연·한겨레신문사).

김옥균과도 거리를 두고 있었다.

한편 후쿠자와 자유당의 고토 쇼지로 등은 김옥균을 지지했으며, 〈자유신문〉도 프랑스를 지지한다고 밝혔다. 갑신정변의 결말이 보도되자 각 신문들은 다 같이 청나라를 비난했으며, 내셔널리즘이 분출했다. 〈유빈호치신문〉(1884년 12월 21일)은 '아시아 동부의 문명을 진보'시키기 위해서는 '지나와 조선에게 거만함을 키워' 줘선 안 된다고 주장했다. 〈자유신문〉(1885년 1월 9일)도 '천황 폐하의 공사를 공격하고, 우리 일본 제국을 대표하는 공사관을 불태우며, 잔혹하게도 우리 동포인 거류민을 학살'한 이상, '나라의 오욕을 설욕하기' 위해 중국의 전 국토를 무력으로 '유린'해야 한다고 외쳤다. 〈자유등〉(1884년 12월 29일)은 '죽자, 죽자, 죽자 50년의 목숨, 무엇이 아까우랴 나라를 위해' '바로 한 마디로 베이징'을 공격하라고 선동했다. 청나라에 대한 항의와 희생자를 추도하는 집회가 각지에서 열렸으며, 의용군이나 의연금 모집 운동도 30개가 넘는 부현에서 일어났다(《自由新聞》, 1885년 1월 18일).

이러한 '여론'을 배경으로 군부의 주류와 사쓰마파가 강경론을 주창했다. 그러나 이노우에 가오루는 스스로 조선으로 가 공사관의 재건과 살해자의 처벌, 배상금 등을 결정하는 한성조약(1885년 1월)을 맺었다. 청나라와의 교섭에는 이토 히로부미가 특명전권공사가 되어 우여곡절 끝에 1885년 4월에 청일 양국군의 철수, 재출병 시 사전 통보 등에 합의한 톈진조약을 체결했다. 이 배경에는 일본과 프랑스의 접근을 우려해 청나라와 일본의 협조를 요구한 영국의 의향이 작용했다. 텐진조약에서는 청나라가 조선에 대해 갖는 권리를 부정했지만, 반일 감정이 고양되고 급진 개화파가 실각해 조선에 대한 일본의 정치적인 영향력은 거의 사라지고 없었다.

일시적인 평화

조선에서는 청나라의 영향력이 증대되는 것을 기피한 국왕을 중심으로 러시아와 제휴하려는 움직임도 생겨났다. 크리미아 전쟁으로 발칸 반도 침공에 실패한 러시아는 아무르 강 북쪽과 우스리 동쪽을 러시아 영토로 편입하고, 1871년에는 이리 지방을 점령하는 등 동방으로의 세력 확대를 노렸다. 1881년의 조약 개정으로 900만 루블과 이리 지방의 대부분을 청나라에 반환한 이후에는 블라디보스토크를 중심으로 한 극동으로의 진출에 힘을 쏟고 있었다. 이에 대해 아프가니스탄 등에서 러시아와 심각한 대립 상태에 있었던 영국이 1885년 4월에 대한해협의 전략적 거점인 거문도를 점령했다. 영국과 러시아의 새로운 대립이 한반도에서 발생했다.

청나라는 조선과 러시아의 밀약을 저지하고, 동시에 조선에 위안스카이를 외교통상고문으로 보내 지배력을 강화했다. 또 러시아 공사로부터 조선을 점령할 의향이 없다는 것을 약속 받고, 영국군을 거문도로부터 철수시켰다. 이것은 조선에 대한 청나라의 종주권을 러시아와 영국이 인정한 것을 의미했다.

단지 청나라의 군사·외교 책임자였던 이홍장은 1888년에 염원하던 북양함대를 완성시킨 후에도 영국·일본과 협조하여 러시아에 대항하는 전략을 기본으로 삼고 있었다. 일본에서도 이노우에 가오루의 협조 노선이 유지되었다. 영국이 '청일전쟁이 발생한다면 청나라를 지원할 수도 있다'는 태도를 보이고 있었던 이상, 일본이 움직이기는 어려웠다. 이런 상황하에 1880년대 후반부터 1890년 초반까지 동아시아에서는 잠시 동안의 평화가 이뤄졌다. 하지만 1886년에 인도 제국의 버마(미얀마) 병합을 인정하도록 청나라에게 강요했던 영국이, 동아시아에서 청나라를 지지한 것은 러시아와의 관계로 인해 생긴 일시적인 전략에 불과했다.

'저울대 제국주의'

개항으로 인해 조선의 경제는 어떻게 되었을까? 갑신정변 당시까지 일본에서 수입한 물품은 영국제 면포가 대부분이었으며, 조선에서는 쌀·금괴·피혁 등이 수출되었다. 부산의 거류지에서는 개항 직후에 2,000명 정도의 일본인이 체류하고 있었으며, 1891년 말에는 조선 전국에 9,000명 이상의 일본인이 있었다. 하지만 대부분은 일본인을 상대로 하는 일본 요릿집과 상공업자 등 소위 말하는 '일기조(一旗組)'였다. 특히 빈궁한 소상인들은 치외법권을 무기로 조악한 물건을 만들어 팔았으며, 혹은 고리대금업으로 폭리를 취했다. 훗날 '저울대 제국주의'라고 불린 이러한 행위는 아이누를 궁핍하게 만든 홋카이도에서도 볼 수 있지만, '천 엔만 모인다면 고향으로 돌아가 전답을 사서 편안하게 살겠다는 생각을 가진 사람들 천지로…… 물건의 거래는 거의 사기나 기만'과 같았다는 증언도 있다(服部種次郎, 『朝鮮の商売』. 中塚明, 『近代日本の朝鮮認識』에서 인용).

또한 조선 국내에서의 여행과 통상이 자유로워지자, 시부사와 에이치가 설립한 제1국립은행과 거류지의 무역상들이 일본인 소상인에게 자금을 대여해 쌀이나 콩 등을 대량으로 사 모으게 했다.

이 때문에 조선 국내에서는 식량 사정이 악화되어 민중의 반발을 초래했다. 각 도의 관찰사가 1개월 동안의 유여 기간을 준 후 곡물의 유출과 수출을 금지하는 방곡령(防穀令)을 내리자, 일본인 상인이 방곡령의 철회와 손해 배상을 요구했기 때문에 일본에 대한 반감이 더욱더 커졌다. 그러나 자유경제주의를 주장하며 일본 정부의 정상(政商) 보호를 비판하던 다구치 우키치(田口卯吉)는, 방곡령이 경제 활동에 대한 부당한 간섭이며, '조선 정부에 대한 최후의 수단'은 '오직 전쟁을 일으키는 방법뿐이다'라고 주장했다(《東京経済雑誌》, 1893년 5월 20일, 1894년 1월 20일).

이 당시 조선의 전체 수입액 중에서 일본과 청나라가 차지하던 비율이 1885년에 8대 2였던 것이, 1893년에는 거의 동등해졌다. 주요 수입품이었던 영국산 면포도 인천과 상하이를 연결하는 항로를 독점하고 있던 중국의 선박을 통해 홍콩과 상하이로부터 직접 조선에 들여왔다. 갑신정변 후에 청나라가 경제적인 우위를 차지하는 분위기였다. 그리고 지역 상인들이 한성에서 청나라 상인과 일본 상인이 퇴거할 것을 요구하는 등, 중국 상인과 조선 상인 간의 알력 관계도 부각되기 시작했다.

한편 고종은 미국인을 고용해 사관 교육과 학교 개설, 전신망의 건설 등 일본과 청나라로부터 자립한 근대화를 시도했다. 하지만 재정난 때문에 사업은 정체되었고, 관리들의 뇌물과 부정도 끊이지 않았다. 조선 정부·지배층과 일본·중국에 대한 민중의 불만은 점차적으로 높아져, 이는 결국 동학농민운동과 갑오농민전쟁으로 이어졌다.

'강도국(强盜國)' 비판

1870·80년대의 아시아 국제 질서는 영국·프랑스·러시아와 일본의 행동에 의해 큰 변동이 일어났다. 중국과 조공 관계를 맺고 있던 미얀마·베트남 지역은 영국·프랑스의 식민지가 되었으며, 홋카이도·지시마·류큐는 일본의 영토로 편입되었다. 조선에서는 청나라로의 종속이 진행되었고 동시에 개화·독립을 지향하는 움직임도 일어났다. '탈아론'을 출발점으로 한 후쿠자와와 민권 운동파의 주장은 기본적으로 동아시아의 식민지화를 한층 더 진행시키려고 하는 움직임이었다.

그러나 이러한 움직임에 대한 비판이 없었던 것은 아니었다. 나카에 조민(中江兆民)이 『삼취인 경륜 문답(三酔人経綸問答)』(1887년)에서 '양학신사(洋学紳士)'에게 비무장·소국주의를 주장하게 하고, 혹은 '신의를 지키며 흔들리지 않고, 도의가 살아 있는 곳이라면 대국이라고 해도 이를 두려워하지 않으며', 도리에 맞지 않은 간섭에는 '나라가 초토가 될지언정 맞서 싸우겠지만', 옆 나라의 내정에 관여해 병력을 출동시켜서는 안 된다고 한 것은 유명한 얘기이다(《自由新聞》, 1882년 8월 17일).

또 미타 연설회에서 후쿠자와가 '지금은 경쟁 세계이다. 따라서

도리에 맞거나 그렇지 않음에 개의치 말고' '사양할 필요도 없다. (중국의 토지를) 재빨리 뺏어'버리라고 공언했는데, 이를 『연설집지(演説集誌)』제2호에서 읽은 요시오카 히로다케(吉岡弘毅)는 다음과 같이 비판했다(〈六合雜誌〉, 1882년 8월 30일).

이것은 당당한 우리 일본 제국을 강도의 나라로 만들려고 하는 음모이다. 이와 같은 불의·부정한 외교 정략은 결코 우리 제국의 실리를 늘리는 것이 아니다. 나아가 실리를 늘리지 않을 뿐만 아니라 헛되게 사방의 이웃 나라로부터 원망을 듣고, 만국으로부터 미움을 받아, 구제받을 수 없는 재난을 장래에 남길 것이 분명하다.

요시오카는 도쿄 기독교청년회(YMCA) 창설에도 관여한 크리스천으로, 막말·유신기에는 과격한 존왕양이파였다. 1870년부터 72년까지는 외무성의 고관으로서 부산의 초량 왜관에서 조선 정부와 개국 교섭을 담당했다. 귀국 후에는 관리를 그만두고 크리스천이 되었다. '정한'론이 성행했던 1874년의 건백서에서 조선이 일본과의 국교 수립을 거부한 것은, 도요토미 히데요시가 조선을 유린해 '유혈이 땅을 가득 채우고 횡포가 미치지 않은 곳이 없었던' 역사적인 기억이 아직 조선 사람들에게 생생하게 남아 있기 때문이며, 일본을 모멸해서 그런 것이 아니라 '걱정하고 두려워'하고 있기 때문이라고 역설했다(『明治建白書集成』3). 그러한 체험과 역사 인식 때문에 요시오카는 후쿠자와의 '약탈주의(掠奪主義)'가 장래의 일본과 아시아에 '구제받을 수 없는 재난'을 가져올 것이라고 예측할 수 있었다.

게다가 우에키 에모리는 '분도·개약' 조약으로 '류큐를 양분하여 두 나라가 서로 이것을 나누어 갖는' 것은 '실로 잔인하고 가혹하기

그지없는 것'이라며 일본과 청나라를 규탄했다. 류큐를 독립시킨다면 서구보다 앞서서 '국가동등론(國家同等論)'을 실천해 세계에 '의를 드높이는' 기회가 될 수 있다고 주장했다(《愛国新誌》, 1881년 3월 6일).

우에키로서는 국가 간의 '폭력과 전쟁을 제어해 천하의 각국을 보호하고 각 국민의 안전을 지키기' 위한 만국공의정부(萬國共議政府)를 설립한다는 평화 구상이 있었다. UN헌장에 해당하는 '무상정법(無上政法)'의 '대강(大綱)'에는 만국공법과 문명의 논리를 정면으로부터 부정하는 다음과 같은 항목이 있다(『無上政法論』).

1. 공의정부는 천하에 대해 설령 문명적으로 개화하지 못한 나라라고 하더라도 이를 보호하고, 그 독립을 관철하도록 해야 한다.
1. 공의정부는 천하에 아직 국가를 이루지 못한 자가 있거나, 혹은 이미 국가가 망한 자가 있더라도 이를 억압하거나 학대하지 못하도록 해야 한다.

요시오카 등의 주장은 현실적으로는 영향력을 갖지 못했으며, 우에키나 나카에도 조선에 대한 자신들의 비간섭론을 관철했다고 볼 수 없다. 그렇지만 현실적으로 그들의 주장이 존재하는 한, 후쿠자와와 민권 운동파의 문명론과 대외론에 대해 '시대적인 흐름'을 핑계로 '정상 참작' 해줘야 될 필요성도 없을 것이다.

오사카사건과 '연대(連帶)'의 논리

이 시기의 대외 관계와 관련해서 빠뜨려서는 안 될 한 가지 사건이 오사카사건이다. 오이 겐타로(大井憲太郎)와 고바야시 구스오(小林樟雄) 등의 자유당 급진파가 중심이 되어 계획한 사건으로, 그들은 갑신정변 실패 후 일본으로 망명한 김옥균 등 조선개화파를 지원해 조선 정부를 타도하고, 청나라와 일본 사이에 긴장 관계를 만든 뒤, 그 기회를 이용해 일본 국내에서 혁명을 일으키려는 계획을 세우고 있었다. 하지만 1885년 11월에 오이 등 주모자가 오사카에서 체포되었으며, 그 때문에 '오사카사건'이라고 불린다.

얼핏 보면 무모해 보이는 계획이었지만 가나가와, 이바라키, 도야마 등의 활동가 60명 이상이 기소된 것으로도 알 수 있듯 많은 민권운동가들이 결집한 것이며, 그 나름대로의 논리도 갖고 있었다. 먼저 갑신정변으로 인해 일본의 민중 사이에서 내셔널리즘이 분출한 것이 직접적인 계기가 되었다. 외환(外患, 대외적 위기)이 발생하면 사회에 활동력이 생성되고, 인민에게 '진정한 애국심'이 생겨난다. 일단 애국심이 생기면 차부마정(車夫馬丁, 인력거를 끌거나 말을 끄는 인부)까지도 국가를 위해 한 몸을 내던지게 된다고 오이 등은 오사카사건 재판에서 진술하였다(「国事犯事件公判傍聴筆記」).

'우리 일본인'이나 '우리나라' 의식은 '그들'을 의식했을 때, 특히 '우리'를 피해자로 느꼈을 때 선명해진다. 국내에서 관리나 경찰에게 반발하는 것만으로는 '우리 일본'을 의식하기 어렵지만, '우리 동포가 그들에게 살해당했다!'라는 것은 다른 얘기이다. 우에키가 말한 '사민(死民)'이 드디어 움직인 것이다. 오사카사건은 바로 '애국적 흥분'의 재현을 노린 것이었다.

'국가의 위기'를 부추겨대면서 '나약'한 정부를 추궁하는 전략은 막말의 '양이토막운동(攘夷討幕運動)'에서도 성공한 것이었다. 갑신정변 당시에 '죽자, 죽자, 죽자'라고 외쳐댔던 〈자유등〉은, 한편으로는 '미토(水戶)의 도쿠가와 나리아키(德川齊昭)가 양이양이(攘夷攘夷)라고 주창한' 것이 '전쟁을 두려워하는 허수아비'와 같은 막부를 무너뜨리기 위해, '300년간의 태평스런 꿈에서 깨어나지 않는 일본국을 사지(死地)에 몰아넣으려고 기도'한 것이었다라고 말했다 (1885년 1월 16일). 또 보불전쟁에서 나폴레옹 3세가 항복하자 간베타 등이 '이 기회를 놓쳐서는 안 된다고 제창하였'기 때문에 현재의 '프랑스 공화정치'가 실현될 수 있었던 것이라고도 주장하고 있었다 (1884년 9월 2일). 오사카사건은 민권(국내 개혁)을 포기한 것이 아니라 민권을 실현시키기 위해 국권(대외강경론)을 전면에 내세운 것이었다. 이러한 정치 수법은 의회 개설 후에도 정권 탈취를 시도하는 야당에게 이어져 내려갔다.

다른 한편, 오이 등은 조선을 약소국으로 얕보며 조일수호조규를 용인하고 있었다. 또 자국의 개혁조차 하지 못하면서 타국을 지원하는 것은 주제넘은 짓이라며, 타국의 정부를 무력으로 쓰러뜨리는 것은 전쟁과 같은 것이라는 비판도 있었다. 이러한 비판에 대해 오이 등은 "외환(外患)을 일으키는 것은 청나라 공사관에 폭탄을 던져 넣는 것이 간편한 방법이지만, 조선의 개화파를 지원하는 것은 주의(主義)와 이상(理想)을 함께하기 때문이다. 이것은 군대를 동원한 전쟁이 아니라 '사해형제(四海兄弟)' '간난(艱難, 어려움)을 서로 도와주는' 정신에 기초한 개인적인 행동이며, 미국의 독립전쟁을 지원한 프랑스인 라파에트와 같은 행동"이라고 대답했다. 오사카사건은 민권의 이념이 국가의 틀을 넘어선 보편적인 가치를 지니고, 그 실현이 민중의 행복과 사회의 진보를 가져온다는 확신에 근거하고 있었다. 이 계획의 발안자로 추정되는 고바야시 구스오가 자신들의 실패로 인해 조선 독립당의 사업에 '상당한 방해를 주었을 것'이라고 '참담한 표정으로 말을 삼키자' '법정을 가득 메운 사람들도 숙연해지고, 방청인들도 감격의 눈물을 흘렸다'(「国事犯事件公判傍聽筆記」)고 보도되었다.

하지만 라파예트도 그랬지만 개인적인 행동이라고 해서 국가와 무관하다고는 말할 수 없다. 김옥균의 '동지'인 일본인이 폭탄으로 조선 정부를 쓰러뜨린다면 조선 민중이 개화파를 환영할 것이라는 논리는 거의 비현실적이며 자기중심적인 희망 사항에 불과할 것이다. '조선의 독립'을 명분으로 한 청일전쟁과 러일전쟁의 논리를 떠올릴 것까지도 없이, 오사카사건은 '연대를 명목으로 한 침략'의 첨병이었다.

그렇지만 '애초에 '침략'과 '연대'를 구체적인 상황에서 구별할 수 있는지가 큰 문제이다'라고 다케우치 요시미(竹内好)(「アジア主義の展望」)가 말한 바와 같이, 침략도 연대도 '간섭'이라는 점에서는 다를 바가 없다. 무엇이 '인민을 위한' 것인지도 입장에 따라 다르다. 그렇다면 '국경의 장벽'을 넘는 것은 일체 불가능한 것인가? 문제는 연대와 침략을 구분하는 것은 무엇인지, 특히 '강대국의 국민'이 스스로 경계해야 할 것은 무엇인가라는 점일 것이다. 오이 등을 비판하는 것은 쉬운 일이지만, 그 비판은 바로 연대와 침략을 어떻게 구분할 것인가라는 어려운 문제가 되어 현재의 우리들에게 돌아온다.

제5장 학교 교육과 가족

산수 수업 풍경(『小学指教図』에서).

1. 1880년대의 학교 교육

여러 형태의 소학교

1879년에 도쿄의 니혼바시(日本橋)에서 태어난 하세가와 야스(長谷川ヤス)는 여섯 살이 되던 해 봄에 오덴마초(大伝馬町)의 겐센(源泉) 소학교에 입학했다. 야스는 훗날 하세가와 시구레(長谷川時雨)라는 이름으로 각본과 소설을 쓰는 한편, 잡지 〈여인예술(女人芸術)〉과 〈가가야쿠(輝く)〉를 창간해 여성 작가의 육성에 진력했다.

야스의 할아버지는 메이지유신으로 폐업했지만 도쿠가와 장군가 등에 옷감을 납품한 포목상이었다. 야스가 입학하던 날은 인력거꾼이 책상을 짊어지고, 「초급과정」 입문료 50전과 선물용 과자 상자, 신입 인사치레로 학생들에게 나눠줄 과자와 전병을 지참했다.

월사금(月謝金)은 30전이었으며, 소학교라고 하지만 보통의 민가에 증축한 마루로 된 교실과 큰 상점 주인의 딸들만 사용하는 다다미 방이 있었다. 훗날 근처의 공터가 운동장이 되었다. 교장과 부인, 출퇴

근하는 선생님이 주산, 습자, 독본과 재봉을 가르치는 정도의, 한마디로 말해서 에도 시대의 데라코야(寺子屋)와 같은 것이었다(長谷川時雨, 『旧日本橋』).

이미 1872년부터 시행된 「학제(学制)」에 의해 근대적인 소학교 교육이 실시되고 있었다. 에도 시대의 데라코야에는 『동자교(童子教)』 『실어교(実語教)』와 같이 불교·유교의 가르침을 쉽게 풀어 쓴 교과서도 있었지만, 처음에는 선생님이 물건의 이름이나 근교의 지명, 편지의 예문 등을 내용으로 직접 만든 교재를 학생들이 옮겨 적으면서 배우는 것이 보통이었다. 촌락의 일원으로서 일상생활에 도움이 되는 '읽기·쓰기·주산' 능력을 향상시키는 것이 데라코야의 목적이었기 때문이다. 입학·졸업의 시기와 연령에 대한 규정도 없었으며, 아이들의 진도에 맞춰서 선생님이 개별적으로 지도하고 있었다.

이에 비해 소학교는 취학 연령이 정해져 있었으며, 전국 공통으로 학년별 교과서를 사용하여 수업을 진행하고, 이를 기본으로 한 진급·졸업 시험을 통해 일정한 교육 수준을 확보하려고 했다. 하지만 현금 수입이 적은 일반 서민은 수업료를 지불하기도 어려웠고, '읽기·쓰기·주산' 이상의 교육에 특별한 장점이 있어 보이지도 않았다.

도쿄와 같은 도시 지역에서도 사립 학교는 대부분 겐센 소학교와 같은 소규모 학교였다. 한편 공립 학교는 교원 면허를 지닌 청년 교사를 채용했으며, 벽돌로 지은 2층 건물로 된 대규모 학교로, 수업료도 비싼 곳이 많았다. 여기에는 서민의 자제들과 함께 공부시키는 것을 꺼린 지역 유력자나 관리의 자제들이 다녔다. 또 구(舊) 조카마치(城下町) 등에서는 사족과 평민이 함께 배우는 것을 기피하는 경향이 있어 사민평등의 장이어야만 하는 소학교에서도 신분이나 계층에 따른 차별 의식이 여전히 뿌리 깊게 남아 있었다.

그러나 농촌 지역에서는 일반적으로 공립 소학교로의 전환이 빨랐다. 취학 아동이 없는 촌민들로부터도 '학교비'를 징수하여 수업료 부담을 경감하는 등, 지역 전체가 '아동들의 교육'에 힘을 쏟은 곳이 많았던 것 같다.

교육령(教育令)과 교학대지(教学大旨)

1879년에 대구소구제(大區小區制)로부터 지방삼신법체제(地方三新法體制)로의 전환에 대응하듯이, 획일적인 「학제」 대신에 지역의 실정에 맞는 학교 운영을 인정하는 '교육령'이 선포되었다. 소학교는 조손(町村)에서 설립했고, 학교를 운영하는 학무위원(学務委員)도 공선(公選)으로 선출되었다. 여성의 취학을 촉진시키기 위해 남녀별학이나 재봉과의 설치도 인정했다. 사립 학교의 개설도 신청제로 되었는데, 이것은 미국의 교육 제도를 모델로 한 것으로, 자유와 자주성을 중시하는 교육을 지향한 다나카 후지마로(田中不二麿) 문부차관(文部大輔)이 구상했다.

그러나 현실적으로는 교육비를 삭감하거나 학교를 축소하는 조손이 많다. 주민의 '자유'를 인정했기 때문에 취학률이 저하되었다며 현령들로부터 비난이 일었고, 천황과 모토다 나가사네 등이 '서양풍'의 교육을 꺼려하여 이에 대한 비판이 이어지자 다나카 후지마로는 경질되었다. 1880년 12월에 교육령이 개정되어 지방관의 감독이 강화되고, 학년에 따라 교과 과정을 편성하였으며, 근대적인 교수법을 도

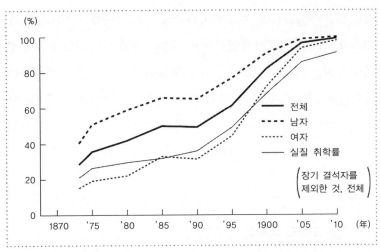

(%)

100

80

60

40

20

0

1870   '75   '80   '85   '90   '95   1900   '05   '10   (年)

전체
남자
여자
실질 취학률

(장기 결석자를
제외한 것, 전체)

▶그림 5-1. 취학률의 변화(『日本長期統計総覧』, 『文部省年報』, 天野郁夫,『教育と近代化』에서).

입한 교과서의 편집을 시작했다. 소학교의 수업 연한도 하등 4년, 상
등 4년으로부터 초등 3년, 중등 3년, 고등 2년으로 바뀌었다.

동시에 「교학대지」에 나타난 유교적 덕육 중시의 방침을 기초로
한 '수신(修身, 도덕)'이 과목 중에 선두를 차지하고 있었으며, 모토다
나가사네가 편찬한 『유학강요(幼学綱要)』(1882년)에 천황의 칙유가 실
려서 소학교에 배포되었다. '공화정치'에 관해 언급한 가토 히로유키
(加藤弘之)의 『공화정체략(共和政體略)』이나, '국민이 제왕에게 충절을
다하는 것과 같이 제왕도 국민에게 마음을 쏟지 않으면 안 된다'라든
지, '정부는 인민을 위해 설립된 것으로……인민의 자유를 심하게 막
는다면 이것을 폐지하는 것도 보국(報國)의 한 형태이다'(名和謙次編,
『修身訓蒙』)라고 쓴 교과서(교사용 교과서)는 금지되었다.

단, 소학교가 아직 의무 교육도 아니었고, 가족이나 본인이 희망
하는 때부터 배우기 시작한 데라코야의 습관도 남아 있었기 때문에 같
은 학년이라도 연령 차가 많았다. 진급이나 졸업 시험에 낙제하는 사

람도 드물지 않았으며, 중도 퇴학자도 많았다. 가난한 사족은 상급 과정까지 다니게 할 재력이 없었으며, 여성은 말할 것도 없었다. 문부성이나 부현은 이러한 실태를 무시할 수 없어, 일정한 조건에 부합하는 가숙(家塾, 사설 학교)이나 데라코야를 소학교로 인정했다. 하세가와 야스가 다녔던 겐센 소학교도 그중 하나였다. 이 시기에는 여전히 서로 다른 연령과 교육 수준의 '소학생'이 같은 학급에 섞여 있었다.

중등 교육의 미확립

이 시기엔 중고등 교육과정도 제대로 정립되어 있지 않았다. 학제에 따르면 소학교, 중학교, 대학교라는 서열로 구상되어 있었지만, 중학교의 설치는 잘 진행되지 않았고 규모도 작았다. 대학은 1877년에 설립된 도쿄대학(東京大学)뿐으로, 그 외에는 공부성의 공부대학교(工部大学校), 사법성의 법학교(法学校), 내무성의 고마바 농학교(駒場農学校), 개척사의 삿포로 농학교(札幌農学校) 등, 각 관청이 설립한 해당 업무 전문가를 양성하기 위한 관립 학교가 있었다. 육군사관학교, 해군병학교도 전문가의 양성이라는 점에서는 같았다. 이러한 학교들은 대개 수업료 면제나 장학금 등의 특전이 있었으며, 그 대신 졸업 후에는 일정 기간 관청에서 의무적으로 근무를 해야 했다.

또한 소학교 교사를 양성하는 사범학교, 구 번교(藩校)가 바뀐 사숙(私塾), 혹은 영국법률학교(현 주오대학), 메이지 법률학교(현 메이지대학), 도쿄물리학교(현 도쿄이과대학) 외에도 도쿄대학과 관립 학교의 예비교 성격을 지닌 사립 학교와 도쿄전문학교, 도시샤(同志社)와 같은 리버럴 아트(교양 교육)적인 이념을 지닌 학교가 있었다. 그러나 여성 교육에 있어서는 소수의 여자 사범학교, 여학교밖에 없었다.

이러한 학교에 진학한 자는 대부분 사족으로, 그들은 원래 번교에서 공부한 후에 번의 관리가 되는 것이 보통이었다. 메이지 시대가 된 후에도 농업(개간)이나 상업을 하지 않는다면 전문적인 지식을 터득해 관리나 교사, 기술자가 될 수밖에 없었다. 그래서 이 시기의 중고등 교육은 '사족을 위한 교육수산(教育授産)'이라는 성격을 띠고 있었다. 하지만 '졸업'에는 그다지 큰 의미가 없어서 중퇴나 전학을 하는 사람들도 많았다. 예를 들어 쓰가루 번사의 차남 출신인 구가 가쓰난(陸羯南)은 번교인 게이코칸(稽古館)과 그 후신인 도오기주쿠(東奧義塾)에서 한학(漢學)과 영학(英學)을 배우고, 미야기(宮城) 사범학교를 중퇴한 후에 도쿄의 사법성 법학교에 입학했다. 그러나 사쓰마 번벌(藩閥)인 교장과 대립해 하라 게이(原敬) 등과 함께 퇴학 처분을 받았으며, 몬베쓰 제당소(紋別製糖所) 등을 거쳐 내각 관보국 편집 과장이 됐다. 하지만 오쿠마 외상의 조약 개정안에 반대해 사직하고, 〈도쿄전보(東京電報)〉와 〈일본〉을 창간해 강경한 저널리스트로 활약했다(사진 5-2). 또 영국법률학교나 도쿄전문학교 등의 학생 중에는 민권 운동에 참가한 사람들도 적지 않았다.

현장의 기술자를 양성하는 관립 학교도 있었는데, 이곳에는 평민들의 자제도 상당수 입학했다. 예를 들어 에도의 서민 거주지에서 태어난 고다 뎃시로(幸田鉄四郎, 露伴)는 데라코야를 거쳐 도쿄사범학교 하등소학(下等小学), 도쿄부 제1 중학에 진학했지만, 중퇴하고 도쿄 영학교(英学校, 현 아오야마학원대학〔青山学院大学〕)와 한학숙(漢学塾, 한문을 배우는 사설 학교)을 다녔다. 1883년에 공부성의 전신수기학교(電信修技

▶사진 5-2. 구가 가쓰난(1857~1907년).

学校)의 장학생이 되고, 1885년에는 홋카이도의 요이치(余市) 분국에 기사로 부임했다. 하지만 3년간의 의무 근무를 견디지 못하고 2년 만에 '탈출'해 작가의 길을 걷기 시작했다.

사립 학교의 경우도 경영이 안정적이지는 않았다. 게이오기주쿠 (慶応義塾)조차도 한때는 사족 학생들이 감소해 경영 위기로 정부에 '차용금'을 요구했다. 부유한 상인이나 농민의 자제들이 중고등 교육을 받기 시작한 것은 마쓰카타 디플레이션 후에 기업 설립 붐이 일어난 1880년대 후반부터였는데, 고다이 도모아쓰 등이 설립한 오사카 상법강습소(현 오사카 시립대학)도 자영업자의 자제들이 입학하기 시작한 1890년대까지 경영 부진에 시달렸다(天野郁夫,『学歴の社会史』).

그렇기는 하지만 교토의 덴교기주쿠(天橋義塾), 후쿠시마의 세이도칸(正道館), 나카에 조민이 세운 부쓰가쿠주쿠(仏学塾)와 같은 민권파의 학교뿐만 아니라, 이쓰카이치(五日市)의 학예 강담회와 같은 '학교' 이외의 장소에서도 정치학과 경제학을 배우려는 사람들이 전국적으로 많이 있었다는 것을 잊어서는 안 된다. 또한 서구의 지식과 기술을 배우는 것은 그 기초가 되는 사상이나 정신과도 접촉하는 것이기 때문에, 삿포로 농학교에 입학해서 기독교인이 된 우치무라 간조(內村鑑三)와 니토베 이나조(新渡戶稻造)와 같이 '실업(實業)' 교육의 장이 세계관이나 가치관의 전환을 가져오는 힘을 지니고 있었던 것도 이 시대의 특징이었다.

2. 모리 아리노리(森有礼)의 국민주의 교육

학교 체계의 정비

어떤 의미에서는 자유로웠던 학교 교육의 모습을 크게 전환시킨 것은 내각제도의 성립으로 초대 문부대신이 된 모리 아리노리(森有礼)였다.

1886년 제국대학령, 사범학교령, 중학교령, 소학교령이 공포되어, 심상(尋常)소학교(4년제. 1890년부터는 3년제 혹은 4년제), 고등 소학교, 심상중학교(나중에 중학교로 개칭), 고등중학교(나중에 고등학교로 개칭), 제국대학으로 이루어지는 학교의 체계가 정비되었다. 그리고 제국대학은 국가에 반드시 필요한 학술과 기술을 터득한 인재, 고등중학교는 사회 상류층의 일원이 될 사람, 심상중학교는 상류도 하류도 아닌 사람을 육성한다는 식으로, 학교 교육과 사회적인 지위가 명확하게 관련 지어졌다. 그 후에 실업학교, 고등여학교, 전문학교 등에 관한 칙령도 선포되어 1900년경에는 학교 체계가 거의 완성되었다.

그중에 제국대학은 종래의 도쿄대학에 공
부대학교를 합병시켜, 대학원과 법과, 의과, 공
과, 문과, 이과의 단과대학으로 구성되었다. 모
범으로 삼아야 할 국가 모델과 관계있는 국가학
(법학, 정치학)뿐만 아니라 거의 모든 분야에서 주
류를 차지한 것은 독일의 학문이었다. 이노우에
고와시가 창설한 독일학협회의 회원인 유능한
관료가 제도취조국(制度取調局)이나 내각법제
국(内閣法制局)에서 제국헌법 체제를 떠받드는

▶사진 5-3. 모리 아리노리(森有
礼, 1847~1889년).

제도를 정비했고, 법과대학에서는 국가의 통치 원리에 대한 재검토보
다는 상황에 따라 유효한 정책을 고안해 낼 수 있는 관료의 육성이 우
선되었다. 또 공과대학에 증설된 조병학과(造兵学科)와 화약학과(火
薬学科)에서는 육해군의 기술 장교가 교수를 겸임하고, 사관학교 등을
우수한 성적으로 졸업한 군인을 대학에서 교육한 것 외에도 군수 공장
과 연계시키는 등 군부와 밀접한 관계를 지니게 되었다. 그야말로 '국
가를 위한 학문'이었다(실제로는 반드시 정부가 기대한 것처럼 되지는 않았다).

1990년에는 가토 히로유키가 제국대학의 총장이 되었다. 가토는
『진정대의(眞正大意)』, 『국체신론(国體新論)』 등에서 천부인권론(天賦
人權論)을 주창하였다. 하지만 1881년 정부에 대한 충성심을 보이려
고 이런 책들을 절판시키고, 다음 해에 『인권신설(人權新説)』을 간행했
다. 이 책에 서술된 사회진화론(사회다위니즘)은 '자연 도태'에 의한 '적
자생존'이라는 생물진화론을 단순화시켜, 경쟁 사회를 뚫고 나온 강자
의 자유와 통치권의 보장이야말로 사회의 진보를 이룩하는 것이라고
주장해 우승열패 사회(優勝劣敗社會)를 정당화시켰다.

'시험'의 시대

1887년에는 문관시험시보 및 견습 규칙(文官試驗試補及見習規則)
이 공포되었다. 의회 개설을 앞두고 근대적인 행정 기구를 정비하려
면 언제까지 번벌이나 개인적인 친분으로 관리를 채용할 수는 없었
다. 그래서 채용 시험 합격자 중에서 견습 기간을 거쳐 정식으로 채용
하게 되었다. 단지 주임관(奏任官, 고급 관료)을 선발하기 위한 문관고
등시험(文官高等試驗, 현재의 국가공무원 1종에 해당)에는 엄격한 수험 자
격이 있는 반면에, 제국대학 졸업생은 시험 없이도 시보(試補)로 임용
되었다. 또 관·공립중학교 졸업생은 보통시험(현재의 2종에 해당)을 치
르지 않고 판임관(判任官, 중급 관료) 견습생이 될 수 있었다. 얼마 후 사
법관 이외의 무시험 임용은 폐지되었지만, 제국대학을 필두로 하는
관·공립 학교를 졸업하는 것이 관료가 되는 가장 확실한 지름길이 되
었다.

사립 법률학교는 학칙이나 교육 내용을 정비해 관립 학교와 동
등한 수준이라고 문부대신으로부터 인정받지 못하는 한, 수험 자격조
차 얻지 못했다. 1890년대에 들어서는 관·공립 중학교와 동등한 수준
이상이라는 인정을 받지 못하면 재학 중의 징병유예도 허가하지 않았
다. 또 교과목 중에 종교에 관한 교육이나 의식이 있으면 제국헌법의
'신앙의 자유'에 저촉된다는 이유로 중학교 혹은 전문학교 인가를 받
지 못했다. 정규 학교 체계로부터 벗어난 '각종 학교'로서 독자적인 교
육을 해온 사립 학교도 상급학교 진학을 위한 수험 자격이나 징병유예
등의 특전이 없으면 입학자가 격감했기 때문에 어쩔 수 없이 관립 학
교의 체계에 맞출 수밖에 없었다.

메이지 시대에는 변호사, 의사 등의 전문직을 위한 자격시험제도가 도입되었다. 1876년에 근대적인 재판제도 도입에 발맞춰 대언인(代言人, 변호사) 규칙이 정해졌고, 하세가와 야스의 아버지인 신조(深造)도 그 시험을 치르고 대언인이 되었다. 그는 후에 자유당에 들어가 변호사회 회장이나 도쿄시 참사회(參事會) 회원 등을 지냈다.

에도 시대에도 민사 재판에서 원고나 피고를 대변하는 대언인이 있었지만, 특별한 자격이 있었던 것은 아니었다. 메이지 시대의 초기에는 신조와 같이 시험에 합격하기만 하면 누구든지 변호사가 될 수 있었지만, 그 후 점차 전문적인 학교에서 공부를 하지 않으면 변호사나 의사 등의 자격시험에 합격하기가 어려워졌다. 그리고 그로부터 얼마 지나지 않아 관료나 전문직뿐만 아니라 일반 회사에서도 학력 차가 '출세의 차이'로 이어졌다.

'학력주의'의 시작

표 5-1이 보여주는 바와 같이 이 시기에는 아직 심상소학교 졸업자나 '학력이 없는' 사람도 중역이나 관리직이 될 수 있었다. 하지만 출세를 위해서 학력이 필요한 시대가 온 것은 틀림없으며, 회사에서 아버지가 관리직이라고 해서 아들에게 세습할 수는 없었고, 관료도 다를 바 없었다. 농가나 자영업자처럼 가업이 없던 그들은 어쩔 수 없이 자식의 학력을 높일 수밖에 없었다. 사회가 근대화되어 봉급 생활자나 전문직 등의 새로운 중간층이 늘어나면서 학력을 요구하는 움직임도 가속도로 증대되었다. 그리고 '출세' 가도가 확실해짐에 따라 농

▶표 5-1. 주요 19개 회사와 은행 사원의 학력 구성(1902년)

학력 구성(1902년)   (단위: 명)

	중역 상급사원	중급 사원	하급 사원	계
제국대학 졸업자	60	56	–	116
도쿄고등상업 졸업자	15	87	15	117
상업학교 졸업자	5	97	97	199
각종 학교 졸업자	121	721	497	1,399
의무 교육 수료자	33	863	2,000	2,896
무학력자	29	284	89	402
그 외	110	1,390	3,897	5,397
계	373	3,498	6,595	10,466

天野郁夫, 『学歴の社会史』에서.

촌의 젊은이들 중에서도 신분 상승과 도회지를 지향하는 경향이 강해져 갔다.

실제로 1890년대가 되자 심상소학교의 취학률이 급속하게 상승하기 시작했다. 1900년의 수업료 무료화가 이 움직임을 가속화시켰지만, 수업 연한이 4년으로 통일되고 졸업 시험이 폐지되면서, 동일 연령의 아동들로 구성된 '학년·학급' 제도가 성립되었다. 다양한 아동들이 섞여 있었던 이전의 교실에 비해, 공통 수업 방식으로 효율적인 수업이 가능해졌을 뿐만 아니라 '공부를 못하는 아동'을 언제까지나 학교에 남겨두지 않고 '졸업'시킬 수 있게 되었다.

지역 사회에서 대부분의 아동이 학교를 다니게 되면, 학교에 가지 않는 아동과 그 부모들은 주눅이 들게 된다. 아동의 교육은 '부모의 의무'이며, 가업이나 가계를 위해서 학교에 보내지 않는 것은 좋지 않은 일이란 의식이 침투하기 시작한다. 소학교를 졸업하면 회사에 '급사(給仕)'로 취직할 수 있는 시대가 도래했다.

1900년을 전후해서 중학교 수험생들이 늘어나기 시작해, 농촌 지역에서도 중학교를 신설해 달라는 요구가 높아져 갔다. 청일전쟁 후의 실리주의적인 풍조를 비판한 '고쿠민노토모(国民之友)'의 논설 「교육계 과도의 시대」(1896년 8월 22일)에서도, 최근의 중학교는 '전문학교의 예비학교'가 아니면 판임관이 되기 위한 추천장을 받는 곳에 불과하다. '일본의 청년은 인간으로서, 국민으로서, 시민으로서, 신사로서 교육받는 것보다 오히려 기사로서, 관리로서, 서리로서, 수납 창구 직원으로서 교육'받는 것을 원하는 것이냐고 탄식하였다. 그리고 한편으로 '학교의 계급으로 관직의 계급을 정하는 것과 같은 현재의 제도'는 '천하의 청년들을 정신적으로 독살하는' 것이라고 준엄하게 비판하고 있다. 그러나 1902년에는 〈성공(成功)〉이라는 이름의 잡지가 창간되고, 몇 년 후에는 '동양 제일의 발행 부수'를 자랑할 정도로 독자를 획득했다.

　학력 사회는 '평등'을 전제로 한다. 영국이나 프랑스와 같이 정치, 경제, 문화를 지배하는 상류 사회가 엄연히 존재하고, 하층과의 사이에 명확한 단절이 있는 계급 사회에서는, 일단 노동자의 자식이 대학 진학을 꿈꾸는 일은 없었다. 일본에서는 경제적인 조건은 차치하더라도 '학력'만 있다면 소작농이나 노동자의 자식이라도 도쿄대학에 진학할 수 있었다. 거꾸로 만약에 '성공'할 수 없었다면 그것은 신분과 같은 외재적인 제약의 탓이 아닌, 본인의 '실력'이나 '노력'이 부족한 것에 불과하다고 생각했다. 학력주의야말로 기회의 평등, 우승열패, 자기 책임이라는 자유 경쟁의 전형적인 모습이었다.

제복과 체조

    교육제도를 정비한 다음으로 모리 아리노리 문부대신이 힘을 쏟은 것은 교원 양성과 체조·창가(唱歌) 교육이었다.

    1886년에 반포된 사범학교령으로 부현립의 심상사범학교는 소학교 교원을 양성하고, 심상사범의 교원은 관립 고등사범학교에서 양성하는 중앙집권적인 제도가 성립되었다. 동시에 사범학교에는 육해군사관학교와 같은 전원 기숙사 제도와 군대식 체조가 도입되었다. 의복도 자유 복장에서 양복으로 바뀌었으며, 제복과 모자, 구두가 의무화되었다. 1886년 1월에 아오모리 사범학교에 입학한 하루마 다몬(張間多聞)은 7월에 갑자기 다다미방에서 마룻바닥이 깔린 기숙사로 옮기고, 기숙사 내에서는 '군대와 똑같이' 연장자에게 절대복종하고, '윗옷의 단추가 하나라도 빠져 있으면 혼쭐'이 나거나 했다고 회상하고 있다(千葉寿夫, 『明治の小学校』). 1889년부터 사범학교 졸업생에게 6주일간의 병역 훈련이 부과되었는데, 이것은 모리 문부대신이 육군을 설득해서 실현한 것이었다. 소학교에는 대리 교원이 많이 있었지만, 이러한 군대식 규율을 체득한 교사만 정교사가 될 수 있는 시대가 온 것이다.

    또한 학생복은 1879년에 학습원이 해군사관들의 제복을 본떠, 깃을 세운 감색의 제복을 만든 것이 최초였으며, 검정색 제복에 세운 깃과 금색 단추가 달린 스타일은 1884년에 교토 사범학교가 고안했다고 전해진다. 1886년부터는 제국대학, 사범학교, 고등중학교 등의 관립 학교에 제복과 모자가 채용되었고, 그 후 사립 학교에서도 제복을 채용하는 학교가 점차적으로 증가하기 시작했다.

이 당시 고쿠라바카마(小倉袴)와 다카게타(高下駄) 차림으로 시내를 활보하며 유곽에 출입하는 등, 학생들의 방정하지 못한 품행에 대한 비난이 컸다. '제복'은 그러한 젊은이들에게 집단의 일원으로서의 자각을 촉구하는 의미가 있었다. 그와 함께 육군에서는 하사관 이상만 깃을 세운 제복을 입을 수 있었기 때문에, 관립 학교의 깃을 세운 제복은 장교와 같은 서열로, '국가를 위한 인재'라는 프라이드를 지니게 하려는 의미도 있었던 것 같다(キショウ堂HP, 「徽章資料館」). 참고로 여학생들의 제복으로는 도쿄여자사범학교(현 오차노미즈 여자대학) 등이 하카마(袴)를 도입했지만, 곧바로 남자들이 입는 하카마를 입는 것은 '이상'하다며 금지되었다. 1886년부터는 남자의 제복에 맞춰서 '로쿠메이칸(鹿鳴館) 스타일'이라고 불리던 원피스로 바뀌었다. 이처럼 제복의 도입은 양복이나 서구적 생활 스타일을 침투시키려는 서구화 정책의 일환이기도 했다. 그러나 여학생들의 경우는 단기간에 기모노로 환원되고, 1900년부터는 하카마 스타일이 정착되었다.

또 모리 문부대신은 소학교의 체조에 대열 운동을 채용해, 소풍이나 수학여행도 체조의 일환으로 장려했다. '체조'라는 단어는 1872년에 대학남교(大学南校, 도쿄대학의 전신)의 시간표에 처음으로 등장하는데, 공부대학교에서는 유연 체조, 대열 운동, 기계 체조와 같은 프랑스식 학교 체조를 도입했고, 삿포로 농학교에서는 미국 매사추세츠 농과대학의 시간표를 본떠 주 2일간의 군대식 체조를 채용했다.

원래 일본 사람들에게는 '체조'하는 습관이 없었으며, 집단 노동이나 봉오도리(盆踊り)의 경우에도 지금처럼 '구령하에 일사불란'하게 움직이는 것이 아니었다. 하지만 군대에서는 질서정연한 집단행동을 요구하며, 전장에서 장애물을 민첩하게 넘기 위해서 목봉이나 철봉

을 사용한 훈련을 했다. 학교에서 그러한 훈련을 미리 해두는 것은 군으로서도 반길 만한 것이었지만, 실제로 군부가 요구해서 군대식 체조를 시작한 것은 아니었다. 집단이 같은 동작을 반복하는 것, 특히 같은 간격을 유지하며 구령에 맞춰 팔다리를 움직이는 대열 운동 속에서 사람들은 '집단의 일원'이라는 의식을 지녔으며, 바로 이것이 모리가 의도한 바였다.

내셔널 뮤직

또한 창가(唱歌)도 '국민 육성'과 깊은 관계가 있다. 이것을 직접적으로 추진한 사람은 체조전습소(體操傳習所)에도 관여한 이자와 슈지(伊沢修二)였다. 그는 미국에서 알렉산더 그레이엄 벨(Alexander Graham Bell)이나 보스턴의 초등학교 음악 감독 루서 화이팅 메이슨(Luther Whiting Mason) 등과 친분을 맺었다. 벨이 전화기를 완성했을 때 최초로 통화한 사람이 이자와였다고 전해진다. 1878년에 귀국한 이자와는 체조전습소를 창설하고, 다음 해에 정부로부터 음악에 관한 조사를 담당하는 관료(音楽取調御用掛)로 임명되자, 메이슨을 일본에 초청했다.

'창가'는 학제에는 들어가 있었지만 기의 실시되지 않았다. 교사가 없었을 뿐만 아니라 처음부터 '창가'라는 것이 어떤 것인지조차 명확하지 않았다. 일본의 전통적인 나가우타(長唄), 조루리(浄瑠璃), 마고우타(馬子唄)는 '문명'과 어울리지 않았다. 하지만 이자와는 정서 발달에는 음악이 필요하며, '동서양의 음악을 절충해' '국가를 일으킬'

필요가 있다고 생각했다(「음악 조사에 관한 전망」). 국악(國樂)이란 '내셔널 뮤직'을 번역한 단어로 일본 국민이라면 누구라도 부를 수 있는 노래를 말하는 것이다. 키워드는 여기에서도 '국민'이었다. 1882년부터 『소학창가집(小学唱歌集)』을 간행하기 시작했다.

국민 의식을 창출하는 데 창가가 어떤 관계가 있는지 살펴본다면, 먼저 가사를 예로 들 수 있다. '반딧불의 빛, 창문의 눈'으로 시작하는 「반딧불(蛍)」이라는 창가의 4절은 다음과 같다.

> 먼 땅 지시마도 오키나와도 일본의 하나인 지킴이다.
> 강산에 뻗친 용감함으로 지켜라 형이여 무사하도록

지시마 열도와 오키나와도 일본의 영토이므로 일본의 남북에서 용감하게 병역의 의무를 다하라는 내용이다.

그리고 「나비야 나비야」는 제2차 세계대전 후에는 '나비야, 나비야, 유채꽃 위에 머물러라, 유채꽃에 질리면 벚꽃에 머물러라, 벚꽃의 꽃잎에서 꽃잎으로……'라고 불리지만, 밑줄 그은 부분의 원래 가사는 '영광스런 시대에'였다. 그 속에는 '천황가가 대대로 번영하는 모습을 벚꽃이 활짝 핀 모습에 견주고, 성은을 받아 태평 안락 속에 살고 있는 인민을 나비가 자유롭게 날거나 머물거나 놀고 있는 모습에 비유해, 아동이 저절로 나라의 깊은 은혜를 마음속으로 느끼고, 국가에 보은하는 마음가짐을 일으키도록 하려'는 의도가 숨어 있었다(伊沢修二, 「唱歌略説」).

이러한 가사 속에 숨어 있는 정치성은 1880년대 후반에 제정된 「기원절(紀元節)」 등의 식전가(式典歌)에서 노골적으로 드러나지만, 무심코 부르는 '영광스런 시대에'라든지, '먼 땅 지시마도'라는 가사가 오히려 아동들의 의식에 침투하기 쉬웠을 것이다.

제창이라는 스타일

'국악'이 가진 또 하나의 요소는 멜로디였다. 이자와와 메이슨은 일본 전통 음악이 서양의 7음계에서 '파'와 '시'를 제외한 5음계에 가까운 것을 알아챘다. 소위 '요나 빼기 음계'(당시에는 '도레미파솔라시'를 '히후미요이무나'라고 불렀다)로, 유럽에서는 켈트 계열의 민요와 옛날 노래 등에 많으며, 이나가키 지카이(稲垣千穎)가 가사를 붙인 스코틀랜드 민요 「반딧불」이 그 전형적인 노래였다. 하지만 '요나'가 빠진 음계

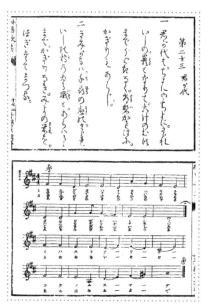

는 아악(雅樂)의 여선법(呂旋法)과 비슷하기는 하지만 민중이 애호한 샤미센(三味線)의 음계나 속요(俗謠)와는 일치하지 않았다고 전해진다. 동서양의 음악을 절충한 '국악'의 기본은 서양 음계였다.

게다가 메이슨이 도입한 멜로디 중에는 미국의 독일계 이민들이 불렀던 민요나 보스턴의 교회에서 불린 찬송가가 많았다. 예를 들어 「반딧불」은 「올드 랭 사인」, 「스미다가와」는 「함부르크」, 「봄 3월」은 「해피 랜드」라는 찬송가였다. 또한 『소

▶사진 5-4. 『소학교 창가집 초편』에 실린 「기미가요」. 가사는 2번까지 있으며, 1번의 가사가 현재와는 달랐다.

학창가집』의 「기미가요(君が代)」는 현재의 곡과는 다르게, 사무엘 웹 (Samuel Webbe)이 영국의 글리 클럽(Glee club)을 위해서 만든 「글로리어즈 아폴로」가 원곡으로, 미국에서는 찬송가로 쓰였다(그림 5-4). 이러한 곡들의 대부분은 독자적인 가사를 붙여서 일본의 교회에서도 불렸다(安田寛, 『唱歌と十字架』, 『「唱歌」という奇跡 十二の物語』).

미국 찬송가의 대부분은 신자들이 귀에 익은 곡에 가사를 붙인 것이었기 때문에 출신지의 민요 등이 채용되었다. 그러한 것들이 교회를 매개로 해서 일본의 '창가'가 되었으니, '국악'의 기초였던 '소학 창가'가 찬송가였다는 것은 유념해야 할 필요가 있다.

찬송가나 창가는 '제창(齊唱)'이 기본이다. 종래의 일본에서는 다이모쿠(題目, 일련정종의 염송), 염불, 쇼묘(声明, 범패(梵唄))와 같은 종교적인 것을 제외하면 혼자서 노래를 하든지, 선창자 외에는 손뼉을 치면서 박자를 맞추든지 하는 것이 대부분이었다. 그러나 같은 노래를 다 함께, 그것도 음정, 박자, 목소리의 크기까지 주변과의 조화를 신경 써 가면서 노래하는 것은 다른 형태의 '대열 운동'이었다고 볼 수 있다. 교회에서 찬송가가 꼭 필요한 것과 불교 사원에서 염송, 염불을 외는 것도 마음을 하나로 합칠 수 있기 때문이다. 가사와 멜로디도 중요하지만 제창이라는 형태에 '국악'의 중요한 의미가 있었다.

1891년에는 7·5조의 가사를 5음계와 두 박자 계열의 리듬에 실은 군가 「적은 수만 명」(야마다 비묘 작시, 고야마 사쿠노스케 작곡)이 유행해, 어른들도 '목소리를 맞춰서 노래하는' 것의 경쾌함을 실감했다. 청일전쟁 때에는 전쟁터에서 많은 군가가 불렸다. 단지 서양의 행진곡이 4분의 4박자인 것에 비해, 일본의 행진곡은 2분의 2박자로 강박을 길게 약박을 짧게 하는 종래의 리듬으로 불렸다고 한다. '서양의 음악'을 미

묘하게 변형시킨 일본식 행진곡이 일본 민중들이 최초로 수용한 '서양 음악'이었다(兵藤裕己,『演じられた近代』).

두 종류의 국가주의

체조나 창가 교육의 중요성에 재빨리 착목한 것은 1874년부터 1880년까지 교육 행정의 중심에 있었던 다나카 후지마로였다. 이와쿠라 사절단을 수행했던 다나카는 자율과 자유의 존중을 설파하는 기독교나 미국식 교육 행정에 공감했다. 그래서 교육령을 구상함과 동시에 메가타 다네타로(目賀田種太郎)와 이자와 슈지를 미국으로 유학 보냈다. 그러나 1881년에 다나카가 해임되자 미우라 고로, 다니 간조 등이 개입하였고, 체조는 인간으로서의 심신 조화를 중시한 학교 체조에서 집단적 규율을 위한 군대식 체조로 전환되었다. 창가도 국가주의적 색채가 강화되었으며, 모리 문부대신이 그것을 더 강력하게 추진했다.

하지만 모토다 나가사네 등이 덕육을 중시하는 천황주의적인 입장을 취했던 것에 비해, 모리는 어디까지나 자발적으로 국가에 헌신하는 '국민'의 형성에 주안점을 두었다. 그 때문에 고등 소학교의 교과에 영어를 도입하는 한편, 집단적인 심성과 신체 규범을 육성하는 데 힘을 쏟았다. 후쿠자와는 모리의 시책에 대해, 개정된 교육령 이래의 유교적 덕육주의로부터 '본래의 문명주의'로 복귀했다며 높이 평가했다(《時事新報》, 1889년 2월 28일).

그러나 모리는 헌법이 반포된 날 니시노 분타로(西野文太郎)에게 찔려 죽었다(다음 날 사망). 니시노는 '사장군(四將軍)' 중의 한 사람인 미우라 고로의 심복으로 모리가 이세신궁에 신발을 신고 들어간 것과 기독교도라는 소문에 분개하여 범행을 저질렀다. 환언하자면 유교적인 것과 근대적인 것, 두 종류의 국가주의·국민주의가 경합하면서 미국식의 자유주의적인 교육관을 억눌렀던 것이었다.

그 후 조선이나 중국에서도 일본의 침략과 함께 '창가'가 유입되었는데, 그중에는 가사가 바뀌어 저항가로 사용된 노래도 많았다. 서양 멜로디의 보편성과 내셔널리즘 창출의 장치인 가사가 엮인 '창가'의 특질이나, 일본·조선·중국에서 찬송가·창가를 수용하고 변용한 역사는 대단히 흥미로운 것이다(安田寬, 『日韓唱歌の源流』. 石田一志, 『モダニズム変奏曲』).

3. 근대 가족과 여성

'여성에게 학문은 필요 없다'

1880년대 후반부터 시작된 학교 제도의 정비, 학력주의, 집단 적 규율의 육성 정책 등은 기본적으로 남성의 교육에 관한 것이었다. 1886년에 반포된 제반 학교령에서도 여학교는 중학교령 안에서 부수 적으로 언급되었을 뿐이다. 여성을 위한 중등 교육 기관은 관공립 여 자사범학교(1880년에 14개교) 이외에는 몇 개 없었고, 도시 지역에 설립 된 사립 여학교도 소규모로 소학교 수준의 학교가 많았다. 뿐만 아니 라 페리스 어학원(フェリス女学院), 고베 에이와 여학원(神戸英和女学 校), 도시샤 어학교(同志社女学校), 사쿠라이 여학교(桜井女学校), 도요 에이와 여학교(東洋英和女学校) 등 기독교 계통이 태반이었으며, 그 외 에는 고전이나 '부덕(婦德)'의 함양, 재봉 등의 실기를 가르치는 가정 교사와 같은 수준의 학교가 있었다.

거의 대부분이 소학교조차도 다니지 못한 시대였기 때문에, 여성에게 그 이상의 교육을 허락하는 부모는 적었다. 겐센 소학교에 영어 보습 과정이 생겼을 때, 하세가와 야스는 어머니에게 부탁하여 영어 공부를 허락받았지만, 새로 만든 유카타(浴衣)에 빨간 잉크를 묻혔다는 이유로 영어 공부를 금지당했다. '이상한 것을 배우지 않으면 안 되는 아이로는 키우지 않았다'는 것이 야스 어머니의 말버릇이었다(岩橋邦枝, 『評伝 長谷川時雨』). 또 요시카와학교(吉川学校)와 오메학교(青梅学校)를 5년 반 동안 다녔던 히구치 나쓰(樋口なつ, 一葉)도 '여자에게 오랫동안 학문을 시키는 것은 나중을 위해 좋지 않다'는 어머니의 의견으로 자퇴하고, 바느질과 가사 실습만 배웠다(日記 「塵の中」, 1893년 8월 10일). 여성은 다른 집으로 시집가 남편이나 시부모를 모시는 것이라는 구태의연한 여성관과 재봉 등 실용적인 기능이나 예능을 습득하는 것이 도움이 된다는 '상식'이 여전히 뿌리 깊게 남아 있었다.

미래의 국민을 육성한다

그러나 문부성이 여성 교육을 경시하고 있었던 것은 아니었다. 오히려 '국가 부강의 근본은 교육에 있고, 교육의 근본은 여성 교육에 있으며, 여성 교육의 성공과 실패는 국가의 안위와 관계있다'고 모리 문부대신도 연설하고 있다(「第三地方部学事巡視中演説」, 1887년).

왜 여성 교육이 '국가 안위'와 관계있는 것일까? 에도 시대 특히 사무라이 집안에서는 여성에게 순종적인 부인이자 며느리로서의 역할을 요구했지, 어머니로서의 역할은 그다지 기대하지 않았다. 남성에게 문무의 소양과 예의 작법을 가르치는 것은 부친의 임무였다. 이

▶그림 5-5. 「여자 예의 교육 주사위 놀이(女礼式教育寿語録)」(都立中央図書館蔵).

에 비해 학제 실시와 관련한 태정관 지령(1872년)은 '인간의 도리, 남녀의 차이는 없다'라고 한 후에, 아동의 '재능과 무능'은 '그 어머니의 현명함과 그렇지 않음' 때문에 생긴다며 여성 교육이야말로 소학교를 일으키는 '가장 중요한 항목'이라고 강조하고 있다. 근대 공교육의 목적은 상속과 가업의 계승이 아니라 국가에 유용한 인재와 '국민'의 육성에 있었는데, 이 시기에는 서구에서도 여성은 선거권이 없는 '2류 국민'으로 취급받았다. 그 때문에 여성 교육에 있어서 여성의 정치적·사회적 능력을 육성하는 것보다 미래의 국민을 기르는 어머니가 될 것을 요구한 것이다(그림 5-5).

실제로는 오기노 긴코(荻野吟子)가 일본 최초의 여성 의사가 되고, 도쿄지케병원(東京慈恵病院)이 간호사를 양성하기 시작하는 한편, 1890년대에 들어서면 제사·방적 공장뿐만 아니라 전화국, 은행이나 일반 회사에서도 여성을 채용했다. 하지만 의료, 교육 등의 전문직을 제외한 다른 직종의 여성들은 결혼과 함께 퇴직해 '가정으로 돌아가'는 것을 당연하게 여기고 있었다.

대부분의 민권 운동가들도 근본적으로는 남성 우월론자였다. 본격적인 남녀동권론(男女同權論)을 주장한 기시다 도시코(岸田俊子)는 「동포 자매에게 고함」이라는 논설을 통해 '세상의 자유를 사랑하고 민권을 중시하는 제형들에게 묻는다. 당신들은 사회의 개량을 원하고 인간의 진보를 도모하지만, 무슨 이유로 남녀동권론에 대해서만은 완고한 수구당(守舊黨)의 주장을 하는가'라며 규탄하고 있었다(《自由燈》, 1884년 6월 17일).

이러한 정치적·사회적인 현실을 남녀의 '차별'이 아닌 '차이'로 보고 정당화시키는 논리를 제공한 것이 성적역할분담론(性的役割分擔論)이었다. '밖에서 일하는 것은 부친, 안에서 자식을 기르는 것은 모친이며, 모친이 되는 것이 여성의 행복이다'라는 논리는, 복종을 기본으로 한 에도 시대의 '부덕'과는 달리 평등과 차별의 양면을 포함하면서도 자식의 양육을 떠맡는 책임 있는 주체로서 여성을 인정했다는 점에서 '근대'적인 산물이라고 할 수 있다.

그 때문에도 '어머니의 역할'이 자식을 건전하게 키우는 것만으로는 끝나지 않았다. 1887년의 연설에서 모리 문부대신은 교실에 걸어야 할 '여성 교육의 정신'을 나타내는 그림으로서 '자식을 양육하는 그림' 외에도 '군 입대 전에 어머니와 헤어지는 그림' '국난으로 인해 용감하게 싸우는 그림' '전사 보고가 어머니에게 도착하는 그림' 등을 예로 들고 있다. '국가를 위해서 죽이는 것과 죽는 것'을 자발적으로 수용하는 자식으로 키우는 것, 바로 그것이 여성 교육의 목적이었던 것이다.

현모양처와 '가정'의 등장

소학교의 취학률이 상승한 1900년대가 되어도 가난한 집의 여성은 소학교를 중퇴하고 돈벌이에 나서는 경우가 많았다. 그렇지만 1890년경에 도쿄의 유명 여학교에 진학한 학생의 3분의 2가량은 관동 지방이나 시즈오카 지방으로부터 온 학생들이었다(東京都, 『都史紀要9 東京の女子教育』). 지방에서도 부유한 집안에서는 딸을 여학교에 입학 시키는 부모가 증가하기 시작했다.

1899년에는 고등여학교령이 반포되어, 여성의 중등 교육이 공교 육 체계에 정식으로 포함되었다. 하지만 여기에서도 사회에서 활약할 여성을 육성하는 것이 아니라 '현모양처'를 만드는 것이 목적이었다. 남자 중학교에 해당하는 교육과정에 최종 학력을 의미하는 '고등'이 란 이름을 붙인 것도 그런 의미를 보여준다. 기쿠치 다이로쿠(菊地大 麓) 문부대신은 남녀동권이라는 말은 '끔찍하지'만, '남녀동등이란 그 야말로 지당한 것이며……남자에게는 남자의 본분이 있으며, 여자에 게도 여자의 본분이 있다'고 1902년의 강연에서 말하고 있다(小山静子, 『良妻賢母という規範』). 성별 역할 분담론이 여성 교육의 확대와 제한 을 동시에 정당화시키는 논리를 제공해 주고 있었다.

그 와중에 중상류 계층의 독자층을 대상으로 〈여학잡지(女学雑 誌)〉, 〈가정잡지(家庭雑誌)〉 등의 여성 교육과 '가정'을 테마로 한 잡지 가 간행되었다. 얼마 지나지 않아 많은 신문, 잡지에서 가사에 관한 실 용 기사와 함께 가정, 가사, 주부라는 새로운 단어가 많이 사용되었다. '가정'이라는 단어는 이전부터 산발적으로 쓰이긴 했지만, 이 시기에 영어 'Home'의 번역어로 정착됐다. 그리고 단란한 가족을 위해 가정 을 확실하게 관리하는 책임감을 갖고, 육아와 가사에 전념하는 전업주 부가 여성의 이상적인 모습으로 그려지기 시작했다.

개중에서 〈여학잡지〉는 1886년에 이와모토 젠지(巖本善治)가 주

관하면서부터 남녀평등에 기초한 '가정'
의 모습을 계몽하는 자세를 강화시켰다
(사진 5-6). 이와모토는 기독교인으로 메
이지 여학교의 발전에 진력하였다. 이것
외에도 폐창 운동(廃娼運動)·일부일처제
(一夫一婦制) 건백서로 유명한 도쿄 부인
교풍회(東京婦人矯風会, 훗날의 일본 기독교
부인 교풍회)에 간여하는 등 이 시기의 여
성 운동·가정 운동을 이끄는 존재였다.
메이지 여학교의 졸업생 중에는 소마 곳
코(相馬黒光), 오쓰카 구스오코(大塚楠緒
子), 노가미 야요이코(野上弥生子) 등 개
성적인 여성도 많았으며 '연애는 인생의

▶사진 5-6. 〈여학잡지〉 창간호(1885년 7월)
표지.

비약(秘鑰)이다'라고 선언한 기타무라 도야(北村透谷)와 젊은 날의 시
마자키 도손(島崎藤村)도 교단에 섰다. 히구치 이치요의 '다케쿠라베
(たけくらべ)' 등을 연재한 〈문학계(文学界)〉도 당초에는 여학잡지사에
서 간행되었다.

　　예를 들어 이와모토는 〈여학잡지〉에 연재한 논설 '일본의 가족'
(1888년 2~3월)에서 성별 역할 분담을 전제로 하면서도, '서로 사랑하는
애정'을 토대로 한 '가족이 단란하고, 부부가 화목'한 'Home'이 앞으
로 가족이 지녀야 할 모습이라고 주장했다. 그에 의하면 애정이 넘치
는 따뜻한 가정 속에서 부부와 아이들이 기쁘게 생활하는 '애정 있는
가족'이라는 이상형에 있어서의 부인은, 고등여학교가 원하는 '현모
양처' 상을 지니며 또한 보다 주체적이며 자유로운 삶을 추구해야 하

며, 동시에 남편도 그러한 '가정'을 만들려고 노력해야만 한다.

그 때문에 이와모토는, 직장에서 '거미처럼 머리를 숙이고 몸을 낮추는' 남편이 집에만 돌아오면 부인과 아이들 위에 군림하고, 아내는 시부모로부터 괴롭힘을 당하면서도 무작정 참아야만 하고, 아이들은 그 영향을 받아서 '집안이 거의 시장판'이 되어 있는 '일본 가족'의 현실을 정확하게 묘사했다. 그리고 이것을 타파하기 위해서는 무엇보다도 부모와 자식 부부가 동거하는 대가족제를 해체해야 한다고 역설했다.

메이지 민법과 '이에(家)' 제도

'가정' 이미지가 등장한 것과 거의 동시에 메이지 민법이 공포되었다. 민법의 편찬은 1870년부터 이루어지고 있었지만, 1880년에 원로원의 민법편찬국에서 보아소나드(사진 5-7)를 중심으로 본격적인 작업을 시작하여, 1890년 3월에 재산편(財産編) 등이, 10월에는 인사편(人事編)이 공포되었다. 그러나 주로 친족이나 상속에 관한 내용을 담은 인사편에 격렬한 비난이 쏟아졌다. 민법전 논쟁이 시작된 것이다.

편찬 담당자는 전국 각지의 관습 조사와 함께 구미 각국에서도 통용될 수 있는 '가족의 모습'을 보여 주고자 했다. 호주제도를 인정하면서도 재산은 가산(家産)이 아닌 개인 소유로 했으며, 혼인의 자유, 부부의 신애(信愛) 의무, 부인의 이혼청구권·양육권 등을 명시했다. 초안은 전국의 재판소와 지방관 등에게도 송부되어 상당히 많은 부분이 수정되었다. 하지만 그래도 여전히 독일과 프랑스에 비해 실제 사회에서의 관습이나 관행을 중시한 영미 법학자들이 비판하였고, 일본의 '전통적인 미풍양속'에 어긋난다거나, 선조 대대로 이어져 온 가족제도를 파괴한다는 비난을 초래했다.

제국대학 교수인 호즈미 야쓰카(穗積八束)의 '민법이 나옴으로 해서 충효가 무너졌다'(1891년)는 말은 그 대표적인 것이다. 혼인은 '이에(家)'의 존속이 목적이며, '가부장권은 신성하며 무너뜨려서는 안 되는 이유'가 '선조의 영혼을 대표하는 것'이기 때문이라며, 천황제와 중첩시켜

▶그림 5-7. 프랑스의 법학부 교수 정장을 입은 모습으로 그려진 보아소나드(Boisso- nade, 1825~1910년).

'이에' 제도와 가부장권을 정당화시켰다. 하지만 나카니시 다테오(中西盾雄) 검사가, 만약 부부가 애정만으로 자유롭게 결혼하고, 부인에게 대등한 권리를 인정한다면 누가 '우리 부모님'을 보살피겠는가 하고 진술한 바와 같이(「意見書」,『日本近代思想大系20 家と村』), 반대론의 저변에는 노부모의 부양과 개호를 둘러싼 불안이 있었다.

민법뿐만 아니라 상법에 대해서도 비판이 속출했다. 독일 법을 기초로 한 상법은 프랑스 법을 기초로 한 민법과 중복되거나 모순되는 곳이 있어서 일본의 상거래 관습을 무시하는 규정도 많았다. 이 때문에 도쿄 상업회의소를 중심으로 공포 연기론이 분출했다. 정부가 민법과 상법의 제정을 서두른 이유는 조약 개정 때문이었지만, 결국 재편찬된 민법(일반적으로 '메이지 민법'이라고 불린다)이 1898년에, 상법이 1899년에 시행되었다.

메이지 민법에서는 가족에 대한 혼인분가동의권, 거주지정권 등 호주의 권한이 대폭 인정된 반면, 불평등한 이혼청구권 등으로 인해 부인의 권리는 제한당했다. 하지만 장남의 가독상속권(家督相續權)과 제사권을 규정하면서도 재산의 개인 소유 원칙은 변하지 않았으며, 부인의 가사참여권도 어느 정도는 인정됐다.

'이에(家)'와 '가정'의 복합

근대적인 민법의 본보기라고 불리는 나폴레옹 법전도 결혼에 의한 부인의 법적 무능력을 당연시했으며, '남편은 부인을 보호할 의무를 지고, 부인은 남편에게 복종할 의무를 진다'고 규정하고 있다(213조). 정조 의무와 이혼청구권에도 불평등한 내용이 있었으며, 간통죄의 형벌에도 차이가 있었다. 서구의 근대 가족도 가부장제를 기본으로 하고 있었으며, 부부는 대등하지 않았다. 이에 대해 우에키 에모리는 부부의 불평등과 장자상속제를 비판하면서, 한 집의 군주인 호주를 기본으로 국가를 편성하는 '연가성국(聯家成國)'이 아닌 자유로운 개인을 단위로 한 '연민성국(聯民成國)'을 지향해야 한다고 주장했다(「如何なる 民法を制定す可き耶」, 1889년).

그러나 '개인'이나 '개인 소유'를 기초로 한 근대국가는 현실석으로는 참정권뿐만 아니라 여러 가지 불평등한 요소를 전제로 하고 있었다. 또 국가와 개인이 직접 연결되어 있는 것이 아니라 일상생활의 기본 단위인 '가족'을 그 중간 매개로 하고 있었다. 그리고 가장이 가족 질서를 유지하고, '2급 시민'으로 불린 여성과 미성년자를 통제하기를

기대했다. 나폴레옹 법전은 그 대표적인 것이었으며, 후쿠자와 유키치가 '개인도 독립하고, 가족도 독립하고, 천하 국가도 독립해야 한다'(『学問のすすめ』初編)라고 한 것과 오늘날에도 가족의 안정이 국가와 사회 질서의 기초라고 하는 논의가 끊이지 않는 것도 바로 그 때문이다. 메이지 시대 이후의 '이에' 제도는 봉건적이라고 하기보다는 근대 국가에 공통되는 가부장제도 중의 하나로 봐야 한다.

물론 서구의 근대국가는 부부와 미혼의 자식들로 구성되는 핵가족을 전제로 하고 있었지만, 일본에서는 이와모토 젠지가 말한 바와 같이 남편의 부모와 동거하는 확대 가족이 일반적이었으며, '이에' 제도의 목적은 '노부모 공양'에 있었다고 말해도 과언이 아니다. 부인은 남편과 횡적인 관계가 아니었으며, 시부모와의 종적인 관계 속에서도 종속적인 위치에 있었다. 일본의 근대 가족은 '가정' 가족, 즉 서구 사회와도 공통적인 가부장제와 일본의 특징적인 '이에' 제도, '이에' 가족과의 복합으로서 존재했다(西川祐子, 『近代国家と家族モデル』).

'애정 가족(愛情家族)'의 굴레

이러한 '복합'의 결과를 단적으로 보여주는 것이 이혼율의 급격한 저하였다. 1899년을 시점으로 통계 방법이 달라졌기 때문에 단순하게 비교할 수는 없지만, 메이지 전반기와 비교해 보면 이혼율이 급격하게 떨어지고, 나아가 1900년대부터 1930년대에 걸쳐서는 절반으로 줄어들었다(그림 5-8). 그 원인 중의 하나가 부인의 이혼청구권을 제한한 메이지 민법인 것은 확실하다.

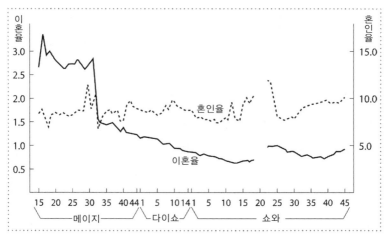

▶그림 5-8. 일본의 이혼율과 혼인율의 추이. 인구 1,000명당 건수의 비율(「日本女性生活史」).

　하지만 법 제도만이 이혼을 곤란하게 한 것은 아니었다. 근대 가족제의 특징 중 또 한 가지는 '애정 가족'이다. 집안을 단란하고 따뜻한 '가정'으로 만드는 주체로서 기대된 것이 '현모양처'였으며, 그렇게 되기 위해서는 전업주부가 되어 가사와 육아에 전념할 것을 요구당했다. 게다가 근대 가족제는 '양처'보다 '현모'를 중요시했으며, 아이들에 대한 애정은 충분한 교육을 받게 하는 것, 학력 사회 속에서 승자가 될 수 있도록 노력하는 것이라고 요구했다. 따라서 학력 사회와 현모양처가 거의 동시기에 생겨난 것도 우연이 아니었다.

　에도 시대 말기와 메이지 시대의 서민은 태반이 맞벌이 부부였다. 특히 도시의 서민은 대부분 셋방살이를 했다. '재산'도 없고, 혼인신고도 하지 않은 부부도 많았기 때문에 헤어지겠다고 생각하면 간단하게 이혼할 수 있었다. 그러나 전업주부에게는 경제력이 없었고 기혼여성의 취직도 어려웠다. 무엇보다 '엄마가 없으면 아이들이 불쌍하다'는 말이 여성에게 이혼을 포기하게 만드는 강력한 수단이 되었다. 민법의 규정이 여성을 밖으로부터 제약했다고 한다면, '애정'은 내면으로부터 여성을 속박했다. '아이들을 위해서' 남편이나 시부모의 잘못된 처사에도 견디고 사는 여성들의 이야기가 소설이나 연극이 되어 큰 공감을 얻은 것은 좀 더 훗날이다. 하지만 이혼율이 저하되기 시작한 1900년대에는 이러한 '애정 가족'이라는 담화가 '이에' 제도와 결합하여 영향력을 갖기 시작했다.

'아이들에 대한 애정'은 '보호'의 강화라는 형태로도 나타났다. 일반적으로 전근대 사회에서는 아이들이 '어린 어른'으로 간주되었다고 전해진다. 예를 들어 아이들도 태연하게 담배를 피웠다. 그러나 1890년대가 되자 소·중학교에서의 흡연이 문제시되기 시작해, 1900년에는 미성년자 흡연 금지법이 시행되었다. 이 법률은 흡연한 미성년자가 아니라 흡연을 말리지 않은 부모나 담배를 판 업자를 처벌했다. 미성년자는 '보호'의 대상이며, 책임은 어른에게 있다고 간주되었기 때문이다.

그러나 실제로 담배를 핀 학생은 학교에서 처분을 당했다. '학생의 흡연은 위생상 유해할 뿐만 아니라, 풍기를 문란하게 하는 부분도 적지 않다'(茨城県知事訓令, 1890년 4월 1일). 즉 흡연은 법률이나 교칙, 교사의 지도를 무시하는 '불량 학생의 상징'이 되었다. '보호'가 동시에 '불량 학생'을 만들어 내어 '처벌'을 불가피하게 만들었다.

학력주의나 '애정 가족'주의는 그때까지 없었던 새로운 가능성과 이상을 추구하면서, 동시에 '아이들을 위해서'라는 결정적인 말로 사람들을 안으로부터 속박해 갔다. 여기에도 '근대'라는 시대의 특징이 잘 나타나 있다.

제6장 근대 천황제의 성립

「어환행지도(御還幸之図)」. 1878년의 호쿠리쿠·도호쿠 지방 순행을 마치고 심바시 역에서 왕궁으로 돌아오는 도중인 천황의 마차(《驥尾団子》, 1878년 11월 20일).

1. 근대적 국가 기구의 정비

'실제의 정치학'

1883년 8월, 이토 히로부미는 1년 반에 걸친 독일, 오스트리아에서의 헌법 조사를 마치고 귀국했다. 수확은 '헌법'뿐만이 아니었다. 프로이센 헌법을 기초로 한다는 기본 방침은 정해져 있었지만, 베를린대학의 법학자 그나이스트와 그 제자 못세의 강의에는 그다지 새로운 것이 없었다. 국가의 법은 문화처럼 역사적으로 만들어진다고 생각하고 있던 그나이스트는, 청동에 금 도금을 한다고 달라지지는 않는다며 일본에 입헌제도는 아직 빠르다고 단정 지었다. 하지만 그래도 만든다면 국회에 예산심의권을 줘서는 안 된다고 충고했다. 1871년에 통일된 독일 제국에서는 프로이센 시대에 철혈재상(鐵血宰相)으로 유명했던 비스마르크도 의회의 저항 때문에 힘들어했다.

이런 현실을 알게 된 이토는 헌법의 조문이나 제도보다는 그 운용이나 행정 처리가 중요하다는 것을 인지했다. 그리고 오스트리아

빈 대학의 슈타인을 방문했다. 근대 행정
학의 아버지로 불리며 법학, 행정학, 경
제학 등을 포함한 국가학의 권위자였던
슈타인의 강의야말로 '헌법은 이제 충분
히 알았다고 생각하지만, 행정에 관해서
는 여전히 용이한 것이 아니어서' '실제
의 정치학을 좀 더 배우고 싶다'고 생각
하던 이토가 원하던 것이었다(이노우에 가
오루에게 보낸 서한, 1882년 9월 23일).

▶그림 6-1. 이토 히로부미(1841~1909년).

　　슈타인은 입헌제를 군주,
의회, 행정의 세 기관이 견제하
면서 조화하는 정치 공동체로
생각해, 정당 내각제와 군주 전
제를 부정하고, 행정의 자율성
을 확보하는 것이 국가 건설의
과제라고 역설했다. 오쿠보나
이토는, 천황의 친정(親政)이 천
황 개인의 의사나 자질로 인해

▶그림 6-2. 「독일식으로 만들어 주는 곳」. 손님인 신사
가 「하인(인민)은 독일식으로 강력하게 다리미로 눌러 달
라」고 주문하고 있다(《団団珍聞》, 1882년 7월 29일).

정치가 좌우되고, 나아가 천황이 정치 책임을 지게 되는 빌미가 된다
고 보아 이에 반대해 왔다. 모토다 나가사네 등의 친정 운동과 천황과
직접 결탁한 이와쿠라의 언동에 골머리를 썩혀 왔던 이토는, 내각의
권한, 관료 기구의 구성, 관리의 규율이나 임면, 퇴직 후의 은전(恩典)
등, 행정의 자율성과 원활한 운영을 실현할 수 있는 구체적인 방법을
얻게 되어 마음이 든든해졌다(瀧井一博, 『文明史のなかの明治憲法』).

이런 경위로 '노이로제'에 걸려 있었던 출발 전과는 완전히 달라진 이토는 이와쿠라와 이노우에 고와시 그리고 민권파의 「서투른 서생」들에게도 지지 않을 만큼의 견문을 얻었다는 자부심을 안고 귀국했다(『伊藤博文秘錄』). 이와쿠라 도모미는 이토가 귀국하기 2주일 전에 사망하고 없었다.

궁중(宮中), 부중(府中)의 분리와 화족령(華族令)

1884년 3월, 이토는 참의직 외에도 궁중에 설치된 제도 조사국 장관에 취임하고 궁내경도 겸임해, 드디어 제도 개혁의 주도권을 장악했다. 맨 먼저 손을 댄 것은 왕실 제도였다.

입헌제를 확립하기 위해서는 궁중(왕실)과 부중(정부)을 제도적으로 분리할 필요가 있었다. 의회를 개설하면 왕실의 경비도 예산심의의 대상이 될 수 있었다. 이전에도 전국의 토지를 황유지(皇有地), 관유지(官有地, 국유지), 민유지로 나누어 왕실 재산을 독립시키자는 제안이 있었다. 이와쿠라, 이노우에 고와시, 모토다 등은 국토는 모두 천황의 것이라는 '왕토론(王土論)'을 내세워 토지사유제도에 비판적이었다. 그러나 일단 인정한 사유지나 국유지의 일부를 황유지, 즉 왕실의 사유지로 만드는 것은 천황이 인민과 '이익 다툼'을 벌이는 것이 된다며 반대했다(『明治天皇記 4』).

이토는 외유 전에 다시 한 번 세 구분과 황유지 설정에 관한 의견서를 제출했지만, 참사원(參事院)에서 부결되었다. 메이지 14년 정변 직후에 설치된 참사원은 법률 규제를 작성하고 심사하는 것 외에도 행정과 사법, 지방 의회와 지방장관의 조정 등을 담당하는 기관이다. 의장인 야마가타 아리토모가 토지사유권을 인정하고 입헌제를 채용한다고 선언한 이상, 관·민의 구별, 정부 관리 재산과 왕실 재산의 구별은 만국 공통이라고 말했지만, 대세를 움직이지는 못했다.

그러나 왕실 재산은 법적인 정비 없이 급속하게 확충되었다. 1884년 이후에 정부 소유의 일본은행, 요코하마쇼킨은행(橫浜正金銀行), 일본우선회사(日本郵船會社)의 주식이나 350만 정보의 산림과 임야, 사도와 이쿠노 광산 등이 왕실 재산으로 편입되었으며, 의회가 개설될 당시에 천황은 일본 최대의 재산 소유자가 되어 있었다. 그 배당이나 이자 수입뿐만 아니라 왕실비를 대폭 증액하여 왕실 재정은 단번에 매우 풍부해졌으며, 이재민이나 공로자 등에게 고액의 하사금을 내릴 수도 있게 되었다.

다음은 화족제도였다. 판적봉환(版籍奉還, 메이지유신 이후 다이묘들이 영지에 대한 지배권을 천황에게 반환한 것)으로 화족이 된 구게(公家), 다이묘(大名)들은 대부분 가록(家祿)이나 금녹공채로 우대를 받았다. 하지만 사회적인 역할을 다하지 않고 있었기 때문에, 신문이나 민권 운동가들로부터 비판이 끊이질 않았다. 정부 내에서도 사족(士族)을 포함한 새로운 화족제도를 창설해, 왕실을 지키는 '번병(藩屏)'으로 삼아야 한다는 의견이 많았다. 이러한 의견에 대해 이와쿠라는 반대했지만, 그의 사망으로 인해 장애물이 없어졌다.

1884년 7월에 제출된 화족령은 작위를 공·후·백·자·남의 다섯 가지 등급으로 구분하고, 국가에 '위훈(偉勳)' '공훈(功勳)'이 있는 자를 화족에 포함시켰다. 이토와 구로다는 백작이 되었으며, 1884년부터 85년 사이에 화족이 된 사람은 전부 566명이었다. 그중에는 구 화족이

483명, 신 화족이 83명이었는데 신 화족의 대부분은 사쓰마(薩摩, 鹿児島), 조슈(長州, 山口), 도사(土佐, 高知), 히젠(肥前, 佐賀) 출신의 사족이었다.

내각제도의 창설

그러나 '서양을 좋아하는' 이토를 싫어했던 천황은 모토다를 중용하고 이토와는 면회조차도 기피하고 있었다. 이토도, 천황이 자신의 호불호로 인물을 판단하고, 외국 공사를 초대한 벚꽃 놀이도 빼먹는 등, 군주의 역할을 내팽개치고 있다고 불만을 갖고 있었다. 이토는 '천황은 금후에 더욱더 정무에 마음을 쏟지 않으면 총명한 예지(叡智)라는 특질도 결국은 헛된 명성이 될 것'이라고 산조 사네토미에게 불만을 내뱉고(1885년 7월, 『明治天皇記6』) 두 차례나 사표를 제출했다. 그러나 천황으로서도 이토 이외에 정치를 맡길 만한 인물은 없었다.

결국 1885년 12월, 이토는 신분제와 천황 친정을 내세운 태정관제를 폐지하고, 내각 총리대신과 각 성 장관을 겸하는 9명의 국무대신으로 구성된 내각제를 발족시켰다. 총리대신은 '대정(大政)의 방향을 제시하고 행정 각 부를 통괄'하는 강력한 권한을 갖고, 법률과 칙령은 내가이 기초(起草)하고, 수상의 부서(副書)가 없으면 법적 효력을 갖지 못하게 되었다. 군주는 정책 결정에 직접 개입하지 않게 됐기 때문에 정치 책임을 지지 않는다는 입헌제도의 전제 요소가 겨우 만들어진 것이다. 제5장에서 설명한 관리 임용 시험을 도입하는 등 관료제도의 근대화도 진행되었다. 1869년 9월, 중요 사항의 결정이나 총리의 요청이 없을 시에 천황은 내각에 임석하지 않는다. 정무에 관해서 주무 대신과 차관의 배알을 인정한다. 필요한 행사와 의례에는 출석한다는 등, 이토는 내각과 천황과의 관계를 결정한 「기무 6조(機務六條)」를 제출했다. 천황도 기본적으로는 이것을 받아들였다.

왕후가 양장을 착용하는 것을 허가하고(1886년 6월), 다음 해의 '신년 축하 의례'에 왕후도 대례복으로 등장하는 등, 한때 중단됐던 왕실의 서구화도 진행되기 시작했다. 또 이토는 천황이 신뢰하고 있던 후지나미 고토타다(藤波言忠) 시종장에게 서구 시찰을 지시하고, 슈타인의 강의도 듣게 했다. 후지나미는 1887년 11월에 귀국한 후에 천황과 왕후에게 33회에 걸쳐 강술을 했다(渡辺幾治郎, 『明治天皇』). 이렇게 해서 모토다 나가사네 등으로부터 강한 영향을 받았던 메이지 천황도 점차적으로 근대적인 군주로서의 자각을 지니게 되었다.

조약 개정 문제

천황과의 관계를 호전시킨 이토는 드디어 헌법 기초에 착수했다. 1887년 이노우에 고와시과 뢰슬러의 초안을 기본으로, 이토 미요지(伊藤巳代治), 가네코 겐타로(金子堅太郎), 이노우에 고와시와 이토가 가나가와 현 나쓰지마(夏島, 현재의 요코스카 시)에서 작업을 진행해, 8월 말에 「나쓰지마 초안」을 작성했다. 그 후 이노우에와 뢰슬러의 의견을 받아들여 수정을 거듭한 결과 1888년 3월에 헌법 초안이 확정되었다.

그러나 그 사이에 이토는 의외로 궁지에 몰려 있었다. 헌법을 포함한 법 제도의 정비는 일본이 근대국가라는 것을 서구 열강으로부터 인정받아 불평등조약을 개정하기 위한 중요한 전제 조건이었다. 헌법 제정과 조약 개정은 한 쌍의 연계 사업이었을 뿐만 아니라, 의회가 개설되면 민권 운동파의 개입을 피하기 어려운 문제이기도 했기 때문에 정부로서는 그 해결을 서두를 수밖에 없었다.

하지만 문명 의식이란 '자기들의 풍속이 우수하다는 의식, 즉 과학, 기술, 혹은 예술의 높은 수준이 자기들의 풍속에 구체적으로 드러나 있다는 의식'(N. エリアス, 『文明化の過程』)이다. 정치와 경제 제도의 근대화뿐만 아니라 일상생활에 있어서도 '우리와 같다'고 인정받지 못하는 한 '문명국'의 일원이 될 수는 없다. 오랜 경험으로 이것을 실감한 이노우에 가오루 외무대신은 기독교는 별도로 하더라도 일본의 상층 사회가 이미 문명화되었다는 것을 알리기 위해, 원유회(園遊會)나 왕후의 양장 착용과 같은 왕실의 서구화와 무도회, 자선 행사 등에 힘을 쏟았다.

조약 개정을 위한 각국 공동 회의에서 관세자주권은 세율 인상 정도의 선에서 일단 보류하고, 치외법권(영사재판권) 철폐에 대한 보상으로 외국인의 일본 국내 여행과 영업 등을 인정했다(내지 개방). 또 외국인과 관계있는 재판에는 과반수의 외국인 재판관을 임용하며, 중요한 법률은 사전에 각국의 승낙을 받기로 하는 등 대대적인 양보를 해서 1887년 4월에 겨우 각국으로부터 동의를 얻을 수 있었다.

그러나 법률 고문인 보아소나드는 신 조약이 일본의 입법권을 제약할 뿐만 아니라 내지 개방으로 불평등을 전국에 확산시킨다며 반대했다. 유럽 시찰을 끝내고 귀국한 다니 간조 농상무대신도 항의의 의미로 사직했으며, 보아소나드와 다니의 의견서는 민간에도 알려졌다.

또 요코하마의 상인과 제사 업자들은 제멋대로인 외국인 상인으로 인해 힘들어했으며, 일본의 검역을 거부한 외국 선박에 의해 콜레라도 유입되었다. 1886년 10월에는 기슈 앞바다에서 영국 선박인 노먼턴 호가 좌초되어 침몰했는데, 영국인 선장과 선원들은 보트를 타고 탈출

▶그림 6-3. 노먼턴 호 사건. 이 사건을 계기로 불평등조약을 개정하라는 요구가 한층 더 강력해졌다((ト バエ), 1887년 6월 15일).

했지만, 배 안에 남아 있던 일본인 승객과 중국인, 인도인 기관사들 대부분이 익사한 사건이 발생했다(그림6-3).

치외법권의 부당성을 절실하게 느끼고 있던 사람들은 이노우에 외무대신의 '저자세'에 대해 분노의 목소리를 높였다. 소득세 도입과 해안 방어비 헌금을 지시하는 등 재정난이 심각한 가운데서도 무도회에 빠져서 정신을 못 차리고 있다는 비난이 정부 내부에서도 강해져, 1887년 7월 이노우에가 사직했다.

민권파의 재공세

정부를 추궁할 구체적인 쟁점을 잃어버리고 있던 구 자유당 계열의 민권파가 이 기회를 놓치지 않고 공격을 시작했다. 조약 개정과 지조 경감, 언론 자유라는 3대 항목(당시에는 '3대 사건'이라고 했다)을 내걸고, 도사파를 선두로 후쿠시마, 에히메, 지바, 니가타 등지에서 건백서를 제출하는 일이 속출했다. 각지에서 간친회, 연설회가 개최되고, '운

동회'도 부활했다. 예를 들어 교토에서는 '선혈이 스며 나오는 자유향(鮮血染出自由鄉)' '일본 남아에게도 심장과 쓸개가 있다(日本男兒有心膽)'라고 쓰인 깃발을 들고서 150~60여 명이 시조 가와라(四條川原)에서 깃발 쓰러뜨리기, 줄다리기 등을 한 후에, 대열을 짜고 교엔(御苑)까지 왕복하며 '자유 만세' '왕실 만세'를 외쳤다(《朝野新聞》, 1887년 11월 25일).

　　건백서도 장황하게 늘어놓은 표현이기는 하지만 의회를 중시하는 정치 제도를 요구했다. 나가노 현 하니시나 군(埴科郡) 외 3군 264명의 이름으로 제출된 건백서는 열강과 대등한 교섭이 불가능한 것은 정부의 비밀주의, 전제주의로 인해 관민이 일치하여 협력하지 못하기 때문이며, '민중의 소망에 따라 정치를 개혁하는 것이 급선무'라고 주장했다. 또 에히메 현 온센 군(溫泉郡)의 184명에 의한 건백서는 구미 각국이 좋아하는 것은 '입헌국' '합의 정권'이기 때문에 현재의 '정부 조직을 변화시켜야'만 대등한 교섭이 가능하다고 역설하고 있다(『明治建白書集成8』). 헌법에 관한 '그나이스트 씨 담화'와 뢰슬러의 헌법 초안이 『서철몽물어(西哲夢物語)』라는 이름으로 비밀 출판되어 정부의 헌법 구상의 보수성을 폭로한 것도 민권파의 불만을 격화시켰다.

　　이러한 활력은 조약 개정 문제 때문에 갑자기 생성된 것이 아니었다. 1886년 10월에 구 자유당의 호시 도오루와 나카에 조민이 전국유지 대간친회(全國有志大懇親會)를 개최하고 자유당, 입헌개진당의 대립을 넘어 소이(小異)를 버리고 대동(大同)을 취하자며 '대동단결'을 호소하는 등, 의회 개설이 가까워지자 활동을 부활시키자는 기운이 생성되기 시작했다.

　　또 미국으로 건너간 청년들 중에는 1886년경부터 일본 정부를 격렬하게 비판하는 기사를 게재한 〈신일본(新日本)〉, 〈제19세기신문(第十九世紀新聞)〉과 같은 신문을 오클랜드와 샌프란시스코에서 발행해 일본의 친지에게 보내는 자들도 생겨났다. 그 숫자는 극히 적었지만, 메이지 정부는 결석 재판을 통해 이들에게 유죄를 선고할 정도로 신경을 곤두세웠다.

그리고 1887년 5월부터 오사카사건의 재판이 시작되자, 지방 신문인 〈오사카일보〉, 〈아사히신문〉 등이 연일 상세한 재판 방청 필기를 게재했으며, 도쿄와 각 지방의 신문들도 이 기사를 전재했다. 국사범(外患犯, 외환범)으로 기소된 피고들에게 동기를 설명하는 기회가 주어졌고, 어느 정도의 제약이 있었다고는 하지만 재판은 정부 비판과 민권 주장을 공공연하게 선전하는 장으로 탈바꿈되었다. 전국으로부터 고액의 기부금도 모았다. 9월의 판결 후에 리더의 한 사람이었던 아라이 쇼고(新井省吾)는 감옥의 간수부장으로부터 동지들의 운동이 '아주 성행한다면 자네들의 출옥도 멀지는 않을 것이다'라는 얘기를 들었다고 한다(野島幾太郎, 『新井省吾先生』).

실제로 12월 15일에는 2부 18현의 대표가 도쿄에 모여 원로원에 건백서를 제출하고, 규모와 세력은 아주 작았지만 메이지 14년 정변 직전과 비슷한 상황이 생겼다.

보안조례

그러나 이토는 외교를 '인민의 공의에 맡기는' 것은 '입헌 왕국에서는 결코 취하지 않는 정책'(地方長官への訓示)이라며 강경 자세를 고

수했다. 그리고 12월 25일에 내란을 음모하고 치안을 방해하는 자를 황거로부터 3리 밖으로 추방한다는 보안조례를 공포해서 451명의 운동가들을 도쿄로부터 단번에 배제시켰다. 이 강경 조치로 정부는 위기를 넘긴 반면에 다수의 민권 운동가들을 지방으로 분산시킨 탓에 지역의 정치 활동을 활성화시키는 역효과를 낳았다.

물론 자유당 계열 급진파의 대다수는 오사카사건 등으로 인해 감옥에 있었기 때문에, 고토 쇼지로 등과 같은 자유당 온건파와 입헌개진당 계열이 영향력을 키우고 있었으며, 의회에서 다수파를 차지하기 위한 그들의 정당 재편 운동(대동단결 운동)은 재산선거제에 대해 암묵적으로 동의하고 있었다. 그 때문에 그때까지 실전 부대로 활동하고 있었으며 '국가의 인재'였던 사족을 '한꺼번에 묶어서 국회의사당 문밖으로 추방'하는 것은 있을 수 없는 일이라며(《自由燈》, 1884년 7월 19일), 보통선거제를 주장해 왔던 무산 사족과 젊은이들은 점차 내몰리고 있었다.

한편 정부 내부에서는 보안조례에 대해 이노우에 고와시와 도리오 고야타(鳥尾小弥太)가 비판한 것 외에도 정권 중추부에서 멀어진 사쓰마파의 불만도 축적되고 있었다. 이토는 1888년 2월에 오쿠마 시게노부를 외무대신에 임명해 민권파를 분단시킨 후에, 4월에 수상직을 구로다 기요타카에게 물려주고, 「황실 전범」과 헌법 초안을 심의하는 추밀원 의장에 취임했다.

구로다 내각에서 외교를 담당한 오쿠마는 각국과 개별적으로 조약 개정 교섭을 재개했다. 내지 개방, 영사재판권의 철폐 외에도 외국인 법관의 채용을 대심원으로 한정하는 등의 개정을 시행해 미국, 독일, 러시아와 신 통상항해조약을 체결했다. 또 정부는 헌법 반포 후인

1889년 3월에 구 자유당 간부 중의 한 사람으로 대동단결 운동의 중심에 있었던 고토 쇼지로를 구로다 내각의 체신대신으로 맞아들여 민권파의 분단과 포섭을 도모했다.

하지만 조약 개정의 내용이 누출되자 입헌개진당 이외의 민권파와 국가주의자들은 정부에 대한 공격을 강화했다. 1889년 10월에 오쿠마가, 겐요샤의 구루시마 쓰네키(来島恒喜)가 던진 폭탄으로 인해 한쪽 다리를 잃어버려, 국회 개설 전에 조약 개정을 하고자 했던 정부의 방침은 결국 좌절되고 말았다. 동시에 구미 열강도 일본 내셔널리즘의 격렬함을 실감하게 되었다.

시제(市制), 조손제(町村制)

이토가 헌법 조사와 내각제도 등을 구축하는 데 여념이 없을 때, 야마가타 아리토모는 독자적으로 기반을 구축하고자 움직였다.

메이지 14년 정변 후에 야마가타는 현역 군인인 채로 참사원 의장을 겸임하고 1883년부터는 내무경, 내무대신으로서 자유 민권 운동을 강경하게 억압했다. 그리고 새로운 지방 제도를 창설하는 데 몰두해, 1888년 4월에 시제, 조손제, 1890년 5월에 부현제, 군제를 공포했다.

정부는 시·조손을 '완전한 자치제도'로 만들겠다고 강조했다. 하지만 그것은 정부에게 기대지 않고 지역 사회의 여러 문제를 자력으로 해결하고, 징병, 교육 등의 위임 사업을 자발적으로 담당하게 해서 '국가 통치의 실효를 올리려고 한' 것을 의미했다(「市制町村制理由」).

따라서 지방 의회가 내무성과 부현의 간섭을 받는 것에는 변화가 없었다. 또 선거권을 지닌 '공민'과 그 외의 '주민'으로 구분하고, '공민'은 25세 이상의 남자 거주자로 지조와 일정 수준의 국세 납입자로만 한정했다. 지방 삼신법에서는 지역의 자주성이 인정되었지만, 이번에는 일률적인 기준이 적용되었으며, 나아가 부유층에게 유리한 등급선거제(시는 3등급, 조손은 2등급)가 채용되었다. 시·조손장(市·町村長)과 조역(助役) 등은 의회에서 선임되었지만 무보수의 명예직이었는데, 그 이유는 지역의 유력자와 자산가를 우대해서 외부 정당 세력의 개입을 차단하려고 했기 때문이다.

그리고 '자치'에는 재정적인 안정도 불가결하다고 해서 조손의 합병을 강력하게 밀어붙였다. 에도 시대 말기부터 삼신법 시대까지 마을의 숫자에는 큰 변화가 없었는데, 1886년 12월에는 전국에 약 7만 1,500개의 조손이 있었으며, 그중에 100호 이하의 마을이 약 70% 가까이 차지하고 있었다. 그러나 300호 이상을 기준으로 합병한 결과 1889년에는 겨우 20%인 1만 5,820개 조손으로 감소했다. 이에 대해 이노우에 고와시와 이노우에 가오루는 소규모 마을의 자치야말로 지역의 안정을 가져오는 것이라며 조손 합병 정책을 비판했다. 실제로 합병 후에도 촌민의 생활은 구 촌 단위로 이루어졌으며, 행정 사무소와 소학교의 위치를 둘러싼 분쟁이 일어난 마을도 적지 않았다.

시제와 조손제는 개설 직전인 의회의 모습과 밀접한 관련이 있었지만, 현의회 의원과 민권파의 대다수는 조약 개정 문제와 대동단결 운동으로 분주했다. 야마가타는 이 사이에 내무 관료를 확실하게 조직해 군대와 관료의 2대 세력을 토대로 이토와 의회에 대항할 세력의 수뇌가 되었다.

'4장군'파와의 대립

물론 야마가타가 간단하게 군대를 장악할 수 있었던 것은 아니었다. 이토가 이와쿠라나 천황과의 관계로 인해 고군분투했다고 한다면, 야마가타는 소위 말하는 '4장군' 때문에 고전했다. 메이지 14년 정변 당시 정부를 비판하는 의견서를 제출한 다니 간조, 도리오 고야타, 미우라 고로, 소가 스케노리(曾我祐準)는, 사쓰마와 조슈 출신자가 상층부를 독점해 규율이 흐트러진 육군에 대해 불만과 위기감을 갖고 있었다. 1881년 미우라와 다니가 교장을 지낸 육군사관학교의 졸업생을 중심으로 병학 연구를 목적으로 하는 월요회가 발족되자, '4장군'이 고문이 되었다. 정치적으로는 능력 위주의 발탁과 근대적인 군대의 건설을 원하는 젊은 장교들과 보수적인 '4장군'이 결합해 반 야마가타파가 생성된 것이다.

한편 육군 주류는 일이 있을 때마다 군비 확장을 요구하며, 진대제(鎭台制)를 사단제(師団制)로 바꾸고 해외 파병이 가능한 군대를 만들려고 했다. 진대제는 국내의 각 지역을 분담해서 방어하는 제도였지만, 사단은 전투·지원·병참의 각 부대로 구성되어 독립적으로 군사 행동을 전개할 수 있는 것에 중점을 둔 제도이다. 이러한 군 재편을 담당한 것은 독일에서 군제와 군사학을 배우고 온 가와카미 소로쿠(川上操六)와 가쓰라 다로(桂太郞)였다. 그들은 전수 방위(專守防衛)와 국외 중립(局外中立)으로 만족하는 '2등국'이 아니라, '자웅(雌雄, 승패)을 병력으로 결정짓는' '1등국'이 되어야 한다고 주장했다(『公爵桂太郞伝』 乾巻). 또한 해군도 갑철함(甲鐵艦, 전함)을 중심으로 한 대함대를 건조할 것을 원했다.

이에 비해 미우라와 다니는 진대제를 유지할 것과 전수 방위를 주장하고, 해군의 확장에도 반대했다. 다니는 중립 정책과 민병제를 도입한 스위스를 '개화 세계의 도원(桃源)'이라고 높이 평가하고 있었다. 그들은 천황의 두터운 신임을 얻고 있었고, 사단의 검열과 교육을 담당하는 천황 직속의 감군부(監軍部)가 설립되자 동서 감군부장에 다니와 미우라가 임명되었고, 소가는 참모본부 차장이 되었다.

야마가타의 육군 장악

1886년 군부 내의 주류파인 사쓰마파 군인들이 세력을 만회하기 위해 감군부를 폐지하고, 선임 순으로 승진이 인정되지 않으면 총사

▶사진 6-4. 야마가타 아리토모(1838~1922년).

직하겠다고 위협했다. '육군 분의(陸軍紛議)'라고 불리는 이 분쟁은 이토가 야마가타 편을 들어줬기 때문에 '4장군'파의 패배로 끝났다. '4장군'은 이노우에의 서구화 정책과 조약 개정을 준열하게 비판하며 이토와도 대립해 왔다. 이토도 사쓰마와 조슈 출신의 권력 독점을 포기할 생각이 없었다.

이 결과로 장교 발탁은 능력보다도 연대장의 추천이 중요하게 되었다. 또 '외국의 무익한 서적을 강독하고 우리 군대를 품평하는' 것은 '대원수인 천황

폐하의 명령을 품평하고 군기를 문란하게' 하는 일이 되었다(野木希典·川上操六,「獨逸留学復命書」). 군대와 작전에 대해서 자주적으로 연구하는 것조차 '천황의 군대'에서는 허락되지 않았다. 1889년에는 월요회도 해산당했다. 뿐만 아니라 참모장교 양성소인 육군대학교의 교관이 된 독일 군인 메켈은 병기보다 정신력을, 논리보다 실전을 중시하는 전술가였다. 그 때문에 교육은 주로 주어진 정보를 근거로 해서 당면한 작전과 전투를 수행하면 시험에 합격할 수 있는 전술 교육 중심으로 이루어졌으며, 전략적인 구상력을 배양하거나, 복잡하게 뒤얽힌 정보 중에서 중요한 것을 선택해 종합적으로 판단하는 교육은 이루어지지 않았다(黒野耐,『参謀本部と陸軍大学校』).

이렇게 해서 육군 주류파에 의한 '군기(軍紀)'의 확립, 장교단의 재편이 헌법 체제의 구축과 병행해서 진행되었다. 훗날의 일본 육군과 관련해서 정보와 보급의 경시, 전략적 사고의 결여가 지적되고 있지만, 그것의 시발점은 이 시기였다.

2. 민중과 천황

천황을 보여주다, 천황에게 보여주다

여기에서 시점을 바꾸어 민중과 천황과의 관계를 간단하게 검토해 보자.

에도 시대에는 교토 주변을 제외한다면 서민에게 천황은 구체적인 이미지를 연상할 수 있는 존재가 아니었다. 메이지유신 이후 정부는 인민에 대한 포고서 등을 통해 '천자님(天子樣)의 고마움'을 열심히 설명했다. 또 태양력을 도입할 때에도 기원절(紀元節)과 춘·추기의 황령제(皇靈祭), 천장절(天長節), 니나메사이(新嘗祭) 등 천황과 관련 있는 날만을 국가 기념일로 지정하거나, 천황의 '사진'을 현청 등에 걸어 두고 '배관'하도록 장려하는 등 여러 가지 형태로 천황을 알리려고 노력했다.

그러나 지방 주민은 '패부(覇府, 막부)가 있는 것은 알아도, 왕실이 있는 것은 몰랐으며', 천황도 '지방 사람들의 상황'을 몰랐다. 이에 대해 위기감을 느낀 산조 사네토미 등은, 순행(巡行, 지방 시찰)을 통해 백성에게 '직접 우러러 받들 군주가 있는 것을 알리'면 '고루한 인민'을 개명시키고 산업도 발전할 것이라며 천황을 설득했다(「乞東駕北巡上奏稿」, 1875년). 지방 주민에게 '천황을 보여줌'과 동시에 지방의 실정을 '천황에게 보여주어' 군주로서의 자각을 지니게 하는 것이 정부의 노림수였다. 이렇게 해서 1876년(도호쿠, 하코다테)부터 1878년(호쿠리쿠, 도카이도), 1880년(야마나시, 도잔도), 1881년(홋카이도, 아키타, 야마가타), 1885년(산요도)까지 순행이 잇달아서 실시되었다.

순행은 대개 다음과 같은 형식으로 실시되었다. 오전 7시경에 마차나 말을 타고 출발했고, 산길에서는 가마도 사용했다. 현청, 학교, 병원, 재판소, 박물관, 병영, 제사 공장 등의 여러 시설과 개간지 등을 시찰했다. 때로는 농민의 모내기나 춤, 생선 잡는 모습 등을 살펴보았다. 보신전쟁이나 식산 사업의 공로자와 착실한 자, 80세 이상의 고령자, 이재민뿐만 아니라 현청의 관리 등에게도 하사금을 내리고, 명산품을 구입했다. 유서 깊은 신사와 절에는 대리인을 보내 참배했다. 행재소(行在所, 숙소)나 휴식소로 선택된 곳은 개화의 거점인 학교나 지역 유지의 집이 많았다. 현령은 안내의 선두에 섰으며, 천황에게 현 내의 상황이나 현정의 성과를 보고했다. 순행에 앞서 조사, 점검, 조정을 위해 고관이 파견되었고, 순행 경로로부터 떨어진 중요한 근린 지역은 참의와 시종들이 시찰했다.

신문은 순행의 광경을 연일 보도했다. 연도에서 잠시 본 것만으로는 알 수 없는 천황의 언동이나 각지의 대응을 상세하게 적은 수행 기자들의 기사는 순행과 관계없는 지역 사람들에게까지 천황을 친근하게 느끼게 해주는 역할을 했다.

이런 순행의 형태는 1876년에 거의 성립되었다. 이때는 6월 2일부터 7월 21일까지 약 50일간에 걸쳐 우쓰노미야, 후쿠시마, 센다이, 모리오카, 아오모리 등을 시찰했으며, 돌아올 때에는 뱃길로 요코하마에 도착했다. 수행자는 이와쿠라 도모미 우대신, 기도 다카요시 내각고문, 도쿠다이지 사네노리 궁내경 등 230여 명이었으며, 경비를 맡은 순사, 짐을 운반한 인부까지 포함하면 400여 명에 이르렀다.

부담과 실리

경비는 지방 관비를 사용하도록 했으며, 도로 정비와 숙소 등에 비용을 들이지 않도록 하라는 정부의 지시가 있었지만, 각 지방은 마차가 통과할 수 있도록 도로나 교량을 수리하고, 시찰 대상이 된 시설의 정비에 힘을 쏟았다. 지역 유지의 자택이 숙소로 사용된다면 아주 큰 의미가 있는 일이었고, 나아가 휴식소를 위해서 '궁전식의 집 한 채를 신축'했더니, 천황이 '그 뜻을 가상히 여겨 특별히 하사품을 후하게' 했다(『明治天皇記3』) . 또 소학생들이 '예의 바르게 천황이 지나가는 것을 배알'하는 모습은 '현의 교육이 성행하고 있는 증명'이며 '천황의 기쁨도 보통'이 아닐 것이다'(《東京每日新聞》, 1876년 6월 27일)라고 보도가 되자, 각 지방의 준비 상태가 점차 확대될 수밖에 없었다. 이러한 모습을 1878년의 순행을 중심으로 검토해 본다.

1878년의 호쿠리쿠와 도카이도 순행은 8월 말부터 11월 초순까지 72일간에 걸쳐 실시되었으며, 마에바시, 나가노, 니가타, 도야마, 가나자와, 후쿠이, 교토, 기후, 나고야, 시즈오카 등을 시찰했다. 5월에 오쿠보 도시미치가 암살당했고, 순행 출발 일주일 전에는 다케바시사건이 일어났기 때문에 연기하자는 의견도 있었지만, 취소한다면 천황의 위엄을 지킬 수 없다는 이유로 결행되었다. 출발 전날에는, 예비포병대가 순행 도중에 천황에게 탄원을 올린다든가,

▶그림 6-5. 천황의 순행을 맞이하는 후쿠시마 현의 소학생들(《東京日日新聞》, 1876년 6월 16일).

'천황이 퇴위하고 아리스가와 미야에게 왕위를 물려줬다'(C.ホイットニー, 『クラクの明治日記』)라는 '흘려듣기 어려운 소문'(「巡幸雜記」)이 퍼졌다. 나가노에서는 연도에 선 사람들로부터 '사이고 다카모리를 죽인 대장'이라는 고함 소리가 흘러나왔다(『保古飛呂比』8). 그 때문에 착검한 순사 400명이 특별히 동행했고, 니가타에서는 토론이나 재판을 좋아하는 자, 신원이 불분명한 자, 니가타 사투리를 쓰지 않는 자들을 주의하라는 지시도 있었다.

그래도 각 지방은 환영 준비로 바쁘게 움직였다. 주민으로부터 비용을 징수하는 것은 '있어서는 안 될 일'(「沿道地方官心得」)이라고 정부는 강조했지만, 결국은 주민의 대다수가 도로나 제방 수리 공사에 동원되거나, 일장기와 제등 비용을 각출당했다. 숙소 부근의 주민은 수행원 등 2,3백여 명이 묵을 숙소를 제공했는데, 침구나 식기를 준비하는 것만 해도 힘든 일이었다. 니가타 현 야히코에서는 촌민으로부터 토지 가격을 기준으로 약 5,000엔을 할당 징수했는데, '부정한 부과이므로 나는 못 내겠다'라는 주장이 나와 '대논쟁'이 벌어졌다고 한다(滝沢繁, 「北陸巡行と民衆統合」). 비용과 관련해서 '죽창사건(竹槍事件)

이 일어난다면 천세의 유감'이라고 가와지 도시요시(川路利良) 대경시가 걱정한 것도 기우가 아니었다(오쿠보에게 보낸 서한, 1878년 9월 13일).

하지만 각 지방으로서도 실리가 있었다. 예를 들어 도호쿠 지방에서는 보신전쟁으로 인해 '조적(朝敵)'이 된 사족을 회유하기 위해 사족 구제, 산업 발전이 중요한 정치 과제였는데, 지역 개발에는 여러 가지 이해관계가 얽혀 있었고 자금도 부족했다. 그러나 '천황의 뜻'이라고 한다든지, '하사금'을 얻었다고 한다면 반대 주장이 나올 일이 없었다. 후쿠시마 현 아사카(安積) 군의 개척 사업도 1876년에 천황이 내방하자 궤도에 올라 이나와시로 호(猪苗代湖)로부터의 관개 사업을 포함해 국가적 사업으로 추진되었다. 순행은 공공사업에 있어서 아주 강력한 촉진제로 작용했으며, 순행을 유치하려는 분쟁도 일어났다. 천황을 위해서라기보다 순행을 이용해서 예산을 획득하려는 것이 각 지방의 목적이었다.

구경거리와 '살아 있는 신(神)'

연도에서 서서 맞이한 것은 주로 소학생들이었다. 학교마다 동원될 인원수가 할당되고, 학교명이 쓰인 간판이나 깃발이 있는 장소에 정렬해서, 천황이 탄 마차가 지나갈 때에는 사전에 연습한 대로 교사의 구령에 맞춰 질서정연하게 인사를 했다.

하지만 민중에게 있어서는 일생에 한 번 있을까 말까 한 대이벤트였으며, 정부로서도 '천황을 보여주는 것'이 목적이었기 때문에, 정장을 입거나 무릎을 꿇고 앉을 필요도 없었다. 오히려 '남자도 여자도 맨다리를 드러낸 채 다리를 쭉 뻗고 앉아 있거나, 상의를 다 벗고 어린 애에게 젖을 물리는 여자도 있었으며……웅성거리며 떠들기도 했다' (《東京日日新聞》, 1878년 9월 19일)고 보도된 것처럼, 아이에게 젖을 물린 채로 구경하는 것도 허락했다. 민중들은 낯선 마차와 양복을 입은 모습의 고관들이 지나가는 행렬을 지켜보는 것만으로도 재미있어 했다. 큰 마을에서는 행렬이 지나가고 난 후에도 소란이 이어졌다. 불꽃놀이와 제등과 홍등으로 만든 아치(arch)가 축제 분위기를 북돋웠다. 포장마차도 들어서고, 밤 깊은 시각까지 소란이 멈추지 않자, 천황이 머무는 숙소 주변을 통행금지 구역으로 만든 곳도 있었다.

한편 천황을 마치 신처럼 떠받든 곳도 있었다. 도치기 현 오다와라 등지에서는 '각 호별로 제사용 술과 떡을 차리고 천황의 마차를 기다리고 있어, 마치 촌락의 제전을 보는 것과 같은 느낌이 들었으며, 매우 우스꽝스러웠다'라고 보도되기도 했다(《東京橫浜每日新聞》, 1881년 8월 12일). 야마가타 현 사카다에서 천황의 숙소를 제공한 와타나베 사쿠사에몬(渡辺作左衛門)은 천황의 순행이 끝나고 난 후, 니가타와 아키다로부터 사람들이 몰려와서 천황이 앉았던 의자 밑에 깔았던 천을 만진 손으로 자신의 몸을 만지며 일생 동안 무병장수할 것이라고 하거나, 출산이 편해질 것이라며 기뻐하고 있으니, 더 이상 민중은 '외국에서 들어온 자유설' 같은 것에는 현혹되지 않을 것이니 '안심하시라'고 천황을 수행한 시종에게 말하고 있었다(「山口正定日記」, 1881년 12월). 사쿠사에몬은 미시마 현령과 결탁한 신흥 상인으로 사카다의 재래 상인이나 민권 운동가들과 대립 관계에 있었기 때문에, 특별하게 민권이란 말에 과잉 반응을 보이고 있었지만, 순행이 축제 기분이었던 구경꾼들을 포함한 대다수의 민중에게 천황의 존재를 실감하게 해준 계기가 된 것은 틀림없었다.

그러나 이러한 '살아 있는 신'에 대한 신앙이 곧바로 '현세에 나타난 신'에 대한 복종으로 연결되었다고 규정할 수는 없다. 방문한 귀인에게 병을 고치는 것과 같은 영적인 능력을 기대하는 것은 오래된 풍습으로 혼간지(本願寺)의 주지 등과 관련된 많은 예가 존재한다. 사사키 다카유키도 시찰을 위해서 방문한 야마가타의 산촌에서 자신이 타고 온 가마 밑의 모래를 퍼 가려고 서두르는 주민을 보고 놀라기도 했다(1878년 7월, 『保古飛呂比8』). 하지만 '살아 있는 신'은 민중에게 구체적인 '이익'을 가져다주는 신이지, '천황 폐하를 위해 죽는' 것을 강요하는 '빼앗는 신'과는 전혀 이질적인 것이다. 뿐만 아니라 니가타에서 많은 사람들이 눈병에 걸린 것을 본 천황이 '안과 병원'을 설립하기 위해 1,000엔을 하사하는 등, 메이지 시대의 '신'은 병을 고치기 위해 기적이 아니라 과학을 이용했다.

몇 차례에 걸친 대 순행은 정치적인 도박이기도 했다. 민권파는 지방의 과중한 부담을 들먹이며 계속 비판했으며, 교통과 통신이 불편한 옛날이라면 모르겠지만, 문명 시대에 큰 비용을 들여가며 주민들을 불편하게 하지 않고서는 '천황이 직접 인민의 병고를 보지' 못한다는 것인가 라고 비난했다(《東京橫浜每日新聞》, 1880년 4월 4일). 그러한 비난이 있었지만, 사족 반란과 민권 운동에 직면한 메이지 정부가 지방의 유력자들을 장악하여 정치적 기반을 안정시키는 것에 순행은 큰 역할을 했다.

'만세일계(萬世一系)'의 창출

그렇지만 순행만으로 근대 천황제의 기반이 확립된 것은 아니다. 1880년대는 궁중의례 등 천황과 관련된 '새로운 전통'이 만들어진 시기이기도 했다. 1877년 1월 고메이(孝明) 천황 10주기를 치르기 위해 교토로 간 천황은 세이난전쟁으로 인해 7월 말까지 교토에서 머물렀다. 이것을 기회로 교토의 궁전 수리와 정원 확장 정비 등 교토를 보존하려는 움직임이 본격화되었다. 폐불훼석(廢佛毀釋, 메이지 시대 초기에 발생한 불교 탄압 운동) 운동으로 타격을 입은 사찰과의 관계 개선과 가모제(賀茂祭)·엔라쿠지(延曆寺) 법화회(法華會) 등의 부흥, 왕실 의례의 정비 등도 시급하게 진행됐다.

나라에서는 고후쿠지(興福寺)의 부흥과 함께 오카쿠라 덴신(岡倉天心)·페놀로사(Earnest Fenollosa)에 의한 고사찰 보물 조사와 '일본의 미(美)' 재발견이 정력적으로 진행되었다. 호류지(法隆寺) 48존불 등의 헌납을 시작으로 도다이지(東大寺) 쇼조인(正倉院)이 궁내성 소관으로 옮겨졌다. 천 년 이상이나 도다이지가 지켜 왔던 수장품을 '천황의 물건'으로 이관시킨 것은 단순한 소관 변경이 아니었다. 중국이나 서양으로부터 도래한 보물은 '동아시아에 있어서 일본 조정의 지위나 높은 문화'를 보여주는 것이며, 왕실이 일본의 문화를 일관되게 보호해 왔다는 '증거'가 되었다.

이세신궁(伊勢神宮)도 성역화되었다. 에도 시대의 '이세'는 신앙의 대상이면서도 동시에 유흥을 제공하는 장소이기도 했다. 해마다 신사쓰(神札)를 팔러 오는 온시(御師, 신분이 낮은 중이나 신직)의 안내를 받아 참배를 하거나 연극 구경을 한 후, 숙소에 돌아오면 맛있는 음식이 나왔다. 노점이나 거리의 유랑 예능인들도 많았고, 외궁과 내궁 사이에 있는 후루이치(古市)의 유곽에는 천 명이 넘는 유녀(遊女)들이 있었다. 그러나 주변의 민가나 전답을 사들이고 유녀들의 집도 철거해, 방대한 규모의 신역으로 조성했다. 서민의 이세신궁이 천황의 조상신 아마테라스 오미가미를 모시는 성지로 탈바꿈한 것이다.

천황가의 능묘 정비도 급하게 진행했다. 역대 천황 능의 확정·수복 작업은 막말부터 이루어지고 있었지만, 1880년대에 13개의 능이 단번에 '확정'되었다. 또 겐무신정(建武新政)의 주인공인 고다이고(後醍醐) 천황을 섬기는 요시노궁(吉野宮, 훗날의 요시노 신궁, 1889년)이나 진무(神武) 천황과 왕후를 섬기는 가시하라신궁(橿原神宮, 1890년)도 창건되었다. 민권파 중에서는 '만민 동등'의 정신으로부터 본다면 군주와 인민을 '별종의 사람으로 보는 것'은 잘못되었으며, '진무 천황도 처음에는 휴가(日向) 지방의 호족 중에 한 사람'일 뿐이라던가(《東京曙新聞》, 1880년 8월 2일), 혹은 자신에게 거역하는 사람들을 정벌해서 '이 나라를 자신의 사유물'로 만든 것이니, 하치스가 고로쿠(蜂須賀小六)가 '많은 사람들의 재산을 약탈해서 천하의 다이묘'가 된 것과 다를 바 없다(前島豊太郎의 演説, 1881년)라는 비판도 있었다. 하지만 헌법에 천황의 통치권에 대한 근거를 '만세일계'라고 명기한 이상, 천손강림(天孫降臨)과 진무신화(神武神話)로 시작하는 '왕통'의 '물질적 증거'는 불가결한 것이었다(高木博志, 『近代天皇制の文化史的研究』).

1890년 전후에는 또한 서구화 주의에 반발하는 풍조가 강해지면서 오쿠마 시게노부, 모리 아리노리에 대한 테러나 기독교에 대한 공격이 눈에 띄었다. 그리고 국수주의(國粹主義), 일본주의를 제창한 미야케 유키네(三宅雪嶺) 등의 잡지 〈일본인〉(1888년 창간), 구가 가쓰난

(陸羯南)의 신문 〈일본〉(1889년 창간)이 부수를 늘이며, 평민주의를 내건 도쿠토미 소호(德富蘇峰)의 잡지 〈고쿠민노토모(国民之友)〉와 언론계를 양분하는 세력을 형성했다. 보편적인 가치를 표방하는 '문명'과 '고유의 문화'를 대치시켜 내셔널 아이덴티티를 확보하려는 움직임은 독일의 예처럼 세계적으로 나타나는 현상이며, 유키네와 가쓰난 등의 담론도 '천황'과 직접 연결되는 것이 아니었다. 그러나 일본의 독자성이나 우수성을 고취시키려는 여러 가지 '일본 문화'론이 세력을 키워나감에 따라 '만세일계(왕의 계통이 한 뿌리로 이어진다)의 천황'이란 담론이 중요한 논거로 작용했다.

두 개의 수도, 두 개의 신사

그러나 '서양 문명'과 '일본 문화'는 단순하게 대립하고만 있는 것이 아니다. 정부의 '전통 만들기' 정책의 배경에는 러시아 황제의 즉위식이 수도인 페테르부르크가 아닌 구 수도 모스크바에서 치러진 것과 같이, '일등국(一等國)'으로 인정받기 위해서는 독자적인 문화와 전통이 필요하며, 러시아나 오스트리아의 황제는 오래된 의례에 의해 권위를 유지하고 있다는 인식이 있었다. 제국 헌법과 함께 제정된 「황실전범(皇室典範)」에서 천황가의 중요한 의례인 즉위식과 대상제(大嘗祭)를 교토에서 치른다고 규정한 것은 그것을 잘 나타내 준다.

유럽에서는 왕실이 사교계의 중심이란 것을 실감한 이노우에 가오루 외무경은 원유회(園遊會)에 각국 공사를 초대하거나, 신년 행사에 대신과 공사들이 부인을 동반해서 참석하게 하는 등, 정례적인 의

례의 서구화에 힘을 쏟았다. 전 미국 대통령 그랜트를 포함한 요인들의 일본 방문도 늘었기 때문에 왕궁과 도쿄 시가지의 정비도 필요했다. 1873년 5월에 화재가 발생한 후에, 천황 일가는 아카사카 리큐(赤坂離宮)를 임시 왕궁으로 삼고 있었으며, 후쿠자와 유키치는 '우리 신슈(神州, 일본)의 천자가 만국의 제왕 및 대통령과 교제'할 왕궁 주변에 '음식 조리는 냄새'가 등천하고 훈도시(ふんどし)가 휘날린다면 '국위의 경중과 인민의 영욕'에 관한 문제가 될 것이라며 안절부절못했다 (《時事新報》, 1883년 6월 8일). 이노우에 가오루의 원대한 도시 계획은 좌절되었지만, 에도성 니시마루(西丸) 아래 지역에 있던 건물들이 철거되어 궁성 앞 광장이 만들어지고, 헌법 반포 직전에는 신 궁전도 완성되었다.

야스쿠니 신사(靖国神社)의 정비도 급하게 진행되었다. 막말의 존왕파 지사를 섬기는 도쿄 쇼콘샤(招魂社)를 1879년에 개편한 야스쿠니 신사는 천황을 위해 죽은 군인만을 현창(顯彰)했다. 백호대의 젊은이나 사이고 다카모리와 같은 '조적(朝敵)'은 포함되지 않았으며, 임오군란과 갑신정변으로 인한 사망자도 공사관 직원과 상인들은 제외되고 군인만 해당자가 되었다. 1887년에는 청동으로 된 도리이(鳥居, 현재의 제2 도리이)가 만들어졌는데, 20년마다 식년천궁(式年遷宮)으로 갱신되는 이세신궁의 시로키(白木) 도리이와는 대조적인 것이었다. 쇼조인이나 이세신궁의 보물전과 같은 무구나 전리품을 보관하는 유슈칸(遊就館)도 만들어졌다.

이렇게 해서 '전통' '문화'를 대표하는 '고도 교토'와 '문명' '정치'의 중추가 될 '제국의 수도 도쿄' 그리고 동쪽의 야스쿠니와 서쪽의 이세신궁이라는 두 개의 신사가 대조적이면서도 상호 보완적으로 '대일

본 제국'을 지탱해 가게 되었다(T. フジタニ, 『天皇のページェント』).

　　물론 '만세일계'라는 용어 자체는 오래된 것이 아니라 막말에 후지타 도코(藤田東湖)와 아이자와 세시사이(会沢正志斎) 등이 역성혁명론으로 왕조 교체를 정당화해 온 중국에 비해 일본은 '만세일계'의 천황이 일관되게 통치해 온 '신슈'라고 주장한 것으로부터 시작되었다고 한다. 현재 시행되고 있는 왕실 의례의 대부분도 서구의 왕실 의례를 참조해서 이 시기에 고안되었다. 근대의 천황 문화는 서양 문명과 입헌제, 의회제에 대항하기 위해 서구의 기준에 따르면서도 독자성을 만들어 내야 한다는 필요성에 의해 창출된 '새로운 전통'이었다.

왕후의 등장

　　왕후 하루코(美子)가 공식적인 장소에서 일정한 역할을 수행한 것도 이 시기쯤이었다. 1873년·74년경부터 여자사범학교, 도미오카 제사장 등을 시찰하기 시작했으며, 1876년에 천황이 동북 지방과 하코다테 순행을 떠날 때에는 배웅을 위해 센주(千住)까지 따라 나가기도 했다. '긴 여행을 떠나는 남편과 그것을 배웅하는 부인', 즉 '남자는 바깥, 여자는 집안'이라는 남녀 역할 분담에 따른 '부부'의 모습을 많은 구경꾼들에게 실제로 보

▶사진 6-6. 왕후 하루코(美子, 1850~1914년).

여준 것이다.

그러나 왕후는 세이난전쟁 당시에 붕대를 직접 만들어 부상병들에게 보내는 외에도 화족회관(華族會館)의 바자(bazaar)나 여자학습원, 지케이병원(慈惠病院)의 설립을 추진하고, 일본 적십자사의 활동에도 적극적으로 간여하는 등 사회적인 활동을 했다. 하루코는 집안에서 남편이나 시부모를 모실 뿐만 아니라, 애국심이나 사회적인 관심을 지니고 행동하는 '국모(國母)'로서의 역할을 솔선해서 실천하고 있었다.

또 시보가 실시한 '내정야화'에 천황과 동석해 열심히 공부했을 뿐만 아니라, 천황과는 달리 많은 신문을 읽고, 서구의 왕실에도 관심을 갖고 있었다. 천황이 싫어한 여성의 양장에 대해서도 긍정적이었으며, 세이난전쟁 중에 천황이 정무에서 손을 떼고 있을 때나, 이토 히로부미와의 사이에 발생한 알력이 심각해졌을 때에는 천황과 이토의 사이에 끼어 '중재'를 하기도 했다. 그 때문에 모토다를 포함한 측근들은 하루코에 대해 높이 평가했다.

한편 천황은, '여성이 하는 운동은 반드시 서양의 방법을 채용할 필요가 없으며' '종래의 여성 교육의 폐단은 너무 활발하게 가르쳤기 때문'(『明治天皇記 6』)이라며 화족 여학교의 교육과정 변경을 요구했는데, 왕후와 동등한 취급을 받는 것에도 불만을 품고 있었다. 벨츠는 그런 천황에 대해 다음과 같이 기술하고 있다(『ベルツの日記』, 1891년 6월 6일).

천황은 옥좌가 왕후와 같은 높이라는 것을 아주 마음에 들어 하지 않았다. 왕후의 자리보다 높게 하라는 것이었다. 하지만 이노우에(가오루) 백작은 그에 반대했다. 어느 날 백작이 입궁했을 때, 옥좌 밑에 두꺼운

비단 천이 몰래 깔려 있는 것을 발견해, 백작이 이것을 끌어내어 방구석으로 집어 던졌는데, 이 때문에 대단한 소동이 발생한 것은 말할 것도 없다.

황실 전범과 여성 천황 문제

서구를 모델로 일본의 독자적인 '전통'을 창출해 내는 것은 왕실 제도에 있어서도 큰 과제였다. 민권 운동파의 헌법 초안은 물론이고, 원로원의 국헌 초안조차도 왕위 계승의 순서 등을 명기하고 있으며, 이와쿠라나 이토가 원로원의 초안을 거절했던 이유 중의 하나도 바로 이것이었다. 결국 왕실에 관한 규정을 헌법으로부터 분리하여 왕위 계승의 순서와 왕족의 범위, 왕실 재산 등을 정한 「황실 전범」이 헌법 반포와 동시에 제정되었다.

특히 논점이 되었던 것은 여성의 왕위 계승 문제였다. 원로원 초안이나 제도 조사국의 「황실제규(皇室制規)」(제1초안)에는 남성 후계자가 단절되었을 때에는 여성 천황이나 그 자녀에게로의 계승을 인정했지만, 이노우에 가오루 등이 반대해 부결되었다. 이노우에가 반대의 이유로 내건 논거는 오메이샤의 논설이었다(「女帝を立てるの可否」, 〈東京橫浜每日新聞〉, 1882년 3월 14일~4월 4일). 그 논설에서 시마다 사부로(島田三郎)와 누마마 슈이치(沼間守一)는 과거의 여성 천황은 왕후였거나, 아니면 태자에게 이어주기 위한 것이었을 뿐이며, 여성 천황의 배우자가 정치에 간섭할 위험성이 있고, 남존여비의 풍습적인 측면에서

도 왕위의 존엄성이 무너져, '황통일통(皇統一統)'이 훼손될 우려가 있다고 주장했다. 이에 대해 고이즈카 류(肥塚龍)와 구사마 도키요시(草間時福) 등은, 남존여비의 풍습을 바꾸는 것이야말로 필요한 것이고, 배우자의 간섭을 얘기한다는 것은 입헌제를 위반하려는 의도인 것이냐, 장래적으로는 서구의 왕실처럼 외국인과 결혼해도 되지 않느냐며 반론했다. 민권 운동파의 헌법 초안 중에서도 남성에게만 계승권이 있다는 규정은 릿시샤의 초안 등 소수파였다.

이노우에가 예전의 고준샤 헌법 초안과 반대되는 시마다와 누마의 주장을 받아들여 자신이 주장하는 논리의 보강 재료로 삼았다는 사실은 그가 얼마나 민권 운동파를 의식하고 있었던 것인지를 잘 보여주는 것이지만, 1884년에 제정된 화족령 제3조에는 「작위는 남성인 적·장자(嫡·長子)의 순서에 따라 이것을 세습할 수 있다. 여성은 작위를 세습할 수 없다」라고 규정되어 있었으며, 여성의 상속을 인정한 1878년의 화족령 초안을 부정했다. 정부 내부에서도 '남존여비'를 중시하는 흐름이 1880년대에 강화되었다.

또 형법이나 민법의 제정 과정에서는 '첩'을 인정할 것인지 아닌지가 논점이 되었다. 논쟁 중에 항상 문제가 되었던 것이 왕실의 측실 제도였다. 메이지 천황의 경우 정실 하루코와의 사이에는 자식이 없었으며, 측실 다섯 명과의 사이에 15명의 자녀(남자 5명, 여자 10명)를 낳았지만, 10명은 요절했으며 성인이 될 때까지 살아남은 남자는 전시(典侍) 야나기하라 나루코(柳原愛子)가 낳은 하루노미야(明宮) 뿐이었다. 「황실 전범」의 심의 과정에서는 '황서자손(皇庶子孫)'에게로의 계승을 명문화하면 서구 각국에 나쁜 인상을 줄지 모른다는 걱정도 있었다. 하지만 정실이 낳은 아들이 없는 상황에서 '직계 남자'에게만 왕권을 계승시키려면 '서자(庶子)'에게 물려줄 수밖에 없으며, 실제로 메이지 천황뿐만 아니라, 1735년에 즉위한 사쿠라마치(桜町) 천황부터 다이쇼(大正) 천황까지 9명의 천황은 모두 '서자' 출신이었다(高橋紘·所功, 『皇位継承』). 일부일처제로 '만세일계'를 유지하는 것은 불가능한 것이다. 게다가 측실 제도 속에서 '정부인(正婦人)'으로서의 역할을 수행했던 왕후의 존재는, '첩'을 가진 남자들이 부인에게 '왕비님조차도 참고 계시는데'라고 말할 수 있는 핑곗거리가 되었다고 한다.

3. 제국 헌법 체제의 성립

천황 주권과 입헌주의의 복합

1888년 4월, 추밀원 의장에 취임한 이토 히로부미는 헌법과 「황실 전범」과 같은 기본적인 법령의 심의를 적극적으로 추진했다. 추밀원은 천황과 함께 국정의 중요 사항을 심의하는 자문 기관으로, 모토다 나가사네, 사사키 다카유키, 소에지마 다네오미, 도리오 고야타 등의 천황 측근과 원로원 관계자, 보수파 등의 비판 세력들을 추밀 고문관으로 삼았기 때문에, 큰 혼란을 겪지 않고 1889년 1월 31일에 대일본제국 헌법을 확정할 수 있었다.

그렇기는 하지만 심의 과정에서는 여러 가지 논쟁들이 있었다. 예를 들어 「천황은 제국 의회의 승인을 거쳐 입법권을 시행한다」는 조항(제5조)은 「협찬(協贊)을 거쳐」로 개정되었지만, 천황에 대한 상주권(上奏權, 제49조)이 추가되었다. 또한 제4조의 「천황은 국가의 원수로서 통치권을 총괄하며 이 헌법의 조문에 의거해 이를 시행한다」라는 문장은 천황보다 헌법을 상위에 둔다는 인상을 줄 우려가 있기 때문에 삭제하라는 의견도 있었다. 하지만 이토는 '헌법의 조문에 의거해라는 문장이 없는 경우는 헌법 정치가 아니라'고 주장하며 초안대로 밀어붙였다.

천황제와 입헌제를 어떻게 접합시킬 것인지, 그것이 10여 년간에 걸친 정치 투쟁의 쟁점이었다. 형식적으로나마 국민의 권리와 자유를 보장하고, 천황의 권한에 일정한 제한을 두지 않으면 서양 각국으로부터 근대적인 헌법이라고 인정받지 못할 것이며, 국내의 정치적 안정도 확보되지 않을 것이라는 것을 천황이나 보수파도 인정할 수밖에 없었다.

한편 「헌법반포칙어(勅語)」에 「짐이 조종(祖宗)으로부터 이어받은 대권에 의해, 현재 및 장래의 신민에 대해 이 불마(不磨)의 대전(大典)을 선포한다」라고 되어 있는 것처럼, 천황의 통치권은 '조종', 즉 진무 천황으로부터 이어진 역대 천황들로부터 물려받은 것으로 인식되고 있었다. 제1조의 「대일본 제국은 만세일계의 천황이 통치한다」라는 조문은 그러한 원칙을 명백하게 선언한 것이었다. 그 때문에 헌법은 국민의 의사와 관계없는 흠정헌법(欽定憲法)으로 되었고, 1889년 2월 11일, 천황은 헌법 수여식 전에 왕궁의 가시코도코로(賢所)와 황령전(皇靈殿)에서 아마테라스 오미카미와 선조들에게 '봉고(奉告)'를 했다.

또 군대에 관한 통수권과 편제권, 선전강화권(宣戰講和權), 조약 체결권 등, 천황의 권한을 헌법에 명기했으며, 교육에 관해서는 헌법에 규정조차 없는 채로 의회가 관여할 수 없는 칙령으로 처리해버렸다. 군인칙유(軍人勅諭)와 같은 형식으로 선언된 '교육에 관한 칙어'가 그것을 단적으로 보여주고 있다. 그리고 일본은 만세일계의 천황을 중심으로 한 신국(神國)이라는 담론이 국민의 정치사상과 역사의식, 신앙, 교육 등에 심각한 장해를 가져온 것은 말할 것도 없다.

예를 들어 교육칙어의 친서(親署, 천황의 직필 서명)에 대해 인사하기를 주저했던 우치무라 간조가 규탄받았으며(1891년), 일본의 신도(神道)가 불교와 기독교처럼 '양재초복(攘災招福)'을 위해 '천신(天神)'을 섬기던 고대 인류의 공통적인 신앙 중의 하나였다는 내용으로 「신도는 제천(祭天)의 고속(古俗)」(《史学雑誌》, 1891년 10~12월)이라는 논문을 발표한 구메 구니타키(久米邦武)는 제국대학에서 추방당했다(1891년). 단, 교육칙어가 서민 수준까지 침투하게 되는 것은 상당히 나중의 일이다. 또한 가시하라신궁의 창건을 열심히 추진하고 있던 지역 주민들의 의도는 관광지로 만들어 지역 경제를 진흥시키는 것에 있었다고 한다(古川隆久, 『皇紀·万博·オリンピック』). 천황의 순행이 지역의 이익 때문에 환영받은 것과 같은 의미일 것이다. 하지만 '명분'은 이런 '본심'을 매개로 하면서 점차 간단하게는 부정할 수 없는 무게를 지니게 되어간다.

그러나 동시에 헌법 제4조에 명시된 것처럼 통치권의 구체적인 발동은 의회의 제약을 받았다. 국무대신은 의회나 국민이 아닌 천황에게만 책임을 지지만(의원 내각제의 부정), 법률과 예산은 의회의 협찬 없이는 성립될 수 없었으며(제37조, 제64조), 긴급 칙령도 다음의 의회에서 승인을 얻지 못하면 효력을 상실했다(제8조). 의회의 3분의 2 이상의 찬성으로 헌법 개정도 가능하게 되었다(제73조).

즉 '보필'과 '협찬'이라는 지극히 '소극적인' 표현이지만, 기본적으로는 천황이 정부를 무시하거나, 정부가 의회를 무시하는 것이 불가능한 구조로 되어 있었으며, 현실의 정치 과정에서는 천황 주권과 입헌주의가 끊임없이 경합을 벌일 수밖에 없었던 것이다.

보좌기관의 경합과 조정

헌법에는 내각이나 내각 총리대신에 관한 규정이 없었다. 헌법을 제정하는 과정에서, 이토는 내각에 의한 행정권의 통일과 내각의 독립성을 요구했지만, 이노우에 고와시는 내각에게 강력한 권한을 부여하게 되면 막부와 같은 권력기구가 재현될 가능성이 높다고 반대했으며, 정부를 견제하기 위해 의회의 법안제출권, 상주권(上奏權), 청원수리권 등을 적극적으로 인정했다. 결국 내각의 권한은 1889년 12월에 제정된 내각관제로 결정되었다. 야마가타 내각은 총리대신의 권한을 축소하는 한편, 육해군대신도 수상을 거치지 않고 천황에게 직접 상주할 수 있도록 했다. 야마가타 수상은 내각보다 군부를 우선했던 것이다.

천황의 보좌 기관으로서는 그 외에 추밀원이 있어, 헌법과 조약, 법률 등에 관한 질의가 제출되거나, 정부와 의회가 대립하는 경우에 천황이 적절한 결정을 내리도록 하기 위한 자문기관이 되었다. 또 귀족원은 귀족으로만 구성된 영국의 상원과는 달리 왕족과 화족 외에도 고액 납세자, 공로자,

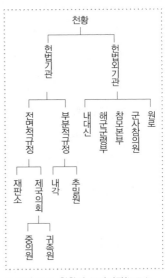

▶그림 6-7. 천황의 보좌기관(松尾章一, 『近代天皇制と民衆·アジア』上).

학식자도 칙임의원이 되었다. 이것은 화족이 힘이 없다는 것을 보여주는 것임과 동시에 고급 관료가 바로 의원이 될 수 있는 길을 열어 둔 것이기도 했다. 게다가 참모본부나 원로와 같은 헌법에 규정이 없는 기관이 천황과 직접 연결되어 있었다(그림 6-7).

말하자면, 내각에는 국정을 통일적으로 운영할 수 있는 권한이 없었고, 몇 가지의 보좌기관이 천황을 에워싸고 있었던 것이다. 이것은 관료나 군부 등 여러 세력들 간의 상호 견제로 인한 결과이며, 최종적인 결정권을 지닌 천황에게 정치책임을 전가시키지 않기 위한 안전장치이기도 했다.

하지만 천황을 보좌하는 기관이 병존하면 상호 간의 조정이 불가피하게 된다. 평소에는 이토와 야마가타 등의 원로들이 조정 역할을 맡았지만, 때로는 천황이 직접 개입할 필요가 있었다. 실제로 의회가 열린 1890년대를 중심으로 여러 국면에서 천황이 결정자로서 등장했다. 천황은 '보필'을 받기만 하는 수동적인 군주이기도 했지만, 때로는 독자적인 판단을 내리는 능동적인 군주이기도 했다. 이런 양면성은 군주 주권과 입헌제가 복합되어 이루어진 제국 헌법 체제가 만들어 낸 것으로 상황에 따라 적절한 대응이 가능한 천황제도의 유연성을 보여주는 것이라고도 할 수 있다. 그러나 원로들이나 천황의 조정 기능이 쇠퇴한 쇼와(昭和) 초기에는 병존하면서 항쟁하는 여러 기관들이 거듭해서 자기주장을 하게 되고, 결정된 사안이나 귀결점에 대해서 천황을 포함한 그 누구도 책임을 지지 않는 심각한 정치 위기를 초래하게 된다. 어떠한 제도에도 장점과 단점이 있지만 제국 헌법 체제에서는 그 격차가 매우 컸다.

▶그림 6-8. 헌법 반포의 날, 왕궁 앞. 「만세」 삼창은 여기에서 시작되었다(「憲法発布式桜田之景」, 梅堂小国政 그림).

'만세'의 탄생

1889년 2월 11일 오후, 헌법 수여식을 끝낸 천황과 왕후가 아오야마 연병장에서 열리는 열병식에 참석하기 위해 마차를 타고 니주바시(二重橋)의 정문으로부터 모습을 드러내자, 도로 양쪽으로 늘어선 제국 대학생들은 모자를 흔들면서 다 함께 '천황 폐하 만세'를 외쳤다. 이에 사범학교 학생, 소학생들이 따랐으며 눈 깜박할 새에 시내 전역으로 파급되어 갔다(그림 6-8).

천황을 향해서 큰소리를 내며 손을 흔들어대는 것은 당시까지는 있을 수 없는 일이었다. 고대에는 천황에게 경사가 있으면 '만세'를 외쳤지만, 중세 이후로는 문서에만 '칭만세(称万歳)'라고 적혀 있을 뿐, '에―'라든지 '오―'라는 소리로 대신했다(和田信二郎,『君が代と万歳』). 메이지 천황의 즉위식에서도 '만세'라는 외침은 없었으며, 신문 기사에 '만세를 외쳤다'고 쓰여 있어도, 실제로 천황을 찬양하고 영원히 이

어지기를 기원하는 의미로 외친 것은 아니었다. 순행 때에도 '정숙'할 것을 요구했으며, 많은 민중이 몰려와도 천황은 무표정인 채로 스쳐 지나가기만 했다. 〈저팬 위클리 메일(Japan Weekly Mail)〉(1876년 6월 3일)에서 '미소나 우아한 인사'라는 '왕가가 품위를 떨어뜨리지 않고 민의를 얻을 수 있는 '마법'의 힘'을 천황은 왜 이용하지 않는가라고 의아해 할 정도였다.

분명히 가만히 서서 지나가는 것을 지켜보기만 하는 것으로는 천황과의 일체감이 생길 수 없을 것이다. '천황 폐하 만세'라고 다 함께 큰 소리로 외치며 손이나 모자를 들고, 그 속을 천황이 인사를 하거나 미소를 지으면서 지나간다면 어떻게 될까? 우연히 옆에 서게 된 군중끼리 공통된 감정이 생겨나고 그렇게 공유된 공간 속에서 한사람 한사람의 마음이 천황과 연결되어 간다. 공속(共属) 감각의 창출, 말을 바꾸자면 구경꾼에서 가마를 메는 사람으로 변신하게 되는 것이다. '만세'는 가장 짧은 '제창'이자 '체조'였다.

만세를 고안해 낸 사람은 모리 아리노리 문부상이었다. 모리는 헌법이 반포되기 1개월 전에 아카사카의 임시 왕궁에서 신 궁정으로 천황이 옮길 때, 연도에 정렬한 여학생에게 '기미가요'를 제창시켰다. 이것을 들은 천황은 마차의 창문을 열고 인사를 했다. 어른들은 언제나처럼 우왕좌왕하고 있기만 했다. 질서정연한 학생들과 혼란스러운 어른들의 모습이라는 대비는 이전부터 있었지만, '소리'가 있느냐 없느냐가 그 차이를 더욱 선명하게 했다.

모리 문부상과 제국대학의 교수들은 검토 결과, '만세'를 천황을 축하할 때 쓰는 말로 결정했다. 단지 종래에는 만세를 외칠 때 일본어로 '반제이'(중국식 발음)라고 했는데, 그 소리가 귀에 거슬린다며 만요

슈(万葉集) 등에 나오는 '만자이'라는 발음과 결합시킨 '반자이'를 외치기로 정했다. 그런 후 천황을 향해 큰 소리를 내는 것은 '불경(不敬)'하다는 정부 내의 반대를 무릅쓰고 학생들에게 특별 훈련을 시켜서 헌법 수여식을 맞이했던 것이다. 물론 '자유 만세'라는 표현은 민권 운동에서 사용되고 있었으며, 도치기의 민권 운동가 간친회에서는 관헌의 상징인 큰 메기를 '자세하게 해부'한 뒤에 '만세라고 크게 외쳤다'고 한다(《朝野新聞》, 1883년 3월 3일). 또 「증보 국사략자해(增補國史略字解)」(1878년)에는 '반자이: 기뻐서 크게 외치는 말'이라고 나와 있다(惣郷正明 외編,『明治のことば辞典』). 모리 문부상들의 '공적'은 이것을 공식적으로 천황에게 사용하기로 인정한 것뿐이지만, 만세라는 '외침'이 '왕실에 대한 예식에 있어서 일대 변혁을 가져온'(木下広次京都帝国大学総長,《大阪朝日新聞》, 1909년 4월 11일) 것은 분명하다.

국민 통합의 네 가지 상징

또 축하식이 거행된 도쿄의 각 구 의사당이나 각 지역의 식전이 열린 곳에는 일장기와 함께 반드시 '천황의 초상화'가 걸려 있었다(사진 6-9). 게다가 '잎이 붙은 푸른 대나무로 사방을 막고서 보라색 천막을 두른 뒤, 그 안에 초상화를 안치하고 비쭈기 나무 한 쌍을 놓아두었다'(《東京日日新聞》, 1889년 2월 8일)고 되어 있는 것으로 보아 '신'처럼 취급했던 것 같다. 도쿄의 기타토시마 군청에서는 식전에 참가한 사람들이 천황과 왕후의 초상화에 인사를 하는 동안 소학생들이 '기미가요'를 계속 부르고 있었다(《東京日日新聞》, 1889년 2월 11일. 이때 불린 '기미가

▶사진 6-9. 「메이지 천황의 사진」. 이탈리아 화가 코소네가 그린 회화를 사진으로 찍은 것(1888년).

요'는 훗날 학교 의식에 사용되는 현재의 '기미가요'가 아닌 사무엘 웹이 작곡한 '소학창가'이며, 초상화도 1888년에 만들어진 위엄 있는 모습이 아니라 1873년에 관청에 배포된 청년기의 사진이든지 아니면 그것을 복제한 것이라고 생각된다).

어쨌든지 드디어 '만세'에 답례하는 것으로 민중과 동일한 공간에 서게 된 천황은 이렇게 해서 또다시 '신'이 되어, '숭배'받는 존재가 되었다. 뿐만 아니라 다 함께 '만세'를 외치게 되면 비록 대상이 사진일지라도 공속(共屬) 감각이 생긴다. 오히려 천황의 모습이나 행동을 직접 눈으로 보는 것보다 더 권위를 느끼게 되는 경우도 있었을 것이다. 천황은 '신'이면서도, 그냥 숭배하는 것 이상의 공감대를 형성한 사람들의 내면에 존재할 수 있게 되었다.

헌법 반포일과 그 다음 날에는 도로에 크고 작은 일장기가 게양되었으며, 각 마을에서는 축제 때 쓰이는 수레와 이동 무대가 거리로 나왔으며, 횃불을 든 학생들과 가장행렬을 준비한 젊은이나 게이샤들이 대로변과 왕궁 앞 광장을 줄지어서 행진했다. '우스운 것은 아무도 헌법의 내용을 모른다는 것이다'라는 벨츠의 이야기(『ベルツの日記』, 1889년 2월 9일)가 유명하지만, '헌법 축제'를 결코 '역사의 우스갯거리'로 치부할 수는 없다. 일장기와 기미가요·초상화·만세라는 국민 통합의 '네 가지 상징'이 처음으로 한자리에 모인 날이며, 1880년대에는 존재하지 않았던 정치문화, 즉 민중을 동원한 근대적인 국가 제전이 처음으로 등장한 날을 의미하기 때문이다. 그러나 헌법 축제를 연출

한 모리 아리노리는 니시노 분타로에게 찔려서 사망한 탓에 그 광경을 볼 수 없었다.

신민으로서의 국민

헌법 반포 후에 잡지 〈일본인〉(1889년 2월 18일)은 우리들은 지금까지 '단지 풍속, 습관, 언어 등을 함께하는 민족'의 총칭인 '인민'이었을 뿐이지만, 의회가 개설됨에 따라 '정치적으로 굳게 뭉쳐 일체가 된' '국민'이 되었다며, '일본 국민은 메이지 22(1889)년 2월 11일을 기해 태어났다'고 선언했다. '우리 인민은 더 이상 지난날의 무권력, 무책임한 국민'이 아니라 '일반 선거인, 즉 전 제국의 인민'은 '모두 정치상의 책임을 지고' 있다며 〈조야신문〉(1889년 2월 6일)도 역설했다.

그러나 중의원 선거권은 직접 국세 15엔 이상을 납부하는 25세 이상의 남성 약 4만 5천 명에게만 주어졌다. 당시 서구에서도 근대국가의 성립시기에는 일반적으로 재산이 있는 남성(대부분의 경우는 '가장〔家長〕')에게만 제한적으로 선거권을 주었으며, 일본이 특별하게 뒤처져 있었던 것은 아니었다.

그렇지만 국민주의를 제창한 구가 가쓰난이 「근시정론고(近時政論考)」(1891년)에서 단언한 것처럼 '인민 참정의 정신을 표방하는' 헌법하에서 '국가의 공무에 간여'할 수 있는 권리를 인정받지

▶그림 6-10. 선거일(비고 『国会議員之本』, 1890년).

못한 여성이나 서민은 '거의 외국인'과 동일했다. 당시까지는 남녀, 사족과 평민, 빈부를 불문하고 누구나 국정에 참가할 수는 없었다. 그렇기 때문에 민권 운동은 민중에게도 정치에 대한 관심을 환기시키려고 열심히 노력했던 것이다. 하지만 국회가 개설된 결과, 일본 국민은 참정권을 지닌 '국민'과 외국인과 동일한 '비국민'으로 나뉘어졌다. 그리고 선거 때가 되면 일상생활에서는 그다지 의식하지 않고 있던 '공민'과 '주민'의 차이가 싫더라도 명백하게 나타나게 된다. 제한선거제도는 사람들 사이에 분명한 단절을 가져오는 제도였다.

그러나 모든 사람들을 내셔널 아이덴티티를 가진 '국민'으로 통합하지 않으면 근대국가는 성립되지 않는다. 그래서 등장한 것이 '신민(臣民)'이었다.

> 신민이란 남녀노소를 불문하고 일반적으로 통용되는 이름이며, 민권이나 공권을 상실한 사람도 또한 제국의 신민임에는 틀림없다.
>
> (井上毅, 「国民身分及帰化法意見」)

에도 시대에는 군주와 인격적으로 연결되어 통치의 한 부분을 담당했던 가신(家臣)과 객분(客分)인 인민은 명확하게 구별되었다. 그러나 신(臣)과 민(民)을 융합시켜 '천황의 자식'으로 만들어 버리면 모든 '일본인'을 천황과의 관계하에서 일원화시킬 수 있다. '신민'이란 제한선거제도하에서 '비국민'을 국가에 통합시키기 위한 근대 국민국가의 요청으로 인해 생성된 관념이며, 권력자의 입장에서 본다면 참정권도 없으면서 국가의 일원으로서 납세, 병역, 교육을 '의무'로 받아들이는 '국민'처럼 편리한 존재는 없었다. 그야말로 천황은 국민통합의 핵심이며 상징이었다.

　'만세'는 이러한 점에서 효과적이었다. 중국어인 '만세'는 원래 황제에게만 사용할 수 있는 단어였으며, 왕후에게는 '천세'를 사용했다. 하지만 일본에서는 '대일본 제국'이나 '제국육해군'에게도 사용되었으며, 한편 'ー군 만세'라며 서민들에까지 확산되어 사용되었다. '만세'는 의회를 초월한 천황과 의회로부터 배제당한 민중을 직결시켰을 뿐만 아니라 천황과 국가, 인민 등 모두를 다 포섭할 수가 있었다. 실제로 청일·러일전쟁에서는 '만세'가 범람했고, 동시에 사람들은 '일본 국민'으로서의 실감을 느끼게 되어 갔다.

맺음말

'에워싸기(囲い込み)'와 '욕망의 환기(喚起)'

근대는 '에워싸기'의 시대였다. 원래 경계가 없던 토지의 일부를 울타리로 에워싸고 '여기는 내 토지다. 어떻게 사용하든 자유다. 마음대로 들어오지 말라'고 선언했다. 이것이 근대적인 소유권(사적 소유권)의 논리이다. 그것은 '독립적인 개인'에 대한 간섭을 배제하는 자유권이나 참정권(조세공의권)의 기초가 되었으며, 동시에 토지와 주민을 국경선으로 에워싸고 배타적인 국가 주권을 근거로 내정 간섭을 거부하는 독립 국가의 논리가 되기도 했다. 소유, 자유, 참가, 독립 등의 권리를 요구하는 것, 또 개인과 국가의 이익을 추구하는 것이 표리일체로 되는 것이야말로 근대의 특징이다. 자유 민권 운동이 민권과 국권을 불가분의 관계라고 주장하는 국민주의 운동으로 변화된 것에도 그 특징이 잘 드러나 있다.

'에워싸기'의 뒷면에는 '무주지'의 개념이 있었다. 바로 그 개념이 입회지나 공유림과 같이 주민들의 생활에 불가결한, 그래서 '누구의 소유도 아닌' 토지를 국유지로 편입시키거나, 혹은 자립해서 생활하고 있는 주민이 있더라도 국가 주권이 명확하지 않은 토지를 식민지로 만드는 것도 정당화해 주었다. 지조 개정으로 촌락의 공유지가 국유지나 왕실 재산으로 편입된 것과 에조지나 지시마 열도 등이 일본의 영토로 편입된 것은 동일한 과정이며, '내국 식민지'는 '본토' 속에도 존재하고 있었다. 아니 문명화와 국민화를 강요당했다는 의미에서 본다면 대다수의 본토 '민중'들과 오키나와나 아이누 사람들과의 사이에 본질적인 차이는 없었다.

또한 근대는 '욕망'의 시대이기도 했다. 국민국가와 자본주의가 근대의 양대 구성 요소라고 하지만 폭력적인 억압이나 일방적인 착취뿐만 아니라, 사람들에게 자신의 능력과 노력으로 약간이라도 경제적, 사회적 지위를 상승시키려는 소망을 충동질하거나, 혹은 '국민의 한 사람'으로서 국가에 공헌해 국익 추구에 동조하려는 의욕을 지니게 하는 것, 즉 '욕망을 환기'시키는 것이야말로 근대가 근대인 이유가 되었다. 단지 그러기 위해서는 힘들게 노력하는 것이 누군가로부터 강요당한 것이 아닌 자발적인 의지, 자주적인 선택이라고 생각하게 만드는 구체적인 장치, 즉 '제도'가 필요했다.

이 책이 대상으로 한 1870년대 후반부터의 10여 년간은 정부와 민권 운동이 심각하게 대립한 '정치의 시대'였지만, 동시에 그러한 정치적 긴장을 배경으로 헌법과 의회뿐만 아니라 경제나 학교, 공중위생 등의 근대적인 '제도'가 정비된 시대이기도 했다. 여러 제도가 본격적으로 기능하게 된 것은 좀 더 훗날이지만, 창가나 대열 운동, 만세 등을 통해서 국민적 일체감을 창출시키기 위해 노력했고, 학력주의의 기초를 만들었던 모리 아리노리 문부대신이야말로 후쿠자와 유키치와 더불어 근대 국민국가의 특징을 명확하게 인식하고 있었던 정치가였다.

의회라고 하는 장(場)

그러나 우여곡절 끝에 개설된 국회는 경제적 강자(부자)만 정치적 강자(공민)가 될 수 있는 제한 선거제도로 구성되었다. 원래 시장이 여러 가지 재화를 균질한 상품으로 간주하는 것으로 기능하는 것처럼, 현실적으로는 복잡하게 뒤얽힌 이해관계나 다양한 문화를 지닌 국가의 구성원을 추상적인 '국민'이라는 이름하에 균질화시키는 것으로, 근대국가는 국민국가로서 존속될 수 있었다. 그러나 이 시기의 역사적인 과제가 사적 소유권과 자유 경제의 확립이었던 이상, 빈민이나 노동자, 소작인 등 '약자의 권리'를 보장해 주지는 못했다. 서구를 포함해서 근대국가가 초기에 '국민'들 사이에 균열을 일으키는 제한 선거제도를 채용할 수밖에 없었던 이유 중의 하나가 바로 이것이다. 하지만 참정권이 없는 무산 계급과 미성년자, 여성에게 내셔널 아이덴티티를 갖게 하는 것은 상당히 어려운 일이다. 일본에서는 '천황'을 국민 통합의 상징으로 만듦으로써 이런 어려운 문제를 일단 해결한 것처럼 보인다.

또한 의회 개설은, 이제 와서는 '정치가가 두려워해야 할 것은 반대당이 아니다'(《東京日日新聞》, 1889년 6월 1일)라고 쓰여 있는 것처럼, 정치 투쟁을 의회 안에 한정시킴과 동시에 얽히고설킨 정치적·사회적 이해관계를 정당의 의원과 정부의 관료가 조정해서 심각한 대립을 사전에 회피하기 위한 방법을 만드는 것이기도 했다. 그리고 국회의원이 아무리 '국민의 대표'라고 위세를 부려도 선거구 고유의 경제적·사회적 이해관계를 무시할 수는 없었다. 1880년대의 현의회에서도 알 수 있듯이, 예를 들어 1892년 정부가 간선 철도의 건설과 사철(私鐵) 노선의 허가권 등을 정한 철도부설법을 제정하자, 각지에서 격렬한 유치 경쟁이 벌어졌으며, '아전인철(我田引鐵)'이라는 말조차 만들어졌을 정도였다. 그리고 지조 경감에 의한 '민력 휴양'을 내걸고 예산의 삭감과 부결을 거듭하고 있던 민권파 출신 의원들 중에서도 정부와 협조해 공공사업을 획득하려는 사람들이 늘어났다.

『20세기의 괴물 제국주의』(1901년)에서 고도쿠 슈스이는 '철도를 우리 지방에 부설하자' '대학을 우리 지방에 설치하자'라는 애향심의 배경에는 '다른 지방에 대한 증오'가 숨어 있으며, 그것은 애국심의 뒷면에 다른 나라에 대한 멸시가 숨어 있는 것과 같은 맥락이라고 지적했다. 실제로 거의 대부분의 의원들이 청일전쟁 개시와 조선의 식민지화를 적극적으로 지지했고, 전쟁에서 이기면 영토나 배상금을 받는 것이 당연하다는 의식이 국민에게도 침투되었다. '노획'의 사상이 '에워싸기'의 변형이라는 것은 의심할 여지가 없을 것이다. '국익'이나 '국가적 위신'이라는 것이 자신의 이익이나 자존심과 직결하는 것이라는 의식이 있었기에 청일전쟁과 러일전쟁 당시의 거국일치(擧國一致, 국민통합)가 이뤄진 것이다.

게다가 선거가 정치적 이상이나 국정의 형태를 문제 삼기보다 지역 사회의 경제적·사회적 이해관계를 둘러싼 정쟁으로 바뀌어 감에 따라 선거권을 갖지 못한 서민들도 점차적으로 선거를 '자신들의 문제'로 인식하게 되었다. 제한선거제도 아래에서도 의회만이 인민에게 '천하와 우락을 함께 할 기상'을 불러일으키는 최선의 장치라는 '민권' 의 논리가 옳았던 것이었다.

국민국가와 경쟁 사회 속에서

이 책이 대상으로 삼은 1880년대는 이러한 국가와 사회의 틀이 기본적으로 성립된 시기였다. 민권 운동이나 의회가 국민 통합이나 전쟁 수행에 큰 역할을 했다고 해서 그 역사적 의의가 사라지지는 않 는다. 세상사에는 항상 앞면과 뒷면의 양면성이 있으며, 앞면이라고 생각했던 것이 뒷면이 되는 일도 드물지 않다.

또 국가나 사회와 같은 구조 속에는 다양한 모순이 있어, 사람들 의 의식을 전면적으로 규정하고 있지는 못하기 때문에, 항상 일탈·저 항·무시라는 언동을 생성하고, 구조의 질서를 지속적으로 요동시킨 다. 지배나 전쟁의 실태를 알아버리면 회의나 비판도 생겨난다. 청일 전쟁을 야만에 대한 문명의 '의로운 전쟁(義戦)'이라고 규정했던 우치 무라 간조가 러일전쟁 당시에 반전론을 주장했던 것은 유명한 얘기이 다. 이와 비슷한 경우로 요사노 뎃칸(与謝野鉄幹)은 청일전쟁에 도요 토미 히데요시의 한반도 침략을 중첩시켜서 열광하고, 명성황후 시해 사건에 간여한 혐의로 구인(拘引)되는 체험을 한 후에, 다음과 같은 시 를 남겼다(「血写歌」, 1897년).

정의란

악마가 쓰고 있는 가면이며

공명(功名)은

죽음을 즐거워하는 마술(魔術)인가?

같은 세계에 태어나서

부모도 있고

부인도 있는 사람에게

이름을 붙여

용맹한 이름의 챔피언

불쌍하여라

전쟁터로 보낸다 멀리 멀리

본 적도 없고

낯설기만 한

만리타향 남의 나라

(중략)

'충의와는 여전히 바꾸기 어렵고

열심히 공을 세웠다'라는 건

아—아— 사람을 죽이라는

사이비 성인의 가르침인가?

사람은 '경험'으로부터 배울 수 있다. 그리고 현재의 우리들도 국민국가와 경쟁 사회 속에서 '욕망의 환기'라는 장치에 사로잡혀 살고 있다. 그렇다고 한다면 이 장치가 형성된 시기에 살았던 사람들의 역사적인 경험을 단순한 과거의 이야기나 남의 일로 치부할 수는 없을 것이다.

저자 후기

　‘민권과 헌법’이라는 제목으로 이 시대를 그리는 것은 우울한 일이었다. 자유 민권 운동의 고양과 패배로 인해 제국헌법 체제가 성립됐다는 큰 맥락은 움직일 수 없다. 뿐만 아니라 자유 민권 운동 100주년을 기념하는 운동이 전국적으로 성행했던 1980년대 전반을 정점으로, ‘민권 연구의 정체’가 시작된 후 상당한 시간이 지났다. 이미 두터운 연구의 축적이 있다는 것과 민권 운동이 지향했던(지향했다고 생각되었던) 근대 국민국가가 현재의 시점에서 보았을 때 많은 문제점을 지니고 있어 ‘자유 민권’의 의의를 단순하게 논의할 수 없다는 것 등이 그 요인일 것이다. 다만 연구의 정체는 사회주의나 노동 농민 운동에 관한 연구에서도 보이는 현상으로, 현실 세계에서 사회주의 국가가 붕괴되고 조직적 운동이 세력을 상실함에 따라 운동사 연구가 ‘정체’되는 것은 피할 수 없는 일이다.

　그 와중에도 최근에는 ‘민권’을 ‘민권 운동’과 직결시켜서 생각하는 것이 아니라, 그 시대를 살았던 사람들의 생활이나 소망을 자세하게 추적하는 연구 결과물이 나오고 있다. 그러나 제 자신은 그러한 연구들을 활용해서 정리된 역사상을 묘사하지는 못했다. 이번에 이로카와 다이키치(色川大吉)의 『자유 민권』(岩波新書, 1981년)을 다시 한 번 읽어 보았는데, 자유 민권 운동 참가자에 대한 공감뿐만 아니라 아시아관 등의 문제점에 대한 배려도 주도면밀해 유익했다. 역시 '고전'에는 생명력이 있다.

연구 상황이 이러하고, 이로카와의 『자유 민권』이외에는 민권 운동에 관한 적합한 통사(通史)가 없기 때문에, 이 책에서는 먼저 민권 운동의 대략적인 흐름과 메이지 정부 내의 움직임을 가능한 한 구체적으로 기술했다. 그리고 민권파와 정부 외에 민중을 포함한 삼극 대립이라는 시점으로 이 시기의 정치 구조를 파악했다. 여기에서 말하는 '민중'이란, 권력이나 정치 운동으로부터 계몽·동원의 대상으로 여겨졌던 생활자를 의미하는데, 실제의 생활자 전부를 가리키는 실체 개념이 아니라, 근대 경제 원리에 대한 위화감이나 객분 의식을 지닌 존재를 가리키기 위한 개념이다.

뿐만 아니라 일본 국내와 대외 관계를 관통하는 '문명'이나 '근대'의 논리와 그 양의성에 유의하면서, 현재의 우리들을 내재적으로 구속하고 있는 다양한 '장치'가 만들어진 시기로 이때를 묘사해 보았다. 하지만 그러한 '장치'가 사람들을 어떻게 규정하는가에 역점을 두었기 때문에, 일상생활의 여러 가지 모습·풍습이나 차별·민중 종교·문학이라는 몇 가지 중요한 주제에 대해서는 언급할 여유가 없었다는 점에 대해서는 독자들의 양해를 구한다.

그리고 인용 사료는 모두 중요한 문장만을 뽑아서 사용했는데, 전문을 읽어보고 싶은 독자들도 계실 것이라고 생각해 같은 종류의 사료가 있는 경우는 가능한 한 『일본 근대 사상 대계』(岩波書店)에 실린 것을 이용했다. 또 관심이 있는 독자들은 이 시리즈의 『천황과 화족』,

『군대 병사』,『교육의 체계』,『헌법 구상』,『대외관』,『이에(家)와 무라 (村)』,『민중 운동』등의 각 권들도 읽어봐 주시길 바란다. 마지막으로 편집을 담당해 준 히라타 겐이치(平田賢一) 씨에게 많은 도움을 받았 다. 감사를 드린다.

2006년 11월
마키하라 노리오

역자 후기

1961년에 E. H. 카는 케임브리지 대학에서 "역사란 무엇인가" 라는 주제로 연속 강의를 했다. 강의에서 그는 '역사란 역사가와 사실 사이의 부단한 상호작용의 과정이며 현재와 과거의 끊임없는 대화' 라는 해답을 제시했다. 이러한 카의 역사인식론은 '역사적 사실' 에 비중을 두었던 랑케의 입장과 20세기에 새로이 나타난 '모든 역사는 현대의 역사' 라는 담론을 수렴하여 중간적인 입장을 취한 것이었다. 오늘날까지 카의 역사인식론을 넘어서는 새로운 담론은 존재하지 않는다.

카의 역사인식론에서 말하는 것처럼, 역사를 서술하는 역사가들은 각자의 공간적·시간적 제약하에 놓여 있으며, 역사적 사실이란 것은 결국 역사가가 선택한 실제적 사실들의 나열이다. 그러므로 역사는 역사가의 취사선택 과정을 거친 역사적 사실들로 구성된 창작물이라고도 할 수 있지만, 학문적인 검증 과정을 거친다는 점에서 문학작품과는 다르다. 이런 점에서 본다면 역사적 사실이 곧 실제적 사실이라고 말할 수는 없겠지만, 역사적 사실을 실제적 사실에 아주 근접하게 서술한 것이 역사임에는 틀림이 없을 것이다.

이러한 과정을 거쳐서 나온 작품을 읽고 우리는 과거의 역사를 지식으로 삼을 수 있다. 역사가가 역사를 서술하는 경우, 크게 두 가지로 나누어 볼 수 있다. 한 가지는 태생적 혹은 사회적으로 현재 자신이 속한 사회의 역사에 대해서 서술하는 경우가 있으며, 또 한 가지는 자신이 속한 사회가 아닌 다른 사회의 역사를 서술하는 경우가 있다. 역사학에서는 전자를 자국사연구, 후자를 타국사연구라고 부르고 있다. 이 책의 저자인 마키하라 노리오 씨는 저자 후기에서 '"민권과 헌법"이라는 제목으로 이 시대를 그리는 것은 우울한 일이었다'라고 서술하고 있다. 이는 마키하라 씨가 현재 본인이 속한 사회인 일본의 과거, 즉 자국사를 서술하는 입장이기 때문에 그러한 것이다. 만약 한국인이 같은 주제로 역사를 서술할 경우에 마키하라 씨처럼 '우울한' 기분이 들지는 않았을 것이다. 일본인의 경우는 그들이 느끼고 있는 일본 사회의 모순과 필요성에 따라 역사적인 사실을 선택하여 서술하는 것이지만, 우리 입장에서 본다면 우리의 필요성에 따라 선택과 서술을 할 것이기 때문이다.

　바로 이러한 시점의 차이가 마키하라 씨의 '민권과 헌법'을 번역하는 과정에서 많은 고민을 하게 만든 큰 요인 중의 하나였다. 마키하라 씨가 지니고 있는 일본 사회에 대한 애증을 단순히 기계적으로 옮기는 것은 그다지 의미가 없을 것이며, 그의 애증이 엇갈린 표현을 어떻게 우리 입장에서도 이해할 수 있는 표현으로 바꿀 수 있을지에 대해서 많은 고민을 했다. 가능한 한 마키하라 씨가 표현하고자 한 내용의 뉘앙스를 살리면서도 한국 독자들이 이해하기 쉬운 표현으로 바꾸고자 노력했으나, 옮긴이의 역량 부족으로 인해 감히 성공했다고 자신 있게 말하지는 못하겠다. 이러한 점에서 독자들의 양해를 구하고자 한다.

이 책에서 마키하라 씨는 1878년 8월 23일에 발생한 다케바시사건으로부터 1889년 2월 11일의 메이지 헌법 반포에 이르기까지, 일본의 근대국가 건설 과정 속에서 민권운동과 헌법과의 관계를 그리고 있다. 그것은 일본이 서구의 제도를 도입하여 근대적인 국가체제를 건설하는 과정이기도 했으며, '일본 국민'이라는 것을 만들어 내는 과정이기도 했다. 표현을 바꾼다면 일반적으로 근대국가를 구성하는 3대 요소를 '국토' '국민' '주권'으로 나누고 있는데 이 세 가지 요소가 만들어지는 과정을 그린 것이라고 할 수 있다. 메이지 시대 초기의 일본 정부는 서구 사회의 국제 관계 속에 편입할 수 있는 국가를 건설하기 위해 전력을 쏟고 있었으며, 그것은 앞에서 말한 3대 요소를 확실하게 구성해야 하는 필요성에 쫓기고 있었다는 의미이기도 했다.

그런 이유로 일본 정부는 먼저 주변국과의 국경선 확정 작업을 통해 '국토'를 확정했다. 국토 확정 과정에서 일본 정부는 당시 오키나와 지역에 거주하고 있던 주민과 홋카이도나 쿠릴 열도에 거주하고 있던 아이누 족 등과 같은 경계민들의 거주권과 생활권을 박탈했다. 근대 이전의 명확하지 않은 경계 지역을 생활 기반으로 하고 있었던 사람들에게 인위적으로 그려진 국경선 안으로 이주할 것을 강제했으며, 그로 인해 생활권을 박탈당한 주민들은 혹독한 시련을 맞게 되었다. 뿐만 아니라 국경선 안으로 이동한 그들을 일본인들과 동등하게 대우해 주지도 않았다.

그리고 학교, 군대 등과 같은 교육체계를 통해 일본인들을 근대 국가체제 속으로 끌어들여 '국민'을 창출해 내고, 전 국민에게 국가에 대한 의무를 부담하게 했다. 전근대에는 납세의 의무만 있을 뿐 군역을 부담하지 않았던 백성들에게 '사민평등'의 기치를 내걸고 국가에 대한 충성과 병역의 의무를 부담하게 했다. 당시의 일본 서민들은 병역의 의무를 '혈세'라고 불렀으며, 메이지 시대의 일본 정부는 전근대의 국가가 요구했던 군주에 대한 충성심 대신에 국가에 대한 충성심을 요구하고 그를 위해 생명까지 바칠 것을 요구했다.

　마지막으로 메이지 헌법의 조항에 따르면 일본이라는 근대국가의 '주권'은 천황에게 있었다. 이것은 천황이 모든 일본의 국민을 대표하며, 국가의 의사를 전반적·최종적으로 결정할 수 있고, 국가 권력의 정당성의 근거가 된다는 의미이다. 이것은 '상상의 공동체'인 근대 국민국가에서 실체를 지닌 천황이란 인격이, 국가와 동일체가 되는 것을 의미하는 것이기도 하다. 이로 인해 일본 정부를 구성하는 내각 또한 정책을 수행함에 있어서 국민이 아닌 천황에게만 책임을 지게 되며, 국민에 대한 책임 소재가 애매모호해졌다. 물론 근대 초기 일본의 내각이 헌법기관이 아니었다는 사실도 있지만, 국민을 전쟁터로 내모는 결정을 내릴 수 있는 정부는 존재해도, 전쟁으로 인해 국민들이 입을 피해를 책임지고 보상해 줄 정부의 존재라는 의미에서 본다면, 존재감이 많이 떨어진다고 하지 않을 수 없다. 메이지 헌법에 의한다면 국민은 오로지 국가, 즉 천황을 위해 충성과 생명을 바치지 않으면 안 되는 존재였다. 이러한 모순된 상태의 국가를 구성할 수밖에 없었던 것은 천황이란 군주에게 주권이 귀결되어야 한다는 전제조건하에서 헌법을 제정하고 모든 국가기관을 설립했기 때문이다.

　이러한 메이지 헌법의 모순과 문제점을 바로잡기 위해 여러 민간 결사들이 헌법 제정 과정에서 민권을 지키기 위한 노력을 거듭한 것이 바로 이 책이 설명하고자 하는 내용이다. 민권운동은 관권, 즉 왕권에 대항하기 위한 운동으로, 그들은 헌법 제정을 통해 왕권에 제약을 가

함으로써 민권을 지키려고 했으나 실패로 끝나게 되었으며, 결국 메이지 헌법은 정부가 기획한 대로 성립되었다.

그러나 민권운동이 비록 실패로 끝난 운동이기는 하지만 세계적으로 근대국가 성립 과정에서 국민이 헌법 제정에 참여하려고 대대적인 운동을 벌인 예를 찾아볼 수 없다는 점에서 가치가 있으며, 오늘날의 일본 국민뿐만 아니라 우리에게도 많은 시사점을 던져주는 것이라고 할 수 있겠다.

우리는 1948년 대한민국 정부 수립 이후 5번에 걸쳐 헌법을 개정했다. 비록 헌법 제정이나 개정이 최종적으로는 국민투표로 결정되었지만, 과연 과거에 있었던 헌법 제·개정 과정에 우리 국민이 직접 참여한 적이 있었던가? 헌법 조문을 결정하는 데 있어서 국민이 논의에 참여한다던지, 최소한 그 내용에 대한 제대로 된 설명이 이루어졌던 적이 있었던가 하는 생각에 이르게 되면 애석한 마음을 금할 수가 없다. 우리나라의 최고 학부인 대학교를 졸업한 국민이 읽어도 이해가 안 되는 법조문이 여전히 우리 사회에서 통용되고 있는 현실 또한 개탄을 금할 수가 없다.

일본의 민권운동은 19세기 말에 일어났다. 지금은 21세기이다. 온고지신(溫故知新)이라는 고어가 있듯이 역사를 알고 지금을 본다면 새로운 것을 더 잘 알 수 있을 것이며, 이 책을 읽는 독자들이 '과거와의 대화'를 통해 현재를 이해하는 데 도움이 되기를 바란다.

2012년 初春

박지영

연표

연도	일본	세계
1877년 (메이지10)	1. 지조를 100분의 2.5로 경감 2. 세이난전쟁 개전 5. 기도 타가요시 사망 6. 정부, 릿시샤의 국회 개설 건백서를 각하 8. 제1회 내국권업박람회 9. 세이난전쟁 종결	4. 러시아와 터키 전쟁
1878년 (메이지11)	5. 오쿠보 도시미치 참의 암살(기오이초 　사건) 6. 제1국립은행 부산지점 개업 7. 군구조손편제법·부현회규칙·지방세규 　칙(지방삼신법). 금녹공채 발행개시 8. 다케바시사건. 군인훈계 9. 아이코쿠샤 부흥 대회 12. 참모본부조례	6. 발칸반도 문제에 관한 베를린회의 11. 제2차 아프간 전쟁
1879년 (메이지12)	3. 아이코쿠샤 제2회 대회 4. 류큐번을 폐지하고 오키나와 현을 설치 6. 도쿄 쇼콘샤를 야스쿠니 신사로 개칭. 　사쿠라이 시즈카, 국회 개설협의를 제안 8. 「교학대지」 9. 교육령 제정 11. 아이코쿠샤 제3회 대회 12. 각 참의에게 입헌정체에 관한 의견서 　제출을 지시 * 콜레라 대유행	5. 청나라, 일본의 류큐 병합에 항의 10. 독일 오스트리아 동맹
1880년 (메이지13)	3. 국회기성동맹결성 4. 집회조례. 구조손회법. 가타오카 겐키치 　등이 「국회 개설윤허 청원서」를 제출 5. 오쿠마 시게노부 참의, 외채모집안을 제출 7. 형법 제정 11. 국회기성동맹 제2회 대회 12. 원로원 「국헌안」. 교육령 개정	4. 이집트의 채무에 관한 국제 청산위원 　회 성립 7. 영국, 아프가니스탄을 보호령화
1881년 (메이지14)	3. 오쿠마참의, 국회 개설의견서를 제출 4. 고준샤, 「사설헌법안」 7. 개척사 관유물 불하문제 발생 10 메이지 14년 정변(국회 개설, 개척사불 　하 중지, 오쿠마 참의 파면 등) 11. 자유당 결성. 일본철도회사 설립	2. 청·러 제2차 이리조약 3. 러시아 황제 암살 7. 미국 대통령 저격사건

연도	일본	세계
1882년 (메이지15)	1. 군인칙유 4. 입헌개진당 결성. 「소학창가집 초편」 출간 5. 오사카 방적회사 설립 6. 일본은행조례 8. 조선과 제물포조약 조인 10. 가토 히로유키 『인권신설』 출간 12. 이와쿠라 도모미, 부현회 중지 의견서	2. 이집트 국민당 내각, 헌법제정 5. 독일, 오스트리아, 이탈리아 3국동맹. 조미통상화친조약 7. 조선 임오군란 10. 조청 상민수륙무역장정
1883년 (메이지16)	4. 신문지조례 개정 7. 이와쿠라 도모미 사망 8. 이토 히로부미, 헌법 조사를 끝내고 귀국 12. 징병법 개정	8. 프랑스, 베트남을 보호령화(유에조약) * 고흐, 콜레라 균을 발견
1884년 (메이지17)	3. 궁중에 제도조사국 설치 5. 호장을 관선으로 7. 화족령 9. 가바산사건 10. 자유당 해체. 지치부사건 * 각지에서 부채농민의 운동(차금당·곤민당)	6. 청나라와 프랑스 전쟁 개시 11. 아프리카 분할에 관한 베를린회의 12. 조선, 갑신정변
1885년 (메이지18)	1. 조선과 한성조약 조인 3. 후쿠자와 유키치 「탈아론」. 멕켈을 육군 대학교 교관에 임명 4. 청나라와 텐진조약 조인 7. 〈여학잡지〉 창간 11. 오사카사건 12. 내각제도 창설. 제1차 이토 히로부미 내각	4. 영국, 거문도 사건 6. 청나라 프랑스 텐진강화조약 11. 한성 베이징 전신선 가설 12. 인도, 국민회의파 창립
1886년 (메이지19)	1. 홋카이도청 설립. 정부 지폐의 태환개시 3. 제국대학령 4. 사범학교령·중학교령·소학교령 5. 제1회 조약 개정 회의 10. 구 자유당원 등, 전국 유지 대 간친회. 노먼턴 호 사건	5. 조선 이화학당 개교 7. 영국 버마를 인도제국에 병합
1887년 (메이지20)	2. 『고쿠민노토모』 창간 4. 수상관저에서 대 가장무도회 6. 보아소나드, 개정조약안에 반대하는 의 견서 제출 7. 문관시험시보 및 견습 규칙 10 고토 쇼지로, 대동단결 운동 개시. 고 치 현 대표, 「3대사건 건백서」 제출 12 보안조례	10. 프랑스령 인도지나 연방 성립
1888년 (메이지21)	4. 시제·조손제 공포. 추밀원 설치. 구로 다 기요타카 내각 5. 육군, 진대제를 사단제로 개편 11. 멕시코와 수호통상조약(최초의 대등조 약) 조인	10. 스웨즈 운하 조약 12. 청나라, 북양해군 성립

연도	일본	세계
1889년 (메이지22)	1. 징병령 개정(유예제 폐지) 2. 대일본 제국헌법 반포. 황실 전범 제정. 중의원 의원 선거법·귀족원령 공포. 모리 아리노리 문부상 살해 10. 오쿠마 외상, 겐요사원의 폭탄으로 부상 12. 제1차 야마가타 아리토모 내각	7. 제2 인터내셔널 결성 10. 조선 함경북도에서 방곡령
1890년 (메이지23)	5. 부현제·군제 공포 7. 제1회 중의원 총선거. 집회 및 정치결사법 공포 9. 입헌자유당 발족 10. 민법 인사편 등 공포(민법전논쟁 발생). 「교육에 관한 칙어」를 반포 11. 제1회 제국의회 개회	3. 독일 비스마르크재상 사임 5. 구미 각국에서 최초의 메이데이

참고문헌

본문에서 직접 언급하거나 집필에 참고한 주요 문헌을 정리해 보았다. 이외에도 여기에서는 일일이 거론하지 않았지만, 많은 문헌의 도움을 받았다는 것을 밝혀둔다. (각 항목별로 간행연대 순으로 배열)

전체

稲田正次, 『明治憲法成立史』上・下, 有斐閣, 1960・62年

色川大吉, 『自由民権』, 岩波新書, 1981年

西川長夫, 『国境の越え方』, 筑摩書房, 1992年(増補版, 平凡社ライブラリー, 2001年)

江村栄一編, 『自由民権運動と明治憲法』, 吉川弘文館, 1996年

西川長夫, 『国民国家論の射程』, 柏書房, 1998年

牧原憲夫, 『客分と国民のあいだ』, 吉川弘文館, 1998年

新井勝紘編, 『自由民権と近代社会』, 吉川弘文館, 2004年

坂野潤治, 『明治デモクラシー』, 岩波新書, 2005年

安在邦夫・田崎公司編著, 『自由民権の再発見』, 日本経済新聞社, 2006年

머리말

遠矢浩規, 『利通暗殺』, 行人社, 1986年
萩原延壽, 『遠い岸』13, 朝日新聞社, 2001年

제1장

山川菊栄, 『おんな二代の記』, 平凡社, 1972年
長谷川昇, 『博徒と自由民権』, 中公新書, 1977年(平凡社ライブラリー, 1995年)
竹橋事件百周年記念出版編集委員会編, 『竹橋事件の兵士たち』, 現代史出版会, 1979年
清水吉二, 『群馬自由民権運動の研究』, あさお社, 1984年
目良誠二郎, 「竹橋事件に関する官側資料の若干の整理」1〜4, 『海城中学·高等学校研究集録』, 第9集〜第12集, 1984·85·87·88年
森山誠一, 「国会期成同盟の研究」, 『金沢経済大学経済研究所年報』6, 1986年
安丸良夫, 「民衆運動における「近代」安丸良夫編, 『日本近代思想大系21 民衆運動』, 岩波書店, 1989年
福井淳, 「多彩な結社の活動」江村栄一編, 『自由民権と明治憲法』(前掲)
稲田雅洋, 『自由民権の文化史』, 筑摩書房, 2000年
佐久間耕治, 『底点の自由民権運動』, 岩田書院, 2002年
鶴巻孝雄, 「〈自由〉〈民権〉の語り, 〈議会〉の呼びかけ」新井勝紘編, 『自由民権と近代社会』(前掲)

제2장

林達夫·久野収, 『思想のドラマトゥルギー』, 平凡社, 1974年
中島博昭, 『改訂版 鋤鍬の民権』, 銀河書房, 1979年
有泉貞夫, 『明治政治史の基礎過程』, 吉川弘文館, 1980年
高橋哲夫, 『増補版 福島事件』, 三一書房, 1981年
『山形県史』4, 山形県, 1984年
『新潟県史 通史編』7, 新潟県, 1988年
大日方純夫, 『自由民権運動と立憲改進党』, 早稲田大学出版部, 1991年

姜範錫, 『明治一四年の政変』, 朝日新聞社, 1991年

坂本一登, 『伊藤博文と明治国家形成』, 吉川弘文館, 1991年(第6章에서도 참조)

安在邦夫, 『立憲改進党の活動と思想』, 校倉書房, 1992年

山田央子, 『明治政党論史』, 創文社, 1999年

丑木幸男, 『地方名望家の成長』, 柏書房, 2000年

江村栄一 외 編, 『新編 明治前期の憲法思想』, 福村出版, 2005年

横山真一, 『新潟の青年自由民権運動』, 梓出版会, 2005年

제3장

中村尚美, 『大隈財政の研究』, 校倉書房, 1968年

立川昭二, 『病気の社会史』, 日本放送出版協会, 1971年

佐々木潤之介, 『世直し』, 岩波新書, 1979年

東海林吉郎・菅井益郎, 『通史・足尾鉱毒事件』, 新曜社, 1984年

由井正臣, 『田中正造』, 岩波新書, 1984年

安保則夫, 『ミナト神戸 コレラ・ペスト・スラム』, 学芸出版社, 1989年

浅見好夫, 『秩父事件史』, 言叢社, 1990年

稲田雅洋, 『日本近代社会成立期の民衆運動』, 筑摩書房, 1990年

鶴巻孝雄, 『近代化と伝統的民衆世界』, 東京大学出版会, 1992年

困民党研究会編, 『民衆運動の〈近代〉』, 現代企画室, 1994年

石井寛治, 『日本の産業革命』, 朝日新聞社, 1997年

白崎昭一郎, 『森鴎外』, 吉川弘文館, 1998年

石井寛治 외 編, 『日本経済史』 1・2, 東京大学出版会, 2000年

花井俊介, 「軽工業の資本蓄積」, 石井寛治 외 編, 『日本経済史』 2(前掲)

小林丈広, 『近代日本と公衆衛生』, 雄山閣出版, 2001年

小松裕, 『田中正造の近代』, 現代企画室, 2001年

鹿野政直, 『健康観にみる近代』, 朝日新聞社, 2001年

中岡哲郎 외 編, 『新体系日本史11 産業技術史』, 山川出版社, 2001年

鈴木淳編, 『工部省とその時代』, 山川出版会, 2002年

稲田雅洋, 「困民党の論理と行動」, 新井勝紘編, 『自由民権と近代社会』(前掲)

田村安興, 『ナショナリズムと自由民権』, 清文堂出版, 2004年

岩根承成, 『群馬事件の構造』, 上毛新聞社出版局, 2004年

室山義正, 『松方財政研究』, ミネルヴァ書房, 2004年

秩父事件研究顕彰協議会編, 『秩父事件』, 新日本出版社, 2004年

室山義正, 『松方正義』, ミネルヴァ書房, 2005年

제4장

竹内好, 『竹内好評論集』3, 筑摩書房, 1966年

重村一義編著, 『北海道行刑史』, 図譜出版, 1968年(槇書房版, 1981年)

『沖縄県史 通史』1, 沖縄県教育委員会, 1976年

吉村昭, 『赤い人』, 筑摩書房, 1977年(講談社文庫, 1984年)

森久男, 「田口卯吉の植民論」小島麗逸編, 『日本帝国主義と東アジア』, アジア経済研究所, 1979年

大阪事件研究会編著, 『大阪事件の研究』, 柏書房, 1982年

桑原真人, 『近代北海道史研究序説』, 北海道大学図書刊行会, 1982年

上村英明, 『北の海の交易者たち』, 同文館出版, 1990年

牧原憲夫, 「天下国家から各箇各別へ——吉岡弘毅の精神史」, 牧原憲夫, 『明治七年の大論争』, 日本経済評論社, 1990年

松尾章一編, 『自由燈の研究』, 日本経済評論社, 1991年

大江志乃夫 외編, 『岩波講座 近代日本と植民地』1, 岩波書店, 1992年

中塚明, 『近代日本の朝鮮認識』, 研文出版, 1993年

高橋秀直, 『日清戦争への道』, 東京創元社, 1995年

藤澤健一, 『近代沖縄教育史の視角』, 社会評論社, 2000年

大澤博明, 『近代日本の東アジア政策と軍事』, 成文堂, 2001年

小笠原信之, 『アイヌ近現代史読本』, 緑風出版, 2001年

高崎宗司, 『植民地朝鮮の日本人』, 岩波新書, 2002年

赤嶺守, 「王国の消滅と沖縄の近代」, 豊見山和行編, 『琉球・沖縄史の世界』, 吉川弘文館, 2003年

西里喜行 외, 『沖縄県の歴史』, 山川出版会, 2004年

近藤健一郎, 『近代沖縄における教育と国民統合』, 北海道大学出版会, 2006年

今西一, 「帝国日本と国内植民地」, 『立命館言語文化研究』19, 2007年 刊行予定

제5장

東京都公文書館編, 『都史紀要9 東京の女子教育』, 東京都, 1961年

上沼八郎, 『伊沢修二』, 吉川弘文館, 1962年

木下秀明, 『旧聞日本橋』, 岩波文庫, 1983年

天野郁夫, 『試験の社会史』, 東京大学出版会, 1983年

千葉寿夫, 『明治の小学校 増補改訂版』, 津軽書房, 1987年

竹内好, 『立志・苦学・出世』, 講談社現代新書, 1991年

天野郁夫, 『学歴の社会史』, 新潮社, 1992年(平凡社ライブラリー, 2005年)

岩橋邦枝, 『評伝 長谷川時雨』, 筑摩書房, 1993年(講談社文芸文庫, 1999年)

安田寛, 『唱歌と十字架』, 音楽之友社, 1993年

土方苑子, 『近代日本の学校と地域社会』, 東京大学出版会, 1994年

長志珠絵, 「国歌と国楽の位相」, 西川長夫 외 編, 『幕末・明治期の国民国家形成と文化受容』, 新曜社, 1995年

小熊英二, 『〈日本人〉の境界』, 新曜社, 1998年

安田寛, 『日韓唱歌の源流』, 音楽之友社, 1999年

西川祐子, 『近代国家と家族モデル』, 吉川弘文館, 2000年

鈴木淳, 「二つの時刻, 三つの労働時間」, 橋本毅彦・栗山茂久編著, 『遅刻の誕生』, 三元社, 2001年

宮地正人, 「技術教育史」, 中岡哲郎 외 編, 『新体系日本史11 産業技術史』(前掲)

成田龍一, 「時間の近代」, 『岩波講座 近代日本の文化史3 近代知の成立』, 岩波書店, 2002年

西島央, 「学校音楽はいかにして「国民」をつくったか」, 『岩波講座 近代日本の文化史5編成されるナショナリズム』(前掲)

土方苑子, 『東京の近代小学校』, 東京大学出版会, 2002年

安田寛, 『「唱歌」という奇跡 十二の物語』, 文春新書, 2003年

兵藤裕己, 『演じられた近代』, 岩波書店, 2005年

제6장

渡辺幾治郎, 『明治天皇』, 復刻版, 宗高書房, 1967年

N. エリアス, 中村元保 외 번역, 『文明化の過程』 上, 法政大学出版局, 1977年

山室信一, 『法制官僚の時代』, 木鐸社, 1984年

惣郷正明 외 編, 『明治のことば辞典』, 東京堂出版, 1986年

飛鳥井雅道, 『明治大帝』, 筑摩書房, 1989年

滝沢繁, 「北陸巡行と民衆統合」, 『新潟史学』 24・26, 1990年 5月, 1991年 5月

安丸良夫, 『近代天皇像の形成』, 岩波書店, 1992年

T. フジタニ, 『天皇のページェント』, 日本放送出版協会, 1994年

片野真佐子, 「近代皇后像の形成」, 富坂キリスト教センター編, 『近代天皇制の形成
　とキリスト教』, 新教出版社, 1996年

高木博志, 『近代天皇制の文化史的研究』, 校倉書房, 1997年

町田市立自由民権資料館編, 『アメリカからの便り』, 町田市教育委員会, 1997年

松尾章一, 『近代天皇制国家と民衆・アジア』上, 法政大学出版局, 1997年

岩井忠熊, 『明治天皇』, 三省堂, 1997年

古川隆久, 『皇紀・万博・オリンピック』, 中公新書, 1998年

安田浩 『天皇の政治史』, 青木書店, 1998年

高橋紘・所功, 『皇位継承』, 文春新書, 1998年

早川紀代, 『近代天皇制国家とジェンダー』, 青木書店, 1998年

片野真佐子, 『皇后の近代』, 講談社, 2003年

瀧井一博, 『文明史のなかの明治憲法』, 講談社, 2003年

黒野耐, 『参謀本部と陸軍大学校』, 講談社現代新書, 2004年

奥平康弘, 『「萬世一系」の研究』, 岩波書店, 2005年

佐々木克, 『幕末の天皇・明治の天皇』, 講談社学術文庫, 2005年

색인

ㄱ

일본 근현대사 시리즈 ②

민권과 헌법

초판 1쇄 발행일 2012년 9월 6일

지은이 마키하라 노리오
옮긴이 박지영
펴낸이 박영희
편집 이은혜·김미선·정민혜·장은지·신지항
인쇄·제본 태광인쇄
펴낸곳 도서출판 어문학사
　　　　서울특별시 도봉구 쌍문동 523-21 나너울 카운터 1층
　　　　대표전화: 02-998-0094/편집부1: 02-998-2267, 편집부2: 02-998-2269
　　　　홈페이지: www.amhbook.com
　　　　트위터: @with_amhbook
　　　　블로그: 네이버 http://blog.naver.com/amhbook
　　　　　　　다음 http://blog.daum.net/amhbook
　　　　e-mail: am@amhbook.com
　　　　등록: 2004년 4월 6일 제7-276호

ISBN 978-89-6184-139-9 94900
ISBN 978-89-6184-137-5(세트)
정가 15,000원

이 도서의 국립중앙도서관 출판시도서목록(CIP)은 e-CIP홈페이지(http://www.nl.go.kr/ecip)와
국가자료공동목록시스템(http://www.nl.go.kr/kolisnet)에서 이용하실 수 있습니다.
(CIP제어번호: CIP2012003831)

※잘못 만들어진 책은 교환해 드립니다.